Wittener Didaktik

Bildung als Praxis der Freiheit

Gerd Walger, Ralf Neise

Wittener Didaktik

Bildung als Praxis der Freiheit

Rainer Hampp Verlag
Augsburg, München 2019

Bibliografische Information der Deutschen Nationalbibliothek

Die Deutsche Nationalbibliothek verzeichnet diese Publikation in der Deutschen Nationalbibliografie; detaillierte bibliografische Daten sind im Internet über http://dnb.d-nb.de abrufbar.

ISBN 978-3-95710-254-6 (print)
ISBN 978-3-95710-354-3 (e-book)
ISBN-A/DOI 10.978.395710/3543
1. Auflage, 2019

 Rainer Hampp Verlag Augsburg, München
Vorderer Lech 35 86150 Augsburg

www.Hampp-Verlag.de

∞ *Dieses Buch ist auf säurefreiem und chlorfrei gebleichtem Papier gedruckt.*

Liebe Leserinnen und Leser!
Wir wollen Ihnen ein gutes Buch liefern. Wenn Sie aus irgendwelchen Gründen nicht zufrieden sind, wenden Sie sich bitte an uns.

Dieses Buch ist Herrn em. o. Univ.-Prof. Dipl.-Kfm. Dr. rer. soc. oec. Dr. rer. pol. h.c. Ekkehard Kappler gewidmet, dem Gründungsdekan der Wirtschaftswissenschaftlichen Fakultät der Universität Witten/Herdecke, Lehrer und Freund.

Inhalt **Seite**

Jedem Anfang wohnt ein Zauber inne[1]

Angefangen hat es für mich (Gerd Walger) mit dem Besuch der sogenannten "Vorbereitungsgruppe" im Herbst 1983 im Herdecker Krankenhaus zusammen mit Ekkehard Kappler, am ersten Samstag eines Monats mit vegetarischer Erbsensuppe und dem ernsthaften Ringen um die Frage nach der Universität in der heutigen Zeit.[2] Ein Kollege aus der Universität Wuppertal, der im Herdecker Krankenhaus gelegen hatte, hat uns den Hinweis gegeben, dass dessen Ärzte eine Universität gründen und dass dort auch eine Wirtschaftswissenschaftliche Fakultät aufgebaut werden soll.

Im Frühjahr 1984 löst sich die "Vorbereitungsgruppe" auf und Konrad Schily, der nach dem Tod der Gründer der Universität Vorsitzender des Universitätsvereins geworden ist, sagt zu uns: „Ihr beide macht das jetzt, ob ich Euch morgen noch bezahlen kann, weiß ich nicht, Ihr wisst ja, die Universität ist nicht finanzierbar, und in sechs Monaten fangen wir an."

Am 1. April treten Ekkehard Kappler und ich in die Universität Witten/Herdecke, die erste Universität Deutschlands in freier Trägerschaft, ein und gründen die Wirtschaftswissenschaftliche Fakultät.

Es beginnt mit zwei Büros rechts und links vom Eingang im unteren Geschoss der Jugendstil-Villa des Universitätsvereins in der Ruhrstraße, wo innerhalb von sechs Monaten das Konzept der Wirtschaftswissenschaftlichen Fakultät und ihre Wittener Didaktik entstanden ist, die sie damals unvergleichlich gemacht hat.

In diesen sechs Monaten entsteht das Konzept dieser Wittener Didaktik, und

[1] Vgl. Hesse (1986)
[2] Vgl. Walger (2010), S. 33ff.

am 1. Oktober 1984 werden die ersten Studierenden der Wirtschaftswissenschaften aufgenommen.

Unsere ersten Studierenden haben wir mit dem oben abgedruckten Plakat geworben, indem wir in die Schulen gegangen sind und unsere Plakate an alle Interessierten versandt haben.

Der Studienbetrieb beginnt zum Wintersemester 1984 in einer kleinen Zwergschule in der Bochumer Straße am Crengeldanz, darauf folgt die Zeit der Wanderjahre der Fakultät, über die Backstein-Schule in der Wemerstraße, das Thyssengebäude in Stockum bis die Fakultät ihren Platz auf dem neu gebauten Campus erhält.

Wie ist das Konzept der Wittener Didaktik der Wirtschaftswissenschaftlichen Fakultät entstanden?

- Aus der Beschäftigung mit den Ideen der Gründer und Unterstützer der Universität.
- Aus der Auseinandersetzung mit der Idee der Universität und ihrer Verfassung in der heutigen Zeit.
- Aus der Frage: was bedeuten die drei Grundprinzipien der Universität – zur Freiheit ermutigen, soziale Verantwortung fördern und nach Wahrheit streben – für ein Studium der Wirtschaftswissenschaften?
- Aus der Frage nach den Grundlagen der Betriebswirtschaftslehre.
- Aus dem Bedenken wie Praxis im Universitätsstudium ihren Ort findet und wie Theorie und Praxis im Studium zusammen zu bringen sind. Und nicht zuletzt:
- Aus dem Nachdenken und Ausprobieren dessen, was man die sokratische Methode nennt, bei der Methode im klassischen Sinne als Weg und nicht wie heute als Instrument oder tool verstanden ist und die Platon als den Weg des sokratischen Erkennens aus dem Nicht-Wissen heraus entwickelt.

Aus diesen Grundlagen heraus, die wir im ersten Teil dieses Buches beschrieben haben, entstanden die Konzepte der Wittener Didaktik der Wirtschaftswissenschaftlichen Fakultät. Die Konzepte, die wir seit der Gründung der Fakultät entwickelt und praktisch erprobt haben, sind im zweiten Teil des Buches dokumentiert.

Um unsere Studierenden selbst auszuwählen, haben wir ein Auswahlseminar konzipiert, das versucht, die Potentiale der Bewerber zu heben und einer begrenzten Öffentlichkeit Einblick in und Beteiligung an der Auswahl zu ermöglichen.

Beim Konzept des erfahrungsorientierten Studierens ist es uns wichtig, den Einbezug von praktischen Erfahrungen in das Universitätsstudium zu nutzen, um eine Bildung der Persönlichkeit zu ermöglichen.

Erwachsenenbildung ist Willensbildung insofern ist das „Tu, was Du willst" Aufforderung und Frage zugleich für ein Studium, das als Praxis der Freiheit sich dem Impuls der Aufklärung verdankt, sich des eigenen Verstandes ohne Leitung eines anderen zu bedienen.

Das Mentorenfirmenkonzept gibt unseren Studierenden die Möglichkeit, in Unternehmen Erfahrungen während ihres Studiums zu sammeln und diese im Studium reflektieren zu können.

Das Auslandsstudium ist als selbstgestaltetes Studium im Ausland bei einem Professoren-Kollegen konzipiert, bei dem Idee und Ausführung von Studierenden selbst in die Hand genommen werden.

Einzelne Beispiele wie das Planspiel zum Projektmanagement, Case Studies und Projekte mit Unternehmen, die Interaktive Case Study zur Verhandlungsführung und das Global Studies Program sollen die Art und Weise einzelner Veranstaltungen veranschaulichen.

Die Vollversammlung ist der Ort der Willensbildung der Fakultät, in der die Stimmen aller Mitglieder der Fakultät von allen gehört und zu einem gemeinsamen Willen geformt werden.

Der Studienfonds ist eine Antwort der Studierenden auf die Frage, wie diese zur Finanzierung der Universität beitragen können.

Das Konzept der Partnerunternehmen macht am Mentorenfirmenkonzept fest und geht darüber hinaus, indem es Unternehmen und Fakultät in ein neues Verhältnis setzt, das Lehr- und Forschungskooperationen beinhaltet.

Die Praxisreflexion bietet den Absolventen einen Ort, auch nach ihrem Studium an die Universität zu kommen und ihre Probleme, Chancen und Unwägbarkeiten zu diskutieren.

Im IUU Institut für Unternehmer- und Unternehmensentwicklung an der Universität Witten/Herdecke haben wir (Gerd Walger und Ralf Neise) das Konzept der Wittener Didaktik weitergedacht und das die unternehmerische Tätigkeit begleitende Studium für Unternehmer, die Beratung für Unternehmer und ihre Unternehmen sowie die Nachfolgeberatung von Unternehmern und ihren Familien entwickelt. Diese stellt der dritte Teil dieses Buches vor.

Das Unternehmer-Studium ist aus unseren Erfahrungen in der Beratung von Unternehmern entstanden und versucht die Entwicklung von Unternehmern während ihrer unternehmerischen Tätigkeit zu fördern.

Unser Beratungsangebot für Unternehmer und ihre Unternehmen verbindet die Entwicklung der im Unternehmen tätigen Menschen und die der unternehmerischen Form.

Und unsere Beratung der Unternehmensnachfolge ist ein Angebot für Unternehmer und ihre Familien, die schwierige Frage der Nachfolge zu lösen, in der die Existenz des Unternehmens und der Zusammenhalt der Familie auf dem Spiel steht.

In diese Publikation sind vielfältige Vorarbeiten und frühere Veröffentlichungen eingeflossen, zu denen Kollegen, Mitarbeiter und Studierende beigetragen haben. Wir bedanken uns insbesondere bei Univ.-Prof. Dr. Ekkehard Kappler, dem Gründungsdekan der Wirtschaftswissenschaftlichen Fakultät der Universität Witten/Herdecke, dem wir diese Publikation dedizieren, den früheren Mitarbeitern des Dr.-Werner-Jackstädt-Stiftungslehrstuhls Dr. Claus Miethe, Dr. Franz Schencking und Dipl.-Ök. Ralf Theisen sowie unseren vielen ehemaligen Studierenden an der Fakultät bzw. dem IUU Institut für Unternehmer- und Unternehmensentwicklung. Bei Herrn Rudolf Neise bedanken wir uns, dass er das Manuskript mit großer Sorgfalt Korrektur gelesen hat.

Wuppertal, im Juni 2019

A. Grundlagen der Wittener Didaktik

1. Ideen der Gründer und Unterstützer

Die Universität Witten/Herdecke ist von Ärzten im Gemeinschaftskrankenhaus in Herdecke aus dem Impuls heraus gegründet worden, die universitäre Bildung von staatlicher Bevormundung zu befreien.[3] Gespeist wurde dieser Impuls aus dem Unbehagen mit einem Medizinstudium, das durch die Prüfungsstrukturen der staatlichen multiple choice tests dominiert wurde und in dem der Gedanke, dass junge Studierende ein Studium der Medizin betreiben, um Arzt zu werden und Menschen medizinische Hilfe gewähren zu können, nahezu völlig abhanden gekommen war.

Gerhard Kienle, der führende Kopf der Universitätsgründer, beschrieb im Jahr vor der Gründung der Universität Witten/Herdecke die Folgen des staatlichen Einflusses auf die deutschen Universitäten am Beispiel der Ausbildungsordnung für Ärzte, und dass in Witten/Herdecke ein allgemeines Medizinstudium erprobt werden soll, das am Geist und der Würde des Menschen sowie der Freiheit der Wissenschaft ausgerichtet ist, und das für ein solches Studium die Trennung von Staat und Wissenschaft erforderlich ist.

> „In Witten/Herdecke soll nicht ein *besonderes* Modell eines Medizinstudiums erprobt werden, es soll vielmehr versucht werden, die Bedingungen einer wissenschaftlichen Ausbildung *als solcher* zu realisieren. Dieser Versuch findet heute noch seine Grenzen an den Ketten, an die eine überholte Ausbildungsordnung jedes wissenschaftliche Studium legt. Diese Ausbildungsordnung für Ärzte ist die perfektionierteste Planwirtschaft bei konsequenter Missachtung der Würde des Menschen und der Freiheit der Wissenschaft, die je erdacht wurde. Es ist das Prinzip, Geist durch Verfahren – und nach der Möglichkeit durch Verwaltung – zu ersetzen. Sie degradiert die Hochschule zu einer Dressurfachschule. Der Lernzielkatalog und die schriftliche Prüfung mit den vorgegebenen Antworten stellen einen maximalen Zwang nicht nur über den Lernstoff, sondern auch mit dem geforderten Inhalt der Beantwortung dar. Das Vertreten einer anderen Ansicht und eine andere Beurteilung aufgeworfener Fragen wird mit dem Nichtbestehen der Prüfung bestraft. Während der Student bei einer mündlichen Prüfung einer anderen Beantwortung der Frage, als sie der Prüfer erwartet, vertreten und begrün-

---

3 Vgl. Walger (1985)

den darf, ist er hier dem totalen Meinungszwang im leeren Raum ausgeliefert. Der Hochschullehrer ist seinerseits in die Rolle des *Repetitors* zurückgedrängt, dessen alleinige Aufgabe es ist, den Studenten für die schriftliche Prüfung vorzubereiten, wobei er an Inhalt und Interpretation des Inhaltes gebunden ist. ... Die Ausbildung zum Arzt der Zukunft erfordert die *Trennung von Staat und Wissenschaft*, sonst wird unser Gesundheitswesen auch von der Ausbildungsseite her vollends zugrunde gerichtet."[4]

Kienle macht das Problem allerdings nicht allein an den staatlichen Einflüssen fest. Auch die moderne Wissenschaft, die ihrerseits Methoden und Verfahren generiert, birgt die Gefahr, dass der Arzt die wissenschaftlichen Erkenntnisse ohne eigene Prüfung anwendet und seine Tätigkeit als eine wissenschaftliche und nicht als eine soziale begreift, die jeden Menschen als individuelles Subjekt anerkennt.

> „Die Medizin als Wissenschaft sieht sich vor der besonderen Schwierigkeit, dass ihr die fundamentalen Grundbegriffe fehlen, die für ein rationales System erforderlich wären. Es sind dies die Begriffe Krankheit, Gesundheit, Heilung. Wie es Rothschuh zu Recht ausdrückt, ist die Medizin als eine soziale Aufgabe charakterisiert, die sich der Wissenschaften bedient, ohne selbst Wissenschaft zu sein.
>
> Medizin als Bereich des Erkennens und Handelns definiert sich demnach aus der persönlichen Hilfeleistung für den Menschen, der durch leibliche Vorgänge in seiner aktuellen oder prospektiven Selbstverwirklichung gefährdet oder behindert wird. Wir werden daher zweier Bereiche ansichtig, die in einem Medizinstudium zu berücksichtigen sind. In den einen Bereich gehört das Erfassen hilfsbedürftiger Lagen von Menschen, die als krank bezeichnet werden, sowie die Entwicklung von Fähigkeiten, diese hilfsbedürftigen Situationen zu bewältigen. Zu dem anderen Bereich gehört die Entwicklung der Urteilskraft, um den Erkenntniswert wissenschaftlicher Aussagen im Hinblick auf den Einzelfall abschätzen zu können sowie die erkenntnistheoretische und geistesgeschichtliche Reflexion, um zu wissen, was man denkt. Denn für das ganze wissenschaftliche Vorgehen ist von ausschlaggebender Bedeutung, dass wir in der Regel nicht Kollektive behandeln, sondern Hilfe im Einzelfall – unter Berücksichtigung der besonderen Lebenslagen und Umstände des Einzelnen – zu leisten haben.

---

4 Kienle (1982a), S. 352, vgl. Kappler (1992a)

Eine der Grundfragen, die das ganze Medizinstudium durchdringen müssen, ist diejenige nach dem Wesen der Selbstverwirklichung eines Menschen. Diese Frage gehört zu der Frage nach der Würde des Menschen, wie sie zunächst Kant formuliert hat, dass der Mensch immer nur Zweck nie Mittel sein darf – mit dem daraus abgeleiteten Konzept unserer in der Verfassung niedergelegten Grundrechte. Das Studium der Metaphysik bedeutet, nicht mit Naivität die eigene – wenn auch oft nur unbewusst vorhandene – Metaphysik auf andere zu übertragen, sondern die Individualität des anderen in ihren Verwirklichungsmöglichkeiten im Einzelfall denken zu können, d. h. jede einzelne ärztliche Handlung daraufhin zu überprüfen, in welchem Verhältnis sie zur Würde des Menschen steht. Dies bedeutet, zu wissen, welche Metaphysik man selbst hat, um die *der anderen* würdigen zu können."[5]

Die Gründer der Universität Witten/Herdecke wollten deshalb ein Studium ermöglichen, das auf den Menschen hin, für ihn und am menschlichen Maß orientiert ist. Sie wollten den Studierenden eine universitäre Bildung ermöglichen, die auch immer schon ihre menschliche Bildung einschließt.

Das zweite Moment, das die Gründer der Universität bewegt hat, war die Suche nach geeigneten Konzepten für den Einbezug von Praxis in das Universitätsstudium. Theorie und Praxis zusammenzubringen, ohne sie additiv nebeneinanderzustellen oder gegeneinander auszuspielen. Den Gründern der Universität ging es darum, dass die Studierenden schon während ihres Studiums eigene praktische Erfahrungen machen und nicht nur an Modellen lernen.

> „Der Sinn des praktischen Teils der Ausbildung liegt also darin, den Studenten dort an die Wirklichkeit heranzuführen, wo Probleme und Handlungsanforderungen auch tatsächlich auftreten. Gestuft muss er den Anforderungen ausgesetzt werden, denen er später begegnet, um ihn in jedem Abschnitt die erforderliche Korrektur erfahren zu lassen. Lässt man den Studenten dagegen nur an Modellen der Wirklichkeit im Hochschulbereich Handlungen einüben, so erlangt er keine praktische Erfahrung. Man kann nicht auf Vorrat lernen!"[6]

---

5 Kienle (1982a), S. 347

6 Kienle (1982b), S. 46, vgl. Walger (1993b), S. 11f., ders. (1994a), S. 123ff., Walger/ Miethe (1996), S. 263ff., vgl. Kappler (1992b), S. 317ff.; ders. (1994a) und (1994b), Kappler/ Scheytt (1997), S. 11f.

Am 13. Juli 1982 wurde die Universität Witten/Herdecke als erste nicht staatliche, wissenschaftliche Hochschule der Bundesrepublik Deutschland von der Landesregierung Nordrhein-Westfalens anerkannt.

Ihre festliche Eröffnung fand am 30. April 1983 im Saalbau zu Witten statt. Dr. Hans Helmut Kuhnke, Vorsitzender des Vorstandes der Ruhrkohle AG i.R. und Vorsitzender des Kuratoriums der Universität Witten/Herdecke, benannte in seiner Festrede die Hoffnungen, die an die Gründung dieser Universität geknüpft waren:

> "Wir hoffen, dass aus dem im Zeitalter der Massenuniversitäten zunächst im Umfang noch recht bescheiden anmutenden Wagnis der Gründung einer Universität in freier Trägerschaft der Durchbruch zu einer dauerhaften Tradition gelingen wird.
>
> Wir hoffen, dass diese neue Hochschule in privater Trägerschaft als Modell ein Vorbild für weitere Hochschulen dieser Art werden wird.
>
> Wir hoffen, dass der Verzicht der öffentlichen Hand auf ein tatsächliches Monopol der Gründung von Hochschulen sich als ein erfolgreicher Schritt auf dem Wege zu einem ideologiefreien, qualitätsfördernden Wettbewerb im Bildungswesen erweisen wird.
>
> Wir hoffen, dass diese neue Universität vielen jungen Menschen ihren verständlichen Wunsch und ernsten Willen, mehr leisten zu dürfen und stärker gefordert zu werden als andere, wird erfüllen können. Wir kennen diesen immer noch weit verbreiteten, gesunden Trieb nicht nur von der Studienstiftung des deutschen Volkes her, sondern auch aus den zahlreichen alljährlichen Schüler- und Jugendwettbewerben. Diese Jugend hat Anspruch auf Möglichkeiten, wie sie die neue private Hochschule ihnen bieten wird. Es ist eine Jugend, die nichts von Geburtselite oder gar Funktionselite nach Art der Nomenklatura hält. Diese jungen Menschen halten viel von Leistungs- und Charakterelite auf der Grundlage von Wissen und Können, von geistiger Selbstständigkeit und Urteilskraft, kurz, von gleichgewichtiger herz-, hand- und verstandumfassender Bildung in Freiheit und zur Freiheit. Sie haben Anspruch darauf, in ihrem Streben danach rechtzeitig erkannt zu werden, Gehör zu finden und zielgerecht gefördert zu werden.
>
> Wir hoffen, dass die neue Universität eine Quelle der Freude und des Stolzes wird für alle, die in ihr lehrend und lernend arbeiten, aber auch für alle,

die das Wagnis dieser Hochschule ermöglicht haben und weiter ermöglichen."[7]

Und Dr. Alfred Herrhausen, Vorstandsprecher der Deutschen Bank AG und Mitglied des Kuratoriums, zitierte aus dem Geschäftsbericht der Deutschen Bank von 1982:

"'Die Menschen in der Bundesrepublik Deutschland – und nicht nur hier – sehen sich heute vor einem Bündel von schwerwiegenden Problemen, die zur gleichen Zeit fast alle wichtigen Bereiche von Wirtschaft und Gesellschaft betreffen:

Der industrielle und wirtschaftliche Fortschritt vollzieht sich ohne ausreichende Zahl von Arbeitsplätzen;

Noch nie in den letzten 30 Jahren haben so viele Unternehmen ihre Existenz aufgeben müssen wie 1982;

Die Eigenkapitalgrundlage der Wirtschaft wird immer schwächer;

Der Staat hat im Schuldturm seine Handlungsfreiheit eingebüßt;

Die internationale Zahlungsfähigkeit wichtiger Länder ist verlorengegangen;

Auf weltweite wirtschaftliche Schwierigkeiten wird in zunehmendem Maße mit Protektionismus und Abkehr vom freien Güter- und Diensteaustausch geantwortet;

Die Ergebnisse des Reformeifers der 70er Jahre zeigen sich für viele Menschen im Verlust an Sinngehalt der Gemeinschaft der Bürger. Wir haben vordergründige Annehmlichkeiten mit tieferem Lebenssinn verwechselt;

Im Ideologiestreit der Parteien und Interessengruppen drohen unverzichtbare gemeinsame Wertvorstellungen verloren zu gehen.

Wie alle diese Probleme gelöst werden können, weiß niemand mit Sicherheit zu sagen. Aber dass ihre Lösung nur möglich ist, wenn wir das dazu erforderliche geistige Kapital zielstrebig und konsequent entwickeln und alle Begabungen tatkräftig fördern, das ist gewiss.'

Jede Gemeinschaft, meine Damen und Herren, kann auf Dauer nur so intelligent, leistungsfähig und erfolgreich sein, wie die Menschen, aus denen sie

---

[7] Kuhnke (1983), S. 16f.

besteht. Es kommt deshalb darauf an, immer wieder Bedingungen zu schaffen, die es erlauben, alle in ihr vorhandenen Fähigkeiten und Talente voll zu entfalten und auszuschöpfen. Dazu gehört zweierlei:

- dass alle Menschen die Möglichkeit bekommen, sich zu bilden die Chancen also gleich sind;
- dass die besonders Begabten und Fähigen besser sein dürfen, ja besser sein sollen, die Ergebnisse des Bildungsprozesses also verschieden ausfallen.

> Freiräume für hervorragende Leistungen auf den verschiedenen Gebieten menschlichen Denkens, Forschens, Handelns und Gestaltens nur passiv offenzuhalten, genügt nicht. Wir müssen dazu anregen, dass man sie nutzt, und wir müssen jeden Versuch, dies zu tun, aktiv unterstützen. Dazu ist es nötig, Leistung zu fördern und sie anzuerkennen."[8]

Und er formulierte das Selbstverständnis, in dem die Universität steht: "Sie wird sich verstehen als Ausdruck eines 'esprit engagé', als engagierter Geist, der entwickelt und eingesetzt werden muss, um dabei mitzuhelfen, die Entwicklung unserer Gesellschaft zu fördern."[9]

Dr. Konrad Schily, Vorsitzender des Vorstandes des Universitätsvereins, nahm den Gedanken auf und entwickelte ihn weiter.

> "Dem lebendigen Geist fühlen wir uns verpflichtet. Unsere Hochschule soll ein Ort sein, wo intellektuelle Redlichkeit und der ungebeugte Wille zur Wahrheitsfrage herrschen muss. So entsteht Wissenschaft. Aber diese Wissenschaft bleibt abstrakt, wenn nicht die Wissenschaftler die Probleme der Welt zu ihren eigenen Problemen machen. Der einzelne muss sich engagieren...
>
> Aus dem Engagement der Akademiker an der Umwelt und aus dem Engagement der Praktiker an der gedanklichen Auseinandersetzung mit ihrer Umgebung entsteht Universität. Die Auseinandersetzung kann aber nur in größter innerer Freiheit und mit dem notwendigen Pflichtbewusstsein erfolgen. Der innere Wahrheitswille und das Engagement an der Umwelt müssen also zum Hochschullehrer befähigen...

---

8 Herrhausen (1983), S. 40f.

9 Ders., S. 39

Wir wollen also nicht festgezurrte Inhalte vermitteln und nicht Verfahren statt Inhalte produzieren. Wir werden glücklich sein, wenn wir begabte Studenten und die unbekannten Genies entdecken können.

Setzen wir also die uralte Suche nach der Wahrheit und nach dem Menschen fort und tun wir dies in einem freien und lebendigen Geist."[10]

In diesem Geist hat die Universität sich folgende Aufgaben und Ziele gesetzt:

- Sie muss in modellhafter und übertragbarer Weise neue Wege im Bereich des Lehrens und des Lernens, im Bereich der Forschung und des Sozialgefüges der Hochschule aufzeigen. Dabei müssen die Gesichtspunkte der freiheitlichen Demokratie und der Meinungsvielfalt erhalten bleiben. Das Sozialgefüge an der Hochschule muss so geartet sein, dass es sich wissenschaftlichen Neuerungen nicht entgegenstellt.
- Sie hat dem Erkenntnisfortschritt innerhalb der Fachwissenschaften zu dienen, muss darüber hinaus jedoch durch verstärkte Grundlagenforschung und Interdisziplinarität die Wissenschaft als Einheit fördern und beurteilbar machen.
- Als Ort unabhängiger Wahrheitssuche muss sie Antworten auf drängende gesellschaftliche Fragen finden und dabei die Auswirkungen der einzelnen Wissenschaftsgebiete und ihre Methoden auch auf die menschliche Existenz und das soziale Gefüge untersuchen.
- Sie wird neue Formen der Mitwirkung aller Hochschulgruppen entwickeln, wobei sicherzustellen ist, dass die Wahrheitsfrage nicht zu einem von politischen Interessen bestimmten Abstimmungsmechanismus verkommt.
- Sie steht allen gesellschaftlichen Gruppen offen, wobei sie als Ort der Förderung Sonderbegabter im Sinne des willkürfreien Ermessens die Zulassungskriterien zum Hochschulstudium frei festlegen kann und die Autonomie in der Regelung des Aufnahmeverfahrens beansprucht.
- Die Universität Witten/Herdecke wird berufsqualifizierend ausbilden, dabei jedoch nicht nur fachspezifische Kenntnisse vermitteln, sondern auch Fähigkeiten entwickeln helfen, die einen lebensnahen Praxisbezug ermöglichen sollen. Dies geschieht insbesondere durch berufsbegleitende Praktika und das für alle Studenten verbindliche "Studium fundamentale", welches auf eine Vertiefung breit angelegter Allgemeinbildung abzielt.

---

10 Schily (1983), S. 57ff., vgl. Kappler (1989a), S. 77ff., ders. (1994c), S. 265ff.

- Sie muss bei Wahrung ihrer Freiheit ein fruchtbares Verhältnis zur Gesellschaft und Wirtschaft anstreben und dabei auf die Lehrressourcen von in der Praxis tätigen Akademikern zurückgreifen. Daraus kann ein Praxisbezug der verschiedenen Wissenschaften in neuer und lebendiger Weise erfolgen.

Die Wittener Didaktik ist die an der Wirtschaftswissenschaftlichen Fakultät entwickelte Antwort auf diese Aufgabenstellung. Sie realisiert das Ziel, in modellhafter und übertragbarer Weise neue Wege im Bereich des Lehrens und des Lernens aufzuzeigen und berufsqualifizierend auszubilden, dabei nicht nur fachspezifische Kenntnisse zu vermitteln sondern Studierende zu eigenständigen Persönlichkeiten mit selbstständigem Urteilsvermögen ausbilden, die bereit und in der Lage sind, Verantwortung zu übernehmen („gebildete Ökonomen“). Dies geschieht insbesondere auch durch studienbegleitende, praktische Erfahrungen und die Reflexion der Grenzen und Grundlagen des eigenen Faches.[11]

Die Wittener Didaktik beinhaltet daher, dass Studierende nicht nur die notwendigen Fachkenntnisse erwerben, sondern sich auf einen Prozess der Persönlichkeitsentwicklung einlassen. Ein solcher Prozess der Persönlichkeitsentwicklung bedarf der Reflexion des eigenen Vorgehens in theoretischer und praktischer Arbeit sowie der Theoriebildung als dem Fundament der eigenen Wissenschaft ebenso wie der Gewährleistung der geistigen Vielfalt, die durch die Bereitschaft der einzelnen entsteht, wissenschaftliche Probleme und erarbeitete Ergebnisse zur Diskussion zu stellen und durch die Bereitschaft der wissenschaftlichen Gemeinschaft, sich konstruktiv damit auseinanderzusetzen.

Vielfalt und Reflexion begründen einen Bildungsbegriff, der universitäre Bildung in einem reflexiven Sinne versteht als ein Sich-Bilden. So verstandene universitäre Bildung ist nicht etwas Genormtes, sondern die durch Reflexion geleitete Entwicklung der Studierenden, die von Mensch zu Mensch unterschiedlich ist. In diesem Prozess des Sich-Bildens als einem Prozess des Sich-selbst-Entwickelns gilt es die Studierenden zu fördern und zu unterstützen. Dieser Bildungsbegriff macht die Studierenden selbst zu Produzenten ihrer Bildung.

Wenn die Studierenden selbst als Produzenten ihrer Bildung verstanden werden, geht es nicht in erster Linie um eine Wissensvermittlung, die vorgefertigte Antworten des Lehrers auf den Lernenden zu übertragen sucht. Vielmehr ist es wichtig, den Studierenden dabei zu begleiten, wie sich bei ihm auf individuelle Weise

---

11 Vgl. Walger (1993b), ders. (2000), Walger/ Miethe (1996), Kappler (1995), ders. (2000) und (2016)

neues Wissen mit bisherigem Wissen, Wissen also mit sich selbst, vermittelt. Dementsprechend geht es um die Einübung eines persönlichen, wissenschaftlichen Umgangs mit Wissen. Der wissenschaftliche Umgang mit Wissen verlangt vom Studierenden, dass er für das, was er weiß, Rede und Antwort stehen kann, d.h. dass er sein Wissen verantwortet. Der wissenschaftliche Umgang mit Wissen ist demnach an die Verantwortung des Wissens geknüpft, sowohl was seinen Entstehungs- als auch was seinen Verwendungszusammenhang angeht. Um sein Wissen verantworten zu können, muss der Studierende es immer wieder prüfen. Damit wird die Reflexion des eigenen Wissens zu einem wesentlichen Bildungsmoment in einem Prozess des Sich-Bildens als einem Selbst-Entwicklungsprozess.

2. Die Idee der Universität und ihre Verfassung in der heutigen Zeit

Eine Bestandsaufnahme[12]:

Die Universität, wie sie sich heute darstellt, ist von niemandem angestrebt, ihre ungeliebte Wirklichkeit wird allerdings immer wieder beschrieben. So formuliert Mittelstraß den Ausgangspunkt des Dilemmas, in dem sich die heutige Universität befindet. Die Universität ist immer weniger der Ort, an dem Wissenschaft betrieben wird.[13] Die heutige Universität ist Massenuniversität und hat nach dem Beschluss zur Öffnung der Universität nun die Aufgabe, eine vielfache Anzahl an Studierenden als z.B. in den 50er Jahren zum Studium aufzunehmen. Heute, da mehr als jeder Vierte eines Jahrgangs studiert, bietet die Universität der Wissenschaft schlechtere Bedingungen als noch zu einer Zeit, als nur drei bis fünf Prozent eines Altersjahrganges studierten. Aus der Universität, ursprünglich das Haus der Wissenschaft, wandert die Wissenschaft vermehrt in außeruniversitäre Bereiche ab.

Und auf Grund der hohen Anzahl an Studierenden ist es nach Mittelstraß nicht nur zu einer Abwanderung der Wissenschaft, sondern auch zu einer Veränderung der Lehre an der Universität gekommen. Mittelstraß beobachtet eine Entwissenschaftlichung der Lehre und eine Verschulung des Universitätsstudiums, in der Studium immer mehr zur Ausbildung und Wissensvermittlung geworden ist.

Wir sind, was die Bildung betrifft, in der Lage Robinsons. Wir haben Schiffbruch erlitten, schreibt Dietrich Schwanitz.[14] Die Bildung ist fast vollständig zur Beute der politischen Parteien geworden und die Universität ist in vieler Hinsicht zum Wrack politischer Manövrierkunst avanciert. Bildung ist zu einem Schattenreich geworden. In ihm ist das Wissen davon verdampft, was man eigentlich lernen soll. Eine fachlich solide Überlegung über Bildungsziele findet nirgendwo statt, konstatiert Schwanitz. Statt dessen herrschen die drei Gorgonenschwestern, die große Verunsicherung, die große Unübersichtlichkeit und die große Beliebigkeit. Immer neue Bildungsmodelle werden durchgespielt. Die Universität hält die Rückkehr zum Universalprinzip des Tauschhandels für ihre große bildungspolitische Leistung, die sich im Heilssystem des CPS (Credit-Point-System) manifestiert. Alles muss sich zählen lassen in diesem bildungspolitischen Kreditsystem, alles ist mit allem kombinierbar, austauschbar und kompensierbar und alles kann durch alles ausgeglichen werden. Das hat die Universität zu einem Markt gemacht, auf dem

12 Vgl. Walger (2000)

13 Vgl. Mittelstraß (1994), S. 30 ff. und ders. (1989); vgl. auch Kappler (1995), Daxner (1996), Glotz (1996), Morkel (1995), Gibbons (1994) und Hödl (1994)

14 Schwanitz (1999)

Zensuren gehandelt werden und wo die Studierenden mit den Professoren um Prozentpunkte feilschen. Die Unterscheidung von Wesentlichem und Austauschbarem ist unwesentlich, die von Zentralem und Randständigem randständig geworden.

Nachdem Wissenschaft und Bildung aus dem Haus der Wissenschaft ausgezogen sind, regiert der Geist geistloser Zustände im Zeitalter der Wissensgesellschaft die Universitäten und beruft sich nach wie vor auf die Humboldtsche Universitätsidee. Die Universität neigt nach Ansicht von Mittelstraß dazu, von dieser Realität abzusehen und sich auf dem Wege der Realisierung der Idee der Humboldtschen Universität zu sehen.[15] „Die deutsche Universität ... tut auch heute noch so, als folge sie beharrlich ihrer idealistischen Idee...."[16] Sie hält nach Mittelstraß an der Humboldtschen Idee einer Bildung durch Wissenschaft und der Einheit von Forschung und Lehre fest, obwohl der Universität die Humboldtsche Idee längst verloren gegangen ist und sie ist deshalb nicht in der Lage, diese Idee unter den heutigen Bedingungen zum Tragen zu bringen.[17] Konrad Schily bemerkt dazu: "Die gegenwärtige Universität hat mit den Ideen von Wilhelm von Humboldt nichts mehr gemein. Es wirkt deshalb zynisch, wenn man sich heute immer noch auf Begriffe wie 'Freiheit und Einsamkeit des Wissenschaftlers' oder der 'Einheit von Forschung und Lehre' oder gar der 'Freiheit von Forschung und Lehre' beruft. Diese Begriffe werden nur noch zur eigenen Vorteilswahrung gebraucht. Mit den eigentlichen Ideen des Humanismus oder gar des deutschen Idealismus hat die heutige Universität nichts gemein."[18] Und verschärfend formuliert Habermas mit Reumann dazu: "'Das Bekenntnis zu Humboldt ist die Lebenslüge unserer Universitäten. Sie haben keine Idee.' Aus dieser Sicht gehören alle jene Universitätsreformer, die sich wie Jaspers auf die Idee der Universität berufen haben... zu den bloß defensiven Geistern einer modernisierungsfeindlichen Kulturkritik."[19]

Solche Zustandsbeschreibungen der Universität, die ihr die verlorengegangene Humboldtsche Universitätsidee oder ihr falsches Bekenntnis zu Humboldt vorhalten, stellen damit jeweils auf ihre Weise Humboldt in ihren Dienst, in den der Defensive oder der Ideologiekritik."

---

15 Vgl. Mittelstraß (1994), S. 40
16 Mittelstraß (1994), S. 26
17 Vgl. ders., S. 7
18 Schily (1993), S. 105
19 Habermas (1988), S. 141 mit einem Zitat aus der FAZ von Reumann (1986)

Wissens- und Wissenschaftsverständnis

Die beschriebene Universität ist Teil der heutigen Gesellschaft, für die Drucker den Begriff der "Knowledge Society" geprägt hat. [20] Die Wissensgesellschaft ist gekennzeichnet durch den rapiden Anstieg verfügbaren Wissens. Einerseits hat sich der Umfang des Wissens selbst erheblich vergrößert und ist für den Nichtfachmann unüberschaubar geworden. Gleichzeitig hat die Zugriffsmöglichkeit auf dieses Wissen enorm zugenommen. Das Internet steht in der Wissensgesellschaft für die permanente und weltweite Zugriffsmöglichkeit auf Wissen.[21]

Um die Universität in der Wissensgesellschaft zu verstehen ist es hilfreich, die Differenz zwischen dem Verhältnis neuzeitlicher Wissenschaft und ihrem Wissensbegriff und dem klassischen Verständnis von Wissenschaft und Wissen anzuschauen.[22] Es wird daher in einem ersten Schritt das klassische Wissens- und Wissenschaftsverständnis vorgestellt, um dann vor diesem Hintergrund ihre neuzeitlichen Gegenstücke zu betrachten, auf denen die Universität in der Wissensgesellschaft gründet.

Das klassische Verständnis von Wissenschaft geht auf Platon zurück, der Wissenschaft als ein System von Wissen verstanden hat, das es zu erlangen gilt. Wissen ist dabei immer ein Wissen über die den Gegenständen selbst innewohnenden Ideen, deren Verkörperung die Gegenstände lediglich darstellen.[23] Platon macht also eine Unterscheidung zwischen den Ideen als dem, was sich wissen lässt und ihren sinnlichen Abbildern. In jedem sinnlichen Gegenstand kommt die Idee, an der er teilhat, die ihm sein Wesen verleiht und seinen Namen gibt, wenn auch nur höchst fehlerhaft und ungenau so doch zur Erscheinung. Auch wenn sich Wissenschaft in der Klassik mit den Gegenständen der wahrnehmbaren Welt beschäftigt, handelt sie letztlich doch nicht davon, sondern von den ihnen innewohnenden Ideen. Das Wesen der Gegenstände ist für Platon nicht mit der Wahrnehmung, sondern nur mit der Vernunft und dem Verstand zu erfassen und in diesem Sinne Gegenstand des Denkens.

Die Ideen sind nach dem Verständnis der Klassik göttlichen Ursprungs. Das Wissen von diesen Ideen ist durch persönliche Bildung zu erlangen. Denn Wissen wird in der Klassik als Weisheitswissen verstanden, das die Bildung der Person und die Entwicklung moralischer Qualitäten voraussetzt. Bildung ist in der Klassik der Weg der Person, sich selbst zu entwickeln um der Erkenntnis, der Schau der göttlichen

---

20 Vgl. Drucker (1992)
21 Vgl. Stichweh (1998, 1994)
22 Vgl. hierzu Walger/ Schencking (2001); Walger/ Neise (2012)
23 Vgl. Böhme (1993), S. 81 ff

Idee, der theoria willen.[24] Bildung ist der Selbstentwicklungsprozess der Person, verstanden als persönlicher, sich im Denken realisierender Erkenntnisprozess. Dieser Erkenntnisprozess ist ein Denkprozess, dessen wesentliches Moment in der Prüfung vermeintlichen Wissens besteht. Beispiele hierfür sind die sokratischen Dialoge. Sokrates fragt etwa den Feldherrn, was Tapferkeit ist, und den Redner, was Rhetorik ist und prüft so mit seinem Gesprächspartner gemeinsam dessen Wissen. Er hält dabei sein Wissen nicht gegen das Wissen des anderen, sondern die sokratische Möglichkeit zur Wissensprüfung besteht gerade darin, dass er weiß, dass er nichts weiß. Erst das Wissen um das eigene Nicht-Wissen eröffnet ihm die Möglichkeit, das dem Gesprächspartner eigene Wissen in Erfahrung zu bringen, es nachzudenken und so mit ihm gemeinsam denkend zu prüfen. Dieser sich im Denken realisierende Erkenntnisprozess ist ein Prozess der Einsicht. In ihm geht es darum, scheinbares Wissen hinter sich zu lassen, zu transzendieren und das Verborgene immer wieder neu ins Unverborgene, ins Wissen zu bringen. Wissen ereignet sich für den Menschen im Denken und steht als Denkereignis, auf das sich Sokrates in seinen Dialogen immer wieder mit letzter Konsequenz eingelassen hat, wesentlich im Verhältnis zum Nicht-Wissen. Der Gebildete entwickelt im Denken sein Wissen von den Ideen als ein sich immer wieder neu ereignendes Erkennen, was die Dinge eigentlich sind.[25] Wissenschaft ist als System wirklichen Wissens auf die Bildung als ihren Entstehungszusammenhang und auf die Lebenspraxis als ihren Verwendungszusammenhang verwiesen. Wissenschaft ist im klassischen Sinne theoretisch und praktisch zugleich als sie einerseits Theoriensystem und gleichzeitig als solches für die Lebenspraxis der sich bildenden Persönlichkeit nützlich ist.[26]

Die neuzeitliche, aufgeklärte Wissenschaft versteht sich nach Nietzsches "Gott ist tot" selbst als diejenige, die das Wissen über die Dinge schafft. Sie sieht ihre Aufgabe darin, die Welt zu erklären und auf Grund ihres Wissens Vorschläge zu ihrer Gestaltung zu machen. Das neuzeitliche Modell der Wissenschaft gründet auf der klaren Trennung von Theorie und Praxis und auf der entschiedenen Trennung von Wissen und Person. Das Wissen selbst ist unpersönlich, es ist unabhängig von persönlicher Reife und Erfahrung. Es ist im Prinzip jedermann zugänglich, es ist öffentliches Wissen, und entsteht in einem unendlichen Forschungsprozess von einer der Gesellschaft verpflichteten Wissenschaft. Ist Forschung noch in der Klassik als die Suche nach Wissen nicht im eigentlichen Sinne Wissenschaft, verstan-

---

24 Vgl. das Höhlengleichnis von Platon (1982), S. 514a ff.

25 Vgl. hierzu auch Heidegger (1984)

26 Vgl. auch Habermas (1973), S. 146 f.

den als System von Wissen, so macht sie in der Neuzeit den Kern der Wissenschaft aus. Der neuzeitliche Wissenschaftler ist nicht mehr der Gelehrte[27], sondern er ist der Forscher, der sich immer wieder durch die Erforschung neuen Wissens als solcher erweisen muss und kann. Der Zitationsindex und die Zahl der Veröffentlichungen in referierten Zeitschriften sprechen da eine deutliche Sprache. Der neuzeitliche Wissenschaftler schafft sich dieses neue Wissen selbst und zwar prinzipiell in unbegrenztem Umfang. Er betrachtet Wissen als änder- und vermehrbar. Neues Wissen entsteht aus dem Bezug zu altem Wissen, indem es dieses ergänzt, erweitert, verändert oder widerlegt. Das Wissen, das auf diese Weise generiert wird, ist nicht mehr an eine Person gebunden, es dient auch nicht mehr primär dem Erkennen der Dinge, wie sie eigentlich sind und der Orientierung in der gegebenen Welt, sondern es dient als kollektiver Fundus der Veränderung der Welt.[28]

Vor dem Hintergrund des neuzeitlichen Wissens- und Wissenschaftsverständnisses erscheint die Zustandsbeschreibung der heutigen Universität noch einmal in neuem Lichte. Es ist nicht die Abwendung von oder gar das falsche Bekenntnis zu Humboldts Universitätsidee, sondern es ist vielmehr das moderne Wissens- und Wissenschaftsverständnis, das eine solche Universität generiert, die nach Mittelstraß von niemandem angestrebt und deren ungeliebte Wirklichkeit immer wieder beschrieben wird.

Die zunehmende Abwanderung der Wissenschaft aus der heutigen Universität, die im Verständnis neuzeitlicher Wissenschaft die Hauptproduktionsstätte des verfügbaren, weltverändernden Wissens ist und der originäre Ort, an dem im Wege der Forschung immer neues Wissen produziert wird, versteht sich genau daraus, dass moderne Wissenschaft sich gerade an diesem Ort behindert sieht, ihrer Aufgabe, Wissen zu produzieren und es der Gesellschaft zur Veränderung der Welt zur Verfügung zu stellen, nachkommen zu können.[29] Wissenschaftliche Forschung konkurriert mit universitärer Lehre, die durch die Betreuung einer Vielzahl von Studierenden als eine Last gesehen wird und die der Forschungsaufgabe der modernen Wissenschaft entgegensteht, um Ressourcen. Der moderne Wissenschaftler

27 Der neuzeitliche Wissenschaftler kennt den Typus des Gelehrten durchaus, etwa in der Person von Leibniz als (letzter) Universalgelehrter seiner Zeit, und auch die Aufklärung als ein Phänomen der Moderne kennt das Gelehrtentum, etwa in der Person von Diderot als Enzyklopädist und Aufklärer, aber der Begriff ist nicht mehr klassisch gedacht, sondern unterliegt dem neuzeitlichen Wissensbegriff.

28 Vgl. hierzu auch Zimmerli (1997a), S. 316 ff.

29 Vgl. Gibbons (1994), S. 2 ff., Mittelstraß (1994), z.B. S. 47. Vgl. zur Industrialisierung weiter Bereiche wissenschaftlicher Arbeit Böhme (1993) und Kappler (1995)

kommt nicht umhin, sich als Forscher zu verstehen, dem der Lehrer, der er zunehmend sein soll, im Wege steht, was sein wissenschaftliches Selbstverständnis und seine wissenschaftliche Reputation angeht.

Ebenso verdankt sich die Entwissenschaftlichung der Lehre und die Verschulung des Universitätsstudiums, das immer mehr zur Ausbildung und Wissensvermittlung geworden ist, dem neuzeitlichen Wissensbegriff. Das von der Wissenschaft erzeugte Wissen ist nach neuzeitlich, aufgeklärtem Verständnis eine gesellschaftliche Ressource zur Lösung von Problemen der Praxis, sei es in Unternehmen, der Wirtschaft oder der Gesellschaft insgesamt.[30] Als bestandsmäßiges Wissen ist es von seinem Entstehungszusammenhang abgelöst und Entstehung und Verwendung von Wissen sind nicht aneinander gekoppelt. Wissen ist nicht an die Person seines Erzeugers gebunden, es hat keine an seine Person und seine Erfahrung gebundene Qualität. Es ist Denkergebnis und nicht Denkereignis. Es hat einen eigenen Bestand und lässt sich besitzen, speichern und an die Studierenden und in die Gesellschaft transferieren, ohne seinen Charakter zu verändern.

Dieser Wissensbegriff eines unpersönlichen Wissensbestands macht die Verschulung des Studiums, deren Konsequenz es ist, dass Studierende an der Universität einfach Wissensbestände lernen nicht nur möglich, sondern lässt sie auch sinnvoll erscheinen. Nach diesem Wissensbegriff ist es nicht notwendig, sich persönlich im Hinblick auf eine bestimmte Situation mit dem Wissen auseinander zu setzen. Es wird davon ausgegangen, dass es zur Lösung eines Problems der Praxis für eine Person ausreicht, Wissen zu seiner Lösung zu haben. Dem Wissen ist durch die Person im Hinblick auf die praktische Situation nichts hinzuzufügen, was seine Qualität ändern würde. Das Wissen allein ist Träger der Lösung, ja es erscheint als die eigentliche Lösung selbst.

Entsprechend dem neuzeitlich-aufgeklärten Wissensverständnis betrachtet es die Universität als ihre Aufgabe, Wissen in die Praxis zu transferieren. Wie die Praxis mit dem Wissen umgeht, ob sie mit dem Wissen eine Lösung finden kann, steht für eine aufgeklärte Wissenschaft nicht in Frage, da das Wissen als eigentliche Lösung verstanden wird.[31] Die Universität stellt der Praxis ihr Wissen im wesentlichen auf zwei Wegen zur Verfügung, zum einen mittelbar über die Lehre, d.h. die Studierenden, die nach ihrem Studium in die Praxis gehen, und zum anderen über die Veröffentlichung von Forschungsergebnissen.

---

30 Vgl. zum Wissen in Unternehmen Wittmann (1979), Picot (1990), Walger/ Schencking (2001); vgl. zum Wissen in der Gesellschaft Pellert (1997), Brinckmann (1998).

31 Vgl. kritisch dazu Zimmerli (1997a), S. 356 und Dürr (1998)

In der Lehre ist Wissen als Denkergebnis nicht immer wieder neu zu produzieren. Studium in diesem Zusammenhang heißt für die Studierenden Lernen und es ist ihre Aufgabe, sich einen Wissensfundus anzueignen. Dazu bedarf es keiner eigenen Praxis, denn neuzeitliches Wissen bedarf als von der Person getrenntes Wissen weder für seine Entstehung noch seine Verwendung eigener Erfahrung. Eigene Erfahrungen in der Praxis können also auch dem vom Studierenden angeeigneten Wissen keine Qualität hinzufügen.

Aus der Perspektive des Lehrenden ist die Lehre ein Akt der Übertragung von Denkergebnissen.[32] Da das Wissen von der Person und damit auch von der Person des Lehrenden getrennt ist, kann nach diesem Verständnis das Lernen auch außerhalb der Universität und ohne die Person des Lehrenden erfolgen. Es eröffnet sich nach diesem Verständnis als Alternative zur persönlichen Übertragung von Wissen, z.B. in einer Vorlesung, die Möglichkeit der Übertragung über moderne Speichermedien. Wird dieser Ansatz der Lehre zu Ende gedacht, liegt seine Zukunft in der virtuellen Universität bzw. Fernuniversität als Bereitstellung und dem Zugänglichmachen von Wissensbeständen. In ihr kann der Studierende selbst entsprechend seiner Zwecke auf das Wissen zugreifen.[33]

Der nicht-universitären Öffentlichkeit stellt die Universität ihre produzierten Forschungsergebnisse in Form von Veröffentlichungen zur Verfügung. An den Veröffentlichungen als ihrem Forschungsoutput wird die Leistung der Universität in der Forschung gemessen. Grundlage für das Renommé einer Universität in der Forschung sind ihre Publikationen. Das in den Veröffentlichungen dokumentierte Wissen orientiert sich in seiner Entstehung vor allem an den Verwendungszwecken der "scientific community", die für den einzelnen wissenschaftlichen Beitrag der Hauptabnehmer ist.[34] Über ihre eigenen Verwendungszwecke vermittelt orientiert sich die veröffentlichte Forschung an den Verwendungszwecken der Gesellschaft.

Im Sinne des Wissens- und Wissenschaftsverständnisses der Moderne lässt sich Habermas durchaus mit seiner Einlassung: wer sich auf die Idee der Universität beruft, gehört zu den bloß defensiven Geistern einer modernisierungsfeindlichen Kulturkritik, selbst als moderner, defensiver Geist verstehen, der die Verteidigung und Verfestigung der Moderne betreibt. Die spannendere Frage scheint aber die

---

32 Die Lehre orientiert sich nach de Woot in der Wissensübertragung eher an den Verwendungsmöglichkeiten bestehender Wissensbestände als an den Verwendungszwecken der Studierenden, vgl. De Woot (1996), S. 22 f.; vgl. Daxner (1996), S. 42, Mittelstraß (1994), S. 14 f.

33 Vgl. kritisch zur virtuellen Universität Daxner (1996) S. 13 f.

34 Vgl. Luhmann (1994)

zu sein, wie die Humboldtsche Universitätsidee unter den Bedingungen der modernen Wissensgesellschaft gedacht werden kann.

Rekonstruktion der Idee der Universität

Humboldt steht auf der Grenze zwischen Klassik und Moderne. Einerseits sieht er die Perioden wissenschaftlicher Blüte in Deutschland in klarer Abhängigkeit von der Auseinandersetzung mit den Griechen und den Römern - die Deutschen sind für ihn das Volk, das die Griechen und Römer verstanden hat, wie kein anderes – und gleichzeitig ist er Verfechter einer modernen Wissenschaft, für die die Suche nach Wissenschaft, die Forschung, im Zentrum ihrer Existenz steht.[35] Dieses Spannungsverhältnis zwischen Klassik und Moderne findet sich in seinem Begriff der Universität selbst wieder. Das Wesen der Universität besteht für ihn darin, die objektive Wissenschaft einerseits mit der subjektiven Bildung andererseits zu verknüpfen.[36] Dabei steht die objektive Wissenschaft insofern für die Moderne, als sie sich "als ein noch nicht ganz aufgelöstes Problem" versteht und daher "immer im Forschen" bleibt, im Gegensatz etwa zur Schule, die es "nur mit fertigen und abgemachten Kenntnissen" zu tun hat.

> "Dies vorausgeschickt, sieht man leicht, dass bei der inneren Organisation der höheren wissenschaftlichen Anstalten. Alles darauf beruht, das Princip zu erhalten, die Wissenschaft als etwas noch nicht ganz Gefundenes und nie ganz Aufzufindendes zu betrachten, und unablässig sie als solche zu suchen."[37]

Dieses Votum für das forschende Wesen der Wissenschaft steht für das moderne Wissenschaftsverständnis, dem Humboldt hier folgt. Schaut man aber den Entstehungs- und Verwendungszusammenhang einer solchen objektiven Wissenschaft genauer an, werden die klassischen Wurzeln sichtbar.

> "Sobald man aufhört, eigentlich Wissenschaft zu suchen, oder sich einbildet, sie brauche nicht aus der Tiefe des Geistes heraus geschaffen, sondern könne durch Sammeln extensiv aneinandergereiht werden, so ist alles unwiederbringlich und auf ewig verloren; verloren für die Wissenschaft, die, wenn dies lange fortgesetzt wird, dergestalt entflieht, dass sie selbst die Sprache wie eine leere Hülse zurück lässt, und verloren für den Staat. Denn nur die Wissenschaft, die aus dem Innern stammt und in´s Innere gepflanzt

---

[35] Vgl. Humboldt (1995d), S. 554
[36] Vgl. Humboldt (1996b), S. 255
[37] Vgl. Humboldt (1996b), S. 257

werden kann, bildet auch den Charakter um, und dem Staat ist es ebenso wenig als der Menschheit um Wissen und Reden, sondern um Charakter und Handeln zu thun."[38]

Aus der Tiefe des Geistes heraus, wie bei den Griechen auch, ist diese moderne Wissenschaft zu schaffen, sie stammt aus dem Inneren des Menschen und kann deshalb auch ins Innere gepflanzt werden, d.h. der Charakterbildung dienen. Die moderne Wissenschaft, die Wissen produziert, dient dem Staat und der Menschheit, indem sie Charakterbildung betreibt und zum Handeln befähigt. Diese moderne Wissenschaft ist im klassischen Sinne theoretisch und praktisch zugleich als sie sowohl theoretischer Wissensbestand als auch für die Lebenspraxis der sich bildenden Persönlichkeit nützlich ist.

Die Universität ist Humboldt der Ort für das von der Lebenspraxis keineswegs getrennte, geistige Leben der Menschen, die sich mit Wissenschaft auseinandersetzen:

> "Was man daher höhere wissenschaftliche Anstalten nennt, ist, von aller Form im Staate losgemacht, nichts Anderes als das geistige Leben der Menschen, die äussere Musse oder inneres Streben zur Wissenschaft und Forschung hinführt."[39]

Humboldt macht aber einen Unterschied zwischen der Wissenschaft und dem wissenschaftlichen Geist. Die Wissenschaft produziert Wissen als Stoff zu zukünftiger Bearbeitung, der wissenschaftliche Geist belebt diesen Stoff erst, der sonst tot bleiben würde. Indem Humboldt Wissen als Stoff, die Wissenschaft als Wissensbestand versteht, der unabhängig vom Menschen existiert, ist er modern. Er geht von der modernen Trennung von Wissen und Person aus. Gleichzeitig knüpft er an die klassische Tradition an, indem er Wissen an sich als tot qualifiziert und als echte Wissenschaft den wissenschaftlichen Geist bezeichnet, von dem das Wissen erst sein Leben empfängt. Wissen ist hier modern und klassisch zugleich gedacht. Es ist einerseits modern als Bestand und Gegenstand der Bearbeitung und andererseits ereignet es sich wie in der Klassik im Denken.

Humboldt geht es aber anders als der Klassik nicht um das Verhältnis von göttlichen Ideen und ihrer Schau, sondern um das Verhältnis von Wissen und Wissenschaft als Stoff und wissenschaftlichem Geist. Bei Humboldt ist Wissenschaft nicht mehr ein System von göttlichen Ideen, sondern ein Bestand an Wissen, das es vom wissenschaftlichen Geist als seinem Gegenstand zu bearbeiten gilt. Wissen

---

38 Humboldt (1996a), S. 257 f.

39 Humboldt (1996a), S. 256

ist für ihn ein Begriff, der selbst für ein Verhältnis steht. Das Wissen der Wissenschaft entsteht aus dem lebendigen Verhältnis von Wissen als dem von der Wissenschaft produzierten Stoff und der Person, die dieses Wissen denkt. Nur wenn das Wissen immer wieder gedacht und in Frage gestellt sowie über es hinausgegangen wird, hat es lebendigen Bestand. Als solches Denkereignis ist Wissen an die Person gebunden.

> "Es ist ein mächtiger, aber nicht immer gehörig beachteter Unterschied zwischen der Blüthe der Wissenschaften und Künste, und dem Gedeihen des wahren wissenschaftlichen Geistes und des ächten Kunstsinns. Jene verdankt ihr vorübergehendes Daseyn oft zufälligen und äusseren Ursachen, dieses entsteht nur aus einer in sich kraftvollen, oder glücklich vorbereiteten Natur; jener bleibt das Genie meisthenteils fremd, in diesem erscheint das blosse Talent in seiner unverhüllten Mittelmäßigkeit; jene lässt höchstens Stoff zu künftiger Bearbeitung zurück, dieses verbreitet durch sein Walten selbst Licht, Wärme und Kraft. Diese oft miteinander verwechselten Dinge gehörig zu unterscheiden, dem Geist nachzuspüren, von dessen Wehen erst der todte Buchstabe der Wissenschaft Leben empfangen muss , ist eins der vorzüglichsten Geschäfte der gegenwärtigen Untersuchung."[40]

Humboldt macht einen gerade für die Wissensgesellschaft bedeutsamen Unterschied zwischen der Blüte der Wissenschaften und dem Gedeihen des wahren wissenschaftlichen Geistes, wenn man so will, weist er damit auf den wesentlichen Unterschied zwischen Moderne und Klassik hin, den er klassisch denkend modern zu nutzen gewillt ist, indem er beide in seinem Programm neuzeitlicher Bildungstheorie und Bildungspraxis aufeinander bezieht.

Benner beschreibt dieses Programm treffend:

> "Nicht bei sich selbst, weder bei der zufälligen Einzelheit des eigenen Daseins noch der gesellschaftlich vermittelten Bestimmung der eigenen Existenz stehenzubleiben, auch nicht zu sich selbst, unverändert oder bloß um neue Erfahrungen und Einsichten bereichert, zurückzukehren, sondern 'auf die Welt über' zu gehen, die Welt, 'namentlich Geschichte und Sprache, Länder und Nationen, äussere Verhältnisse, Staatsgeschäfte, Menschen', sich anzueignen und durch die Beschäftigung mit Fremdem, Unbekanntem, selbst ein Anderer zu werden, alles nach einem 'inneren Maassstab', der jedoch permanent in Veränderung begriffen ist, zu beurteilen, dies war und

---

40 Humboldt (1995d), S. 556 f.

> ist das Programm der neuzeitlichen Bildungstheorie und Bildungspraxis, das W. von Humboldt ausgearbeitet und mitbegründet hat."[41]

In der Aneignung von und der Auseinandersetzung mit Welt, mit dem von der Wissenschaft zur Verfügung gestellten Wissen selbst ein anderer zu werden nach einem inneren Maßstab, der notwendig permanent in Veränderung begriffen ist, ist die modern klassische Bildungsaufforderung Humboldts. Nur wenn objektive Wissenschaft und subjektive Bildung aufeinander bezogen werden, indem die objektive Wissenschaft als Produzentin von Wissen den Stoff liefert für die Auseinandersetzung mit der Welt und diese den Gegenstand für die geistige und sittliche Bildung des Menschen bildet, findet Universität statt.[42]

> "Im Mittelpunkt... steht der Mensch, der... nur die Kräfte seiner Natur stärken und erhöhen, seinem Wesen Werth und Dauer verschaffen will. Da jedoch die blosse Kraft einen Gegenstand braucht, an dem sie sich üben, und die blosse Form, der reine Gedanke, einen Stoff, in dem sie, sich darin ausprägend, fortdauern könne, so bedarf auch der Mensch einer Welt ausser sich. Daher entspringt sein Streben, den Kreis seiner Erkenntniss und seiner Wirksamkeit zu erweitern, und ohne dass er sich selbst deutlich dessen bewusst ist, liegt es ihm nicht eigentlich an dem, was er von jener erwirbt, oder vermöge dieser ausser sich hervorbringt, sondern nur an seiner inneren Verbesserung und Veredlung, oder wenigstens an der Befriedigung der innern Unruhe, die ihn verzehrt. Rein und in seiner Endabsicht betrachtet, ist sein Denken immer nur ein Versuch seines Geistes, vor sich selbst verständlich, sein Handeln ein Versuch seines Willens, in sich frei und unabhängig zu werden, seine ganze äussre Geschäftigkeit überhaupt aber nur ein Streben, nicht in sich müssig zu bleiben. Bloss weil beides, sein Denken und sein Handeln nicht anders, als nur vermöge eines Dritten, nur vermöge des Vorstellens und des Bearbeitens von etwas möglich ist, dessen eigentlich unterscheidendes Merkmal es ist, NichtMensch, d. i. Welt zu seyn, sucht er, soviel Welt, als möglich zu ergreifen, und so eng, als er nur kann, mit sich zu verbinden."[43]

Die Humboldtsche Bildungstheorie hat ihren Ausgangspunkt am und im Menschen, dessen Denken und Handeln der Auseinandersetzung mit der Welt außer sich bedarf. Sie ist anthropozentrisch und weltzugewandt zugleich.

---

41 Benner (1990), S. 21

42 Zur Persönlichkeitsbildung vgl. Meyer/Ruegger (1998), Rippe (1998) und Zimmerli (1998a, 1998b), Rogers (1974), Freire (1973)

43 Humboldt (1995a), S. 235

"Die letzte Aufgabe unsres Daseyns: dem Begriff der Menschheit in unsrer Person,... einen so grossen Inhalt, als möglich, zu verschaffen, diese Aufgabe löst sich allein durch die Verknüpfung unsres Ichs mit der Welt zu der allgemeinsten, regesten und freiesten Wechselwirkung."[44]

Das Bildungsmoment ist im Menschen selbst angelegt und zwar klassisch in seinem Streben nach Erkenntnis, im "Erkennen des Unsichtbaren im Sichtbaren"[45], das sich aber nicht mehr als Schau göttlicher Idee versteht, sondern sich modern gedacht in der Wechselwirkung von Ich und Welt bildet. Das, was Bildung ist, macht sich damit für Humboldt immer am Menschen selbst und seiner Auseinandersetzung mit der Welt fest. Sie erlangt ihre Vollendung darin, dass Menschen eine Idee symbolisieren, "auf die man nur dadurch, dass sie sie lebendig darstellten, kommen konnte."[46] Der Mensch selbst wird klassisch zur Verkörperung der Idee, der Idee der Moderne, der Aufklärung und ihrer Vernunft.

"Der wahre Zwek des Menschen - nicht der, welchen die wechselnde Neigung, sondern welchen die ewig unveränderliche Vernunft ihm vorschreibt - ist die höchste und proportionirlichste Bildung seiner Kräfte zu einem Ganzen."[47]

Was heißt höchste und proportionierlichste Bildung und wie wird sie erreicht? Humboldt beschreibt zwar, dass statt einer proportionierlichen Bildung Einseitigkeit sich in der Bildung für den Menschen zunächst nahe legt, da "sein ganzes Wesen auf einmal nur zu einer Tätigkeit gestimmt" sei. Insofern stehen die Begriffe höchste und proportionierlichste Bildung in einem Spannungsverhältnis und nicht in einem einfachen harmonischen Verhältnis. Humboldt zieht daraus allerdings nicht die Konsequenz, dass dem Menschen nur Einseitigkeit bzw. Fachidiotentum bliebe. Als Möglichkeit, sich auf mehreren Gebieten zu bilden, sieht er, die Kräfte, mit denen er wirkt, durch ihre Verbindung zu vervielfältigen. Als Möglichkeiten nennt er, eigene in der Vergangenheit erworbene Erkenntnisse in der Gegenwart mitwirken zu lassen und Erkenntnisse anderer Menschen durch Verbindung zu ihnen sich zu eigen zu machen.

"Zu dieser Bildung ist Freiheit die erste, und unerlassliche Bedingung. Allein ausser der Freiheit erfordert die Entwikkelung der menschlichen Kräfte noch etwas anderes, obgleich mit der Freiheit eng verbundenes, Mannigfaltigkeit

44 Ders. S. 235 f.
45 Humboldt (1995d), S. 559
46 Humboldt (1981a), S. 2
47 Humboldt (1995b), S. 64

der Situationen. Auch der freieste und unabhängigste Mensch, in einförmige Lagen versetzt, bildet sich minder aus."[48]

Für die höchste und proportionierlichste Bildung bedarf es nach Humboldt der Freiheit und der Mannigfaltigkeit der Situationen. Die Notwendigkeit der Freiheit korrespondiert dazu, dass Humboldt das Bewegungsmoment für Bildung im jeweiligen Menschen selbst anlegt, in seinem Streben nach Stärkung und Erhöhung seiner Kräfte – und nicht außerhalb von ihm in einem vorgegebenen Zweck. Bildung ist für Humboldt nicht durch ein Telos bestimmt. Er leitet das Ziel der Bildung nicht aus einem Staatszweck oder einem vorgegebenen gesellschaftlichen Ganzen ab.

Humboldts Formel von der höchsten und proportionierlichsten Bildung aller Kräfte zu einem Ganzen fasst die auf den Zweck des Individuums bezogene Seite menschlicher Bildung als eine unabschließbare Aufgabe, die es nie ganz und nie endgültig erfüllen kann, sondern mit Notwendigkeit immer auch wieder verfehlt. Fortschreitende Bildung ist demnach überhaupt nur möglich, weil der Mensch nie endgültig mit sich identisch ist, sondern stets von neuem an seiner Bestimmung arbeiten kann. An seiner Bestimmung kann er nur arbeiten, wenn er eine Identität anstrebt, in der er weder mit sich selbst, noch mit bestimmten Weltinhalten identisch ist, sondern seine Bestimmung aus seiner nicht abschließbaren Arbeit an seiner Bestimmung gewinnt.

Die Möglichkeit einer solchen Identität hat Humboldt mit dem Begriff der Originalität beschrieben. Jeder Mensch ist ein Original. Jeder besitzt Originalität gerade dann, wenn er darum weiß, dass er das Original seiner Bestimmung ist. Original sein und werden zu wollen, ohne ein Vorbild für die eigene Originalität zu besitzen, stellt die neuzeitliche Aufgabe und zugleich die neuzeitliche Grundaporie einer Bildung dar, in der der Mensch seine Identität immer mehr daraus bezieht, sich eine fiktive Bestimmung als Lebensziel setzen zu können, um sich von ihr leiten zu lassen, ohne dass ihn dies davon enthebt, seine Unbestimmtheit als Moment seiner Bestimmtheit und Ausdruck seiner Imperfektheit aushalten zu müssen.[49]

Die neuzeitliche Aufgabe und zugleich Grundaporie der Bildung liegt in der "Bildung ohne Vorbild", die vom "eigengebildeten Menschen"[50] ausgeht. Bildung heißt dann, "sich aus sich selbst, in seiner Eigenthümlichkeit, zu entwikkeln"[51], deshalb

48 A.a.O.
49 Vgl. Benner (1990), S. 52 f.
50 Humboldt (1995b), S. 66
51 Ders., S. 69

sind Freiheit und Vielfalt unabdingbar für eine am Menschen orientierte Bildung, der es darum geht, wie Nietzsche in Ecce homo sagt, zu werden, was man ist.[52]

> "Da unsere Bestimmung... nicht organologisch-teleologisch vorbestimmt ist, können wir uns zu unserer Bildsamkeit nur dadurch angemessen verhalten, dass wir sie als eine unbestimmte Bildsamkeit begreifen und in mannigfaltiger Art und Weise an unserer Bestimmung arbeiten."[53]

Es geht mit Herbart gesprochen um eine unbestimmte Bildsamkeit des Menschen, in der Bildung weder als Herrschaft des Menschen über die Welt noch als Anpassung des Menschen an vorgegebene Weltinhalte konzipiert wird, sondern als ein Sich-selbst-Entwickeln jedes Individuums. Individualität ist nach Humboldt die gebildete Einzigartigkeit und Verschiedenheit der Menschen, die durch Bildung weder normiert noch in eine Gleichheit aller überführt werden kann und darf. Wie können sich aber die Individuen gleichzeitig als noch unbestimmte, im Werden begriffene Subjekte und als diejenigen anerkennen, die werden, was sie sind? Die Antwort skizziert Humboldt in der folgenden paradoxen Weisung:

> "Der Mensch soll seinen Charakter, den er einmal durch die Natur und die Lage empfangen hat, beibehalten, nur in ihm bewegt er sich leicht, ist er thätig und glücklich. Darum soll er aber nicht minder die allgemeinen Forderungen der Menschheit befriedigen und seiner geistigen Ausbildung keinerlei Schranken setzen. Diese beiden einander widersprechenden Forderungen mit einander verbinden und beide Aufgaben zugleich lösen soll der praktische Menschenkenner, und wie kann er in diesem Geschäfte glücklich seyn, ohne die allgemeinen möglichen Verschiedenheiten der menschlichen Natur, und die allgemeinen Verhältnisse einzelner Eigenthümlichkeiten zum Ideal der Gattung sorgfältig erforscht zu haben.?"[54]

In dem Bemühen zu werden, was er ist, muss der Mensch seine Einzigartigkeit und Verschiedenheit immer wieder ins Verhältnis setzen zu seinem Menschsein. Dieser auf dem Sich-selbst-Entwickeln des Menschen basierende Bildungsbegriff denkt klassisch und modern zugleich ein "Studium unter eigener Leitung"[55] und setzt die Studierenden in das gleiche Verhältnis zur Wissenschaft wie die Wissenschaftler selbst. Forscher und Studierende widmen sich gemeinsam der Suche nach Wissen; Bildung und Wissenschaft sind miteinander verknüpft. Studium ist

52 Vgl. Nietzsche (1966), S. 1063 ff., Freire (1973)
53 Benner (1990), S. 54
54 Humboldt (1995e), S. 340 f.
55 Humboldt (1996a), S. 255

damit wie Forschung eine aktive und freie Suche und Auseinandersetzung mit der Wissenschaft, die der Wissenschaftler begleitet.

Das Verhältnis zwischen Lehrern und Schülern ist nicht das des Wissenstransfers von Wissenden zu Lernenden, sondern Lehrer und Schüler sind gleichermaßen jeder auf seine Weise für die Wissenschaft da. Das Geschäft des wissenschaftlichen Lehrers "hängt mit an ihrer Gegenwart und würde, ohne sie, nicht gleich glücklich von statten gehen; er würde, wenn sie sich nicht von selbst um ihn versammelten, sie aufsuchen, um seinem Ziele näher zu kommen durch die Verbindung der geübten, aber eben darum auch leichter einseitigen und schon weniger lebhaften Kraft mit der schwächeren und noch parteiloser nach allen Richtungen muthig hinstrebenden."[56]

Für Lehrer und Schüler ist die Auseinandersetzung mit der Wissenschaft und ihrem Wissen als Stoff einerseits und das eigene Handeln andererseits notwendig für die universitäre Bildung.[57] Universitäre Bildung entwickelt sich nur, indem Lehrende und Studierende an der Welt tätig werden. Sie bedarf des eigenen Handelns[58] und der Mannigfaltigkeit der Situationen.[59] Es geht nach Humboldt darum, "soviel Welt, als möglich zu ergreifen, und so eng, als er nur kann, mit sich zu verbinden."[60] Dies ist aber nur möglich in der Unabhängigkeit der Universität sowie der Wissenschaft und der Bildung:

> "Da ...[die Universitäten] ihren Zweck indes nur erreichen können, wenn jede, soviel als immer möglich, der reinen Idee der Wissenschaft gegenübersteht, so sind Einsamkeit und Freiheit die in ihrem Kreise vorwaltenden Principien."[61]

Humboldt fordert Einsamkeit und Freiheit für die an der Universität betriebene Wissenschaft und Bildung, weil die enge Verbindung mit der Welt und eine Tätigkeit für die Praxis nur so möglich ist, wenn sie sich den Zwecken der Praxis nicht unterordnet.

Ausgangs- und Endpunkt universitärer Bildung ist das sich in der Auseinandersetzung mit der Welt und mit dem in der Welt vorhandenen Wissen bildende Individuum, das sich auf diese Weise seiner selbst vergewissernde Subjekt. Diese Selbstvergewisserung des sich bildenden Subjekts "stellt eine moderne Fassung

56 Humboldt (1996a), 256
57 Vgl. zur Notwendigkeit der Problemorientierung des Studiums auch Kappler (1995)
58 Vgl. zur Bedeutung von Praxis für die Humboldtsche Bildung Rippe (1998), S. 49
59 Vgl. Humboldt (1995a), S. 64
60 Humboldt (1995b), S. 235
61 Humboldt (1996a), S. 255

und Revolutionierung einer bis auf Platon und Aristoteles zurückgehenden Einsicht dar."[62]

Die Humboldtsche Universitätsidee verknüpft objektive Wissenschaft und subjektive Bildung in einem Prozess der Selbstvergewisserung der sich bildenden Persönlichkeit. Damit bietet sich diese klassisch und modern zugleich gedachte Universitätsidee geradezu an für die Universität in der Wissensgesellschaft.

Mittelstraß will ebenso wie etwa Daxner, Glotz und Meyer/Ruegger an der Humboldtschen Universitätsidee festhalten, da es für ihn fraglich ist, ob eine verschulte Ausbildung wirklich zur Bildung führt.[63] Allerdings hält er die Humboldtsche Universitätsidee unter den Bedingungen der Massenuniversität für nicht realisierbar. Sein Lösungsvorschlag für die Universität zielt auf die Trennung von Wissensvermittlung und Bildung. Mittelstraß will die Wissensvermittlung eher an der Fachhochschule etablieren, die Regelhochschule werden soll.[64] Die Verringerung der Zahl der Studierenden an der Universität soll es gleichzeitig ermöglichen, die Bedingungen an Universitäten für das Studium so zu verbessern, dass bei weniger Studierenden die Idee der Bildung der Persönlichkeit an der Universität realisiert werden kann.

Diese Position lässt sich in zweierlei Hinsicht in Frage stellen. Zum einen beschränkt sich der Bildungsbegriff bei Humboldt nicht auf die Universität, sondern Bildung findet auch außerhalb der Universität statt. Damit ist die Beschränkung des Bildungsbegriffs auf die Universität und die Ausgrenzung der Fachhochschulen mit Humboldt nicht zu begründen. Wesentlicher ist aber noch, dass eine Beschränkung eines selbstständigen Umgangs mit Wissen auf eine kleine Minderheit von Studierenden an Universitäten den Anforderungen der Wissensgesellschaft nicht gerecht wird, die zunehmend für jede Person den selbstständigen Umgang mit Wissen erforderlich macht. Mittelstraß´ Position ist damit rückwärtsgewandt auf die Zeit vor der Öffnung der Universität für breitere Bevölkerungskreise, die den steigenden Bedarf nach einem verantwortlichen und selbstständigen Umgang mit Wissen in der Wissensgesellschaft nicht decken kann.

---

62 Benner (1990), S. 19f.

63 Vgl. Daxner (1996), S. 40 ff.; ders. (1999), Glotz (1996) und Meyer/Ruegger (1998); vgl. auch Frühwald (1991) und Morkel (1995)

64 Vgl. auch Laermann (1997)

Darüber hinaus lässt Mittelstraß' Position die Frage unbeantwortet, wie Studierende an der Universität und Personen außerhalb der Universität den verantwortlichen Umgang mit Wissen in der Praxis erlernen können.[65]

Benner äußert sich skeptisch, was die Reanimation der Bildung im Rahmen des bestehenden Wissenschaftsverständnisses betrifft:

> "Den anwendungsbezogenen positiven Wissenschaften durch Philosophie eine bildende Bedeutung abzugewinnen, ist heute noch schwieriger als schon zu Humboldts Zeit. Ob der Positivismus der modernen Wissenschaften überhaupt noch durch philosophisches Fragen erweitert werden kann oder ob nicht umgekehrt eine Veränderung der positiven Wissenschaften unabdingbare Voraussetzung dafür ist, dass Wissenschaft und Bildung jene Wechselwirkung entfalten können, die Humboldt ihnen zuwies, stellt zumindest eine diskussionswürdige Frage dar."[66]

Benner selbst argumentiert positivistisch gegen den Positivismus der modernen Wissenschaften, indem er der Philosophie eine instrumentelle Funktion im Hinblick auf die Bildung zuweist. Dies kann aber bestenfalls zu einer "Erweiterung" des Positivismus führen. Die andere Möglichkeit der Veränderung der positiven Wissenschaften als unabdingbare Voraussetzung für die Verknüpfung von Bildung und Wissenschaft, wird wohl nicht einmal jene von Benner erhoffte Wechselwirkung entfalten, die er Humboldt zuweist. Humboldt selbst votiert nicht für die Veränderung der objektiven, heute als positiv bezeichneten Wissenschaft, sie ist vielmehr Voraussetzung seiner Verknüpfung mit der subjektiven Bildung. Wenn man hier allerdings positivistisch denkt, entsteht ein Problem und bieten sich diese Formen der Lösung an, die keine sind, und schon gar keine, die der Humboldtschen Idee folgen.

Aus Humboldtscher Sicht macht gerade die Wissensgesellschaft subjektive Bildung notwendig. Denn in der Wissensgesellschaft hat sich das Problem der Bildung, nämlich totes Wissen lebendig werden zu lassen, verschärft. Durch Einsatz von Datenverarbeitung und Verknüpfung der Rechner (Virtualisierung, Internet) hat die Verfügbarkeit und Übertragbarkeit von Wissensbeständen enorm zugenommen. Auf immer mehr Wissensbestände kann Zugriff genommen werden. Es stellt sich die Frage, was wird da gewusst? Was bedeuten diese Wissensbestände? Wie können sie lebendig werden? Um diese Fragen beantworten zu können, bedarf es angesichts immer mehr verfügbarer, aber toter Wissensbestände

---

65 Vgl. zum Praxisbezug des Universitätsstudiums vgl. Walger (1998a), ders. (1998b), (1997) und (1993b), Walger/ Miethe (1996), Wildt (1992), Kappler (1976)

66 Benner (1990), S. 210 f.

um so mehr oder erst recht der geistigen Durchdringung und Auseinandersetzung mit diesen Wissensbeständen. In diesem Sinne ist Humboldt heute aktueller denn je.[67]

Angesichts der Menge und Vielfalt vorhandenen Wissens in der Wissensgesellschaft, das erst durch die moderne Wissenschaft entstanden ist, führt die reine Wissensvermittlung zu Verunsicherung, Unübersichtlichkeit und Beliebigkeit. Über die Wissensvermittlung allein kann das Individuum nicht erlernen, Wesentliches von Unwesentlichem zu unterscheiden, was in der Wissensgesellschaft immer wieder aufs Neue erforderlich ist und ihm erst eine Orientierung und Entwicklung erlaubt. Möglich wird dies durch die freie Auseinandersetzung mit Wissen in der universitären Bildung. Bildung wandelt sich damit in der Wissensgesellschaft von der Humboldtschen Möglichkeit zur individuellen Entwicklung hin zu einer Notwendigkeit für das Individuum, sich immer wieder neu in seiner Welt zurechtzufinden und zu handeln.

Die Wissensgesellschaft, die durch steigenden Wissensumfang und immer neues und immer leichter verfügbares Wissen gekennzeichnet ist, stellt dem Einzelnen zu seiner Entwicklung hervorragende Möglichkeiten zur Verfügung. Sie bietet ihm eine ungeahnte Mannigfaltigkeit des Wissens und eröffnet in ihrer Vielfalt selbst die Freiheit, sich die Welt auf unterschiedliche Weisen anzueignen. Das Wissen der Wissensgesellschaft ist für ihn einfach verfügbar, ohne ihn in seiner Vielfalt auf ein bestimmtes Wissen festzulegen. Die gesellschaftliche Realität der Wissensgesellschaft schafft damit auf einfache Weise die zwei Voraussetzungen für die universitäre Bildung der Persönlichkeit, nämlich Freiheit und Mannigfaltigkeit.

Die zentrale Bedeutung des Menschen für den neuzeitlichen Umgang mit Wissen, das vom modernen Menschen produziert und dessen Umgang von ihm her bestimmt wird, erfordert aber Persönlichkeiten, die diese quasi-göttliche Position, Schöpfer von Wissen zu sein, ausfüllen können. Um dies zu können, ist es wichtig, sich an die Mahnung aus Delphi zu erinnern "Erkenne dich selbst als sterbliches Wesen". Als sterbliche Wesen, die Schöpfer von Wissen sind, ist es für Wissenschaftler und Studierende gleichermaßen erforderlich, dass sie gelernt haben, sich ihres Menschseins zu versichern, damit sie nicht als Zauberlehrlinge einen Umgang mit Wissen und sich als Wissende organisieren, in dem sich das Wissen gegen sich selber wendet. Es ist wichtig, dass sie in der Universität lernen, ihr eigenes Handeln und ihren Umgang mit Wissen zu reflektieren. Moderne Wissenschaft und neuzeitliches Wissen erfordern um so mehr Persönlichkeiten, die im

---

67 Vgl. Kappler (2016), S. 2ff., ders. (1995), S. 205ff.

klassischen Sinne gebildet sind. Moderne Wissenschaft bedarf der klassischen Bildung der Persönlichkeit im Sinne der Selbstvergewisserung und der Selbstreflektion.[68]

Und auch die Universität selbst ist nicht ausgenommen von dieser Selbstvergewisserung und Selbstreflektion. Sie ist nicht nur der Ort, an dem Selbstvergewisserung und Selbstreflektion stattfindet. Sie kann dies vielmehr nur sein, wenn sie selbst diese Selbstvergewisserung und Selbstreflektion betreibt, um zu werden, was sie ist, so wie das Änderhaus in der "Unendlichen Geschichte" von Michael Ende, das, indem es sich selbst ändert, auch den ändert, der in ihm wohnt, sodass er dazu kommt, zu tun, was er will und der zu werden, der er ist.[69]

---

68 Vgl. Walger/Schencking (2001), Walger/ Neise (2012)

69 Ende (1979), 386

3. Grundprinzipien der Universität Witten/Herdecke

Will man die Universität Witten/Herdecke mit wenigen Grundprinzipien charakterisieren, so lassen sich dafür am ehesten die drei Aussagen heranziehen, die seit seinem Bau auf den vor dem Universitätsgebäude stehenden Fahnen geschrieben stehen. Diese lauten:

- Zur Freiheit ermutigen
- Soziale Verantwortung fördern
- Nach Wahrheit streben.

Diese drei Grundprinzipien sind nicht unabhängig voneinander sondern als aufeinander bezogen gedacht. Man kann sich in dem ihnen zugrunde liegenden Gedanken nicht auf sie berufen sondern sie verwirklichen sich durch das ernsthafte und wechselseitige Zusammenspiel des Einzelnen – auch jedes Studierenden – und der Gemeinschaft bzw. sind durch diese herzustellen.

Wir haben diese drei Grundprinzipien für uns in folgender Weise interpretiert:

Zur Freiheit ermutigen

Der Wahlspruch der Aufklärung ist das 1. Grundprinzip, das sich die Universität Witten/Herdecke zugrunde gelegt hat. Dieses Grundprinzip knüpft an den Gedanken der Aufklärung an:

> "Aufklärung ist der Ausgang des Menschen aus seiner selbst verschuldeten Unmündigkeit. Unmündigkeit ist das Unvermögen, sich seines Verstandes ohne Leitung eines anderen zu bedienen. Selbstverschuldet ist diese Unmündigkeit, wenn die Ursache derselben nicht am Mangel des Verstandes, sondern der Entschließung und des Mutes liegt, sich seiner ohne Leitung eines anderen zu bedienen. Sapere aude! Habe Mut dich deines eigenen Verstandes zu bedienen! ist also der Wahlspruch der Aufklärung."[70]
>
> „Zu dieser Aufklärung aber wird nichts erfordert als Freiheit; und zwar die unschädlichste unter allem, was nur Freiheit heißen mag, nämlich die: von seiner Vernunft in allen Stücken öffentlichen Gebrauch zu machen...
>
> Wenn denn nun gefragt wird: Leben wir jetzt in einem aufgeklärten Zeitalter? so ist die Antwort: Nein, aber wohl in einem Zeitalter der Aufklärung." (Kant 1784, S. 484ff.)

---

70 Kant (1784), S. 481

Dem zu folgen und den Wahlspruch der Aufklärung einzulösen, haben wir uns mit der Wittener Didaktik zur Aufgabe gemacht. Die Freiheit zu ergreifen und von seiner Vernunft Gebrauch zu machen, kann allerdings nicht von außen, auch von keinem Lehrenden, *bewirkt* werden. Der für die moderne Wissenschaft konstitutive Ursache-Wirkungs-Mechanismus kommt hier an seine Grenze. Was bleibt ist, zur Freiheit, die Mut braucht, zu ermutigen.

Soziale Verantwortung fördern

Unser Zeitalter der Aufklärung macht im Hinblick auf die soziale Verantwortung an einem Interessenbegriff fest, der auf den Begründer der modernen Ökonomie, dem Philosophen und Moraltheologen Adam Smith, zurückgeht.

Smiths als bahnbrechend geltende Erkenntnis besteht darin, dass das Interesse der Gesellschaft und das des Einzelnen nicht im Widerspruch zueinander stehen, sondern ersteres erreicht wird, wenn nur jeder sein eigenes Interesse verfolgt. Er schafft damit quasi eine moderne Moraltheologie, die bis heute als Grundeinsicht der Ökonomie gilt, und die die Freiheit von traditionellen bzw. religiös bestimmten Normen für ein neues soziales Miteinander begründet, das dadurch entsteht, dass jeder nur sein individuelles Interesse verfolgt:

> „Nun ist aber das Volkseinkommen eines Landes immer genau so groß wie der Tauschwert des gesamten Jahresertrags oder, besser es ist genau dasselbe, nur anders ausgedrückt. Wenn daher jeder einzelne soviel wie nur möglich danach trachtet, sein Kapital zur Unterstützung der einheimischen Erwerbstätigkeit einzusetzen und dadurch diese so lenkt, dass ihr Ertrag den höchsten Wertzuwachs erwarten lässt, dann bemüht sich auch jeder einzelne ganz zwangsläufig, dass das Volkseinkommen im Jahr so groß wie möglich werden wird. Tatsächlich fördert er in der Regel nicht bewusst das Allgemeinwohl, noch weiß er, wie hoch der eigene Beitrag ist. Wenn er es vorzieht, die nationale Wirtschaft anstatt die ausländische zu unterstützen, denkt er eigentlich nur an die eigene Sicherheit und wenn er dadurch die Erwerbstätigkeit so fördert, dass ihr Ertrag den höchsten Wert erzielen kann, strebt er lediglich nach eigenem Gewinn. Und er wird in diesem wie auch in vielen anderen Fällen von einer unsichtbaren Hand geleitet, um einen Zweck zu fördern, den zu erfüllen er in keiner Weise beabsichtigt hat. Auch für das Land selbst ist es keineswegs immer das schlechteste, dass der einzelne ein solches Ziel nicht bewusst anstrebt, ja, gerade dadurch, dass

er das eigene Interesse verfolgt, fördert er häufig das der Gesellschaft nachhaltiger, als wenn er wirklich beabsichtigt, es zu tun. Alle, die jemals vorgaben, ihre Geschäfte dienten dem Wohl der Allgemeinheit, haben meines Wissens niemals etwas Gutes getan. Und tatsächlich ist es lediglich eine Heuchelei, die unter Kaufleuten nicht weit verbreitet ist, und es genügen schon wenige Worte, um sie davon abzubringen."[71]

Begreift man allerdings den Menschen nicht nur als ein ökonomisches sondern auch als ein geistiges Wesen, ist das Interesse nicht nur als Kraft interpretierbar, die der Bedürfnisbefriedigung dient. Sondern das Interesse ist etwas Vernünftiges, etwas, was nach Kant nur einem Vernunftwesen zukommt.

> „Aus dem Begriffe einer Treibfeder entspringt der eines Interesses, welches niemals einem Wesen, als was Vernunft hat, beigelegt wird und eine Triebfeder des Willens bedeutet, sofern sie durch Vernunft vorgestellt wird."[72]

Das Interesse des Menschen, das ihn als ein Vernunftwesen charakterisiert, wird von Kant bestimmt als „das, wodurch Vernunft praktisch, d.h. eine den Willen bestimmende Ursache wird."[73] Somit verläuft eine qualitative Trennungslinie zwischen dem bloßen ökonomischen und dem von der Vernunft bestimmten Interesse. „Der Unterschied besteht darin, dass ich einmal ‚an etwas Interesse nehme', im anderen Falle ‚aus Interesse handle'."[74] Eine menschliche Handlung zeichnet sich nicht allein durch ein bestimmtes Interesse aus, d.h. dass etwas dabei herausspringt und der Handelnde also ein *Interesse hat*, sondern durch die Achtung vor dem Mensch-Sein, die den Menschen gegenüber dem Anderen, seinem Mit-Menschen, verpflichtet und er diesen nicht als Objekt sondern Subjekt ansieht. Ein vernünftiges Interesse *ist* nicht nur am eigenen Leben, sondern auch am Leben des Anderen *interessiert*. Kant hat dieses Moment durch den Kategorischen Imperativ ausgedrückt: "Handle so, dass du die Menschheit sowohl in deiner Person, als in der Person eines jeden anderen, jederzeit zugleich als Zweck, niemals bloß als Mittel brauchest." Er fordert, dass die Maxime einer einzelnen Handlung zum Prinzip einer allgemeinen Gesetzgebung gemacht werden kann. Durch diese Selbst-Unterstellung des Menschen unter diese Regel bestimmt er sich als Mensch der Neuzeit. Die Würde des Menschen liegt in seiner Selbstverantwortlichkeit, d.h. in seiner Freiheit und in der Freiheit des Anderen. Das Inter-

---

71 Smith (1789/ 1978), S. 370f.
72 Kant (1952), S. 93
73 Kant (1957), S.370f.
74 Esser (2003), S:62-3

esse (lat. inter = zwischen, esse = sein) ist immer schon ein Zwischen-Sein zwischen mir und meinem Mitmenschen und in diesem Sinne immer schon sozial. Soziale Verantwortung ist immer schon im vernünftigen Interesse, das es zu fördern gilt.

Nach Wahrheit streben

In der heutigen Zeit halten einige sich zugute, dass jeder seine eigene Wahrheit hat, obwohl die Wahrheit unter keinen Umständen eine Bestands- oder Besitzgröße sein kann. Uns als Menschen ist der Zugang zur Wahrheit verstellt, was aber nicht bedeutet, dass es nicht notwendig für uns ist, nach Wahrheit zu streben.

> „Niemand kann für sich beanspruchen, im alleinigen Besitz der Wahrheit zu sein. Daher ist es unerlässlich, dass eine Universität die geistige Vielfalt gewährleistet und die Mitarbeiter sich – in Zusammenarbeit und im Wettstreit – auf möglichst hohem Niveau der Wahrheitssuche verpflichten. Auf dieser Grundlage bilden sie eine Erkenntnisgemeinschaft. Diese verwirklicht sich durch die Bereitschaft des Einzelnen, wissenschaftliche Probleme und erarbeitete Ergebnisse zur Diskussion zu stellen und durch die Bereitschaft der Gemeinschaft sich konstruktiv damit auseinanderzusetzen. Die Wahrheitssuche gründet auf der Urteilskraft des Einzelnen. Kriterien für den Wahrheitsgehalt der Forschungsergebnisse und Theorien ergeben sich aber auch aus der Bewährung in der Lebenspraxis, das heißt aus der Problemlösungskraft der erarbeiteten Inhalte und Methoden.
>
> Eine der Wahrheitssuche in sozialer Verantwortung verpflichtete Erkenntnisgemeinschaft bildet eine tragfähige Grundlage für eine Universität. Die Freiheit von Forschung und Lehre als tragendes Grundprinzip ist eine Folge der Wahrheitssuche."[75]

Die Universität kann sich nur an der Wahrheitssuche orientieren, ohne an irgendwelche Dogmen oder an das Diktat von Methoden und Anschauungsweisen gebunden zu sein, die das Denken und die Autonomie des sittlichen Bewusstseins durch Kollektivdruck einengen. Insbesondere erscheint es notwendig, dogmatisch verengte Wissenschaftsbegriffe und Anschauungsweisen zu hinterfragen und zu überwinden. Denn sie führen zu einer Abkapselung der Einzelwissenschaften, zu

---

75 Universitätsverein Witten/Herdecke (o.J.)

einseitigen Menschenbildern und zum Verlust des Bewusstseins geistiger Realitäten.[76]

---

[76] A.a.O.

4. Die Frage nach den Grundlagen der Betriebswirtschaftslehre

Die Betriebswirtschaftslehre hat stets, im Grunde seit ihren Anfängen, mit der Schwierigkeit zu kämpfen, ob sie nun eine Technik ist, die, welche Probleme auch immer, optimal löst oder ob sie als Wissenschaft der Wahrheit verpflichtet ist und allgemeine Aussagen trifft.[77] Dieser Widerspruch ist nicht einfach aufzulösen und wir können uns nicht einfach für das eine oder das andere entscheiden. Beides kommt vor. Die Betriebswirtschaftslehre, wenn sie eine angewandte Betriebswirtschaftslehre sein soll, steht in der Schwierigkeit, eine Technik zu sein. Sie steht, wenn sie ausschließlich Techniken vermittelt, aber in der Schwierigkeit, den Bereich der Wissenschaft zu verlassen. Es stellt sich also die Frage, was in Anerkenntnis dieser Schwierigkeit Betriebswirtschaftslehre als Wissenschaft sein kann.

Die Aufgabe einer Betriebswirtschaftslehre als Wissenschaft ist nicht, sich immer wieder neue Techniken für die Praxis auszudenken, für eine Praxis, die viel besser aus dem Kundigsein in der Situation ihre eigenen, viel professionelleren Techniken entwickelt und entwickeln muss. Die Aufgabe einer Betriebswirtschaftslehre als Wissenschaft ist es vielmehr, das, was in der Praxis geschieht und ihre eigene Praxis systematisch nachzudenken. Betriebswirtschaftslehre bedarf als Wissenschaft der Rekonstruktion der Praxis betriebswirtschaftlicher Theorie.[78]

Die Anfänge und der Ursprung der Wissenschaft liegen in der Philosophie. Philosophie heißt die Liebe zur Wahrheit. Dies ist nicht zu verwechseln mit der Kenntnis der Wahrheit oder etwa mit der Unmöglichkeit, die Wahrheit kennen zu können. In der Philosophie geht es darum, sich um die Wahrheit zu bemühen, eben sie zu lieben. Und das heißt für die Betriebswirtschaftslehre auch, immer wieder grundlegend danach zu fragen, was sie ist, sein will und sein kann.

In der Erkenntnis, dass die Betriebswirtschaftslehre eine wissenschaftliche Disziplin ist, stellt sich die Frage nach dem Selbstverständnis der Betriebswirtschaftslehre neu, als Frage danach, was die Betriebswirtschaftslehre als Wissenschaft ist. Gutenberg, der Begründer der wissenschaftlichen Betriebswirtschaftslehre, der sie nach dem Ende des 2. Weltkriegs wesentlich geprägt hat, versucht eine erste Näherung:

> "Für meine Betrachtungen genügt es, mit K. Jaspers davon auszugehen, dass Wissenschaft immer dann entsteht, wenn die Sache selbst, das Ob-

---

77 Vgl. Walger (1994b), vgl. Kappler (1980), ders. (1984)

78 Vgl. Walger (1993a); vgl. Kappler (1983) und Neise (2017)

jektive, das Interesse erregt und wenn das Rationale nicht in isolierten Fragmenten bleibt, sondern durch Beziehungen in sich zu einem Ganzen werden soll."[79]

Die Betriebswirtschaftslehre entsteht also als Wissenschaft, wenn die Sache selbst, ihr Gegenstand das Interesse erregt und wenn das Rationale durch Beziehungen in sich zu einem Ganzen werden soll. Diese beiden Entstehungsmomente der Betriebswirtschaftslehre als Wissenschaft fasst Gutenberg in die methodische Grundfrage: In welcher Weise vermag die Unternehmung Gegenstand betriebswirtschaftlicher Theorie zu sein?[80]

"Es wird oft gesagt, die besondere Natur des Gegenstandes einer wissenschaftlichen Disziplin käme am eindrucksvollsten in der Art und Weise zum Ausdruck, wie sie zu ihren wissenschaftlichen Ergebnissen gelangt. Versteht man unter 'Methode' den versachlichten, gedanklich objektivierten, auf andere Personen übertragbaren und von ihnen - wenigstens grundsätzlich reproduzierbaren Gang der Gewinnung wissenschaftlicher Einsichten, also gewissermaßen das Ablösbare an dem doch so individuellen Akt des Erkenntnisprozesses, dann gelangt man zu einem gewissen Verständnis für die Bedeutung, die methodologischen Problemen so oft beigemessen wird ...

(Z)um Begriff der Wissenschaft gehört ex definitione die Methode. Durch sie erhält das wissenschaftliche Denken Rationalität, Präzision, Festigkeit und Nachprüfbarkeit. Die Strenge und Zucht der Methode steht dem intuitiven Erfassen von Sinnzusammenhängen oder quantitativen Zusammenhängen nicht entgegen. Wissenschaft ist aber mehr als das Ergebnis glücklicher Einfälle. Am Anfang steht immer der Einfall oder besser: am Ende eines intensiven, sich bewusst oder unbewusst vollziehenden Prozesses. Erst die Härte der methodischen Prozedur vermag den Einfall zu einem Bestandteil wissenschaftlicher Erkenntnis zu machen."[81]

Was ist nun die wissenschaftliche Methode Gutenbergs? Die Gutenbergsche Methode, mit der er zu seinen wissenschaftlichen Ergebnissen gelangt, ist die auf Vaihinger zurückgehende Methode der isolierenden Abstraktion, auf die er bei seiner Beschäftigung mit dem "Isolierten Staat" Thünen's gestoßen ist. Er schreibt dazu 1989 in seinen "Rückblicken":

---

79 Gutenberg (1957) S. 5 f.

80 Vgl. Gutenberg (1929), Vorwort

81 Ders. S. 26 f.

> "Das Buch beginnt mit dem Satz: 'Man denke sich eine sehr große Stadt in der Mitte einer fruchtbaren Ebene gelegen, die von keinem schiffbaren Flusse oder Kanale durchströmt wird ...' Mir war, als ich diesen Satz las, als sähe ich in eine neue methodische Welt. Ich kann diesen Satz auswendig. Hier also wird bewusst die Wirklichkeit – fast möchte ich mit Vaihinger sagen – vergewaltigt, in einem Komplex von Einflussgrößen eine Einflussgröße isoliert, um auf diese Weise größere Einsicht in das Wirkliche der Wirklichkeit zu gewinnen. Zum ersten Male stieß ich auf die Methode der isolierenden Abstraktion, von der ich damals nicht ahnen konnte, dass sie später einmal für meine wissenschaftliche Arbeit eine so große Bedeutung gewinnen sollte."[82]

Und später schreibt er rückblickend, dass nach seiner Ansicht Erfahrung erst auf dem Weg über die Abstraktion zur Wissenschaft wird.

> "So meinte ich, dass Erfahrung, an der es mir ja nicht fehlte, und der Wille zur Abstraktion mich den Weg finden lassen würde, den ich allen unseren Schwierigkeiten zum Trotz entschlossen war zu gehen: Die Unternehmung zu beschreiben mit den Mitteln meiner Disziplin, auf einem Abstraktionsniveau, das der Aufgabe, die ich mir gestellt hatte, angemessen war."[83]

Die Beschreibung der Unternehmung mit den Mitteln der isolierenden Abstraktion gerät Gutenberg zur wissenschaftlichen Konstruktion:

> "Damit sind die drei Grundelemente (das Rationalprinzip, das psychophysische Subjekt und das Material; G.W.) soweit logisch bereinigt, dass der Abstand des Objektes der theoretischen Betriebswirtschaftslehre von der Betriebswirtschaft, wie sie in der Erfahrung gegeben ist, sichtbar wird. Im theoretischen Gesichtspunkte erfassen wir also die empirische Betriebswirtschaft überhaupt nur von einer Seite, nicht als unmittelbar gegebenes Gebilde, sondern als eine wissenschaftliche Konstruktion."[84]

Wie eine solche wissenschaftliche Konstruktion mit Mitteln der isolierenden Betrachtung zustande kommt, beschreiben Weyermann und Schönitz folgendermaßen:

> "Darüber muss sich aber der Privatwirtschaftler klar sein, dass er infolge seiner isolierenden Betrachtung wohl von der 'Wirklichkeit' ausgeht, aber

82 Gutenberg (1989) S. 8
83 Ders. S. 55
84 Gutenberg (1929) S. 42

niemals die volle empirische Wirklichkeit in seiner wissenschaftlichen Darstellung erfassen kann. Er muss sich darüber klar sein, dass er niemals die Wirklichkeit 'abbilden' kann, da er, wenn er irgend zu bedeutsamen Resultaten in seiner Disziplin kommen will, sein Erkenntnisobjekt gewissermaßen in luftleerem Raum, isoliert, betrachten muß. Und ferner, er fügt dem von der Erfahrung Gegebenen seine eigene Vernunfttätigkeit hinzu, er 'bearbeitet' die Erfahrung. Es ist weiter darauf zu achten, dass, je größer der Anteil der logischen Bearbeitung der Erfahrung ist, je mehr der Privatökonom 'theoretisch' das Erfahrungsmaterial verarbeitet hat, sich sein wissenschaftliches Erkenntnisobjekt mehr und mehr von dem gegebenen Erfahrungsobjekt der Wirklichkeit entfernt. Das ist nicht etwa als Nachteil aufzufassen, denn jedes, auch das laienhafte Betrachten der 'Wirklichkeit' kann nie ein Abbilden sein, sondern stellt in irgendeiner Weise eine logische Verarbeitung des Gegebenen dar."[85]

Indem die isolierende Betrachtung nie ein Abbilden sein kann, sondern theoretische Verarbeitung des Wirklichen ist, ist sie Konstruktion, wissenschaftliche Konstruktion der Wirklichkeit. Die Frage, wie die Unternehmung Gegenstand betriebswirtschaftlicher Theorie zu sein vermag, beantwortet sich nun damit, dass die Unternehmung als wissenschaftliche Konstruktion Gegenstand betriebswirtschaftlicher Theorie zu sein vermag. Als wissenschaftliche Konstruktion wird die Unternehmung zum Gegenstand, zum Gegenstand betriebswirtschaftlicher Theorie. Die Antwort lautet also: als Gegenstand vermag die Unternehmung Gegenstand betriebswirtschaftlicher Theorie zu sein.

Und gerade indem die Unternehmung als Gegenstand betriebswirtschaftlicher Theorie zu sein vermag, erweist die Betriebswirtschaftslehre sich als moderne Wissenschaft.

Heidegger beschreibt die moderne Wissenschaft folgendermaßen:

"(D)ie moderne Wissenschaft ist als Theorie im Sinne des Be-trachtens eine unheimlich eingreifende Bearbeitung des Wirklichen. Gerade durch diese Bearbeitung entspricht sie einem Grundzug des Wirklichen selbst. Das Wirkliche ist das sich herausstellende Anwesende. Dies zeigt sich unterdessen neuzeitlich in der Weise, dass es sein Anwesen in der Gegenständigkeit

---

85 Weyermann/Schönitz (1912), S. 63 f. Vgl. hierzu Schmalenbach (1911/12), Gutenberg (1929), des. (1957), Albert (1972), Kirsch (1972), Schanz (1972), Heinen (1976), Dietel (1976), Steinmann/ Braun (1976), Kamitz (1985), Steinmann/Oppenrieder (1985), Wöhe (1990), Schauenberg (1991), Albach (1993)

zum Stehen bringt. Diesem gegenständigen Walten des Anwesens entspricht die Wissenschaft, insofern sie ihrerseits als Theorie das Wirkliche eigens auf seine Gegenständigkeit hin herausfordert. Die Wissenschaft stellt das Wirkliche. Sie stellt es darauf hin, dass sich das Wirkliche jeweils als Gewirk, d. h. in den übersehbaren Folgen von angesetzten Ursachen darstellt. So wird das Wirkliche in seinen Folgen verfolgbar und übersehbar. Das Wirkliche wird in seiner Gegenständigkeit sichergestellt. Hieraus ergeben sich Gebiete von Gegenständen, denen das wissenschaftliche Betrachten auf seine Weise nachstellen kann. Das nachstellende Vorstellen, das alles Wirkliche in seiner verfolgbaren Gegenständigkeit sicherstellt, ist der Grundzug des Vorstellens, wodurch die neuzeitliche Wissenschaft dem Wirklichen entspricht. Die alles entscheidende Arbeit, die solches Vorstellen in jeder Wissenschaft leistet, ist nun aber diejenige Bearbeitung des Wirklichen, die überhaupt das Wirkliche erst und eigens in eine Gegenständigkeit herausarbeitet, wodurch alles Wirkliche im vorhinein zu einer Mannigfaltigkeit von Gegenständen für das nachstellende Sicherstellen umgearbeitet wird."[86]

Wenn die moderne Wissenschaft dem Wirklichen darin entspricht, das Wirkliche im vorhinein zu einer Mannigfaltigkeit von Gegenständen umzuarbeiten, ist die Betriebswirtschaftslehre in der Vergegenständlichung der Unternehmung als dem nachstellenden Vorstellen: moderne Wissenschaft.

Gutenberg schreibt 1922:

"Unsere Vorstellungen und überhaupt die ganze Vorstellungswelt können nicht das Abbild, nicht der Spiegel des uns doch ewig verschlossenen Seins sein. 'Nicht die Übereinstimmung mit einem angenommenen 'objektiven Sein', das uns doch niemals unmittelbar zugänglich sein soll, also nicht die theoretische Abbildung einer Außenwelt im Spiegel des Bewusstseins und also auch nicht eine theoretische Vergleichung der logischen Produkte mit objektiven Dingen scheint uns die Bürgschaft dafür zu bieten, dass das Denken seinen Zweck erfüllt habe, sondern die praktische Erprobung, ob es möglich sei, mit Hilfe jener logischen Produkte die ohne unser Zutun geschehenden Ereignisse zu berechnen und unsere Willensimpulse nach den Direktiven der logischen Gebilde zweckentsprechend auszuführen.' So ist die Vorstellungswelt wesentlich ein höchstes zweckmäßiges Produkt der lo-

[86] Heidegger (1954a), S. 56

gischen Funktion zum Zwecke der Berechnung und Beherrschung der Wirklichkeit. Das ganze theoretische Tun der Menschen, sämtliche logischen Prozesse, die für Vaihinger selbst ein Teil des kosmischen Geschehens sind, sind immer nur Mittel, dienen nur der Praxis, dem Leben, sei es zum gewöhnlichen oder ethischen Handeln."[87]

Für die Betriebswirtschaftslehre als Wissenschaft ist die Unternehmung ein höchst zweckmäßiges Produkt wissenschaftlicher Konstruktion "mit dem Ziel, zu erreichen, dass man die Wirtschaft zu beherrschen versteht, damit sie nicht selbstherrlich wird, sondern in der dienenden Rolle bleibt, die ihr im Leben der Menschen bestimmt ist."[88]

Da, wo die Betriebswirtschaftslehre Wissenschaft ist, erweist sich ihre wissenschaftliche Konstruktion gleichzeitig als zweckmäßiges Produkt, das Beherrschen der Wirtschaft zu verstehen. Und gerade in solchem Verstehen, die Wirtschaft zu beherrschen, ist die Betriebswirtschaftslehre als Wissenschaft: Kunstlehre, – Technik.

Wenn die Betriebswirtschaftslehre als Wissenschaft in solchem Verständnis Kunstlehre ist, dann geht es erst recht um die Selbstverständigung der Betriebswirtschaftslehre als Wissenschaft. Dann ist es an ihr, sich in Anerkennung ihrer eigenen wissenschaftlichen Konstruktion über den eigenen Konstruktionsprozess zu verständigen.

Dann ist es die Aufgabe der Betriebswirtschaftslehre als Wissenschaft, ihre eigene Praxis, ihren eigenen Konstruktionsprozess von Gegenständen, von Tatsachen, von Wissen zu rekonstruieren. Dann ist es die Aufgabe der Betriebswirtschaftslehre als Wissenschaft, ihre eigenen wissenschaftlichen Konstruktionen zu rekonstruieren.[89]

Rekonstruktion ist die Selbstreflexion der Betriebswirtschaftslehre als Wissenschaft, das Freihalten von Vorurteilen und Oberflächlichkeit, wie Schmalenbach sagt. Rekonstruktion der Betriebswirtschaftslehre als Wissenschaft heißt, die von ihr geschaffene, denkende Ordnung der empirischen Wirklichkeit, wie Weyermann und Schönitz es formulieren, nach-zu-denken.

---

87 Gutenberg (1922) S. 68 f.

88 Gutenberg (1957) S. 38

89 Vgl. Walger (1993a), Kappler (1984)

Nach-Denken ist die Methode, durch die das wissenschaftliche Denken Präzision und Nachprüfbarkeit erhält. Und dazu gehört es, den Prozess des eigenen Nach-Denkens öffentlich zu machen.[90]

Im Nach-Denken als der Methode der Rekonstruktion findet die Selbstverständigung der Betriebswirtschaftslehre als Wissenschaft statt. Und wer diese Selbstverständigung der Betriebswirtschaftslehre als Wissenschaft betreibt, erlebt, was Pina Bausch, die Choreographin des Wuppertaler Tanztheaters, in einem Interview formuliert hat:

> "Man kann sich auf nichts berufen, man ist immer neu gegenüber dem, auf was man sich einlässt oder einlassen muss."

Wie macht Gutenberg nun die Unternehmung zum Gegenstand betriebswirtschaftlicher Theorie? Er beginnt mit der empirischen Unternehmung, die durch bewussten schöpferischen Akt des Menschen entsteht, der die Dinge, die wir wirtschaftlich als Güter bezeichnen, bindet und bewegt,[91] und überführt sie, entsprechend seiner Frage nach den betriebswirtschaftlichen Grundvorgängen, in eine wissenschaftliche Konstruktion, die diese Grundvorgänge sichtbar macht.

Dazu bedient er sich dreier konstitutiver Grundelemente. Das sind:

. das Rationalprinzip

. das Kapital und

. das das Rationalprinzip realisierende Subjekt, der Unternehmer.

Er konstruiert seine Unternehmung als Gegenstand betriebswirtschaftlicher Theorie unter Zuhilfenahme einer regulären Als-ob-Konstruktion so, als ob das die Unternehmung realisierende Subjekt zwar vorhanden, aber als Problemquelle eliminiert sei, als ob sich das Rationale unmittelbar mit dem Kapital träfe.[92]

Das führt zu einer Definition von Unternehmung als einem Komplex von Quantitäten, die in gegenseitigen Abhängigkeitsverhältnissen voneinander stehen und Quoten am eingesetzten Kapital darstellen.[93] Die zentrale Kategorie seiner Unternehmung als Gegenstand betriebswirtschaftlicher Theorie ist damit die Kapitaldisposition.[94]

---

90 Vgl. Hegel (1977) S. 77, Habermas (1969a) und (1977), Gutenberg (1960) S. 118, Kappler (1983) Vorwort S. II f., ders. (1995) und Walger (1993a) S. 13

91 Vgl. Gutenberg (1929) S. 11

92 Vgl. Gutenberg (1919), S. 24ff.

93 Vgl. ders., S. 44

94 Vgl. Walger (1993a), S. 114ff.

In der Nachkriegszeit, der Zeit des wirtschaftlichen Aufbaus, konzentriert sich die Betriebswirtschaftslehre im Wesentlichen auf den Industriebetrieb, der bis heute der Repräsentant der modernen Unternehmung ist. Er ist im Wesentlichen durch die industrielle Produktion, ihre Kapitalorientierung und durch das Entstehen der Unternehmensführung als allgemeine betriebswirtschaftliche Aufgabe gekennzeichnet.[95]

Die Frage, welche Theorie der industriellen Produktion angemessen ist, beschäftigt die Betriebswirtschaftslehre der 50-er Jahre besonders. Erich Gutenberg formuliert sie als die Frage nach dem Gesetz der industriellen Produktion.

Um die Frage nach dem Gesetz der industriellen Produktion zu beantworten, rekonstruiert er vor dem Hintergrund seiner persönlichen Erfahrungen in Industriebetrieben das Ertragsgesetz im Hinblick auf seine Geltung für die industrielle Produktion.[96] Er kommt zu dem Ergebnis, dass es nicht für die industrielle Produktion gelten kann, da die Voraussetzungen der freien Variierbarkeit der Faktoreinsatzmengen und der unmittelbaren Beziehung zwischen Faktoreinsatz und Faktorertrag in der industriellen Produktion nicht gegeben sind.

Auf Grund seiner Erfahrungen aus der industriellen Praxis konstruiert er seine industrielle Produktionsfunktion, die, umgekehrt als beim Ertragsgesetz, fragt, wie die Faktorkombination beschaffen sein muss, um die verlangte Leistung bzw. das erwartete Produktionsergebnis zu erzielen. Industrielle Produktion produziert also gewissermaßen umgekehrt, indem sie das Ergebnis im Sinne eines vorher fixierten Zieles vorwegnimmt, sie produziert also am vorgegebenen Ziel orientiert.

Da die industrielle Produktionsfunktion durch ein System von Verbrauchsfunktionen gekennzeichnet ist, ergibt sich eine Orientierung an dem mit Preisen bewerteten Verbrauch der Faktoreinsatzmengen, d.h. an den Kosten einerseits, und andererseits entsteht durch die vorherige Fixierung der Leistung bzw. des Ergebnisses im Ziel die Notwendigkeit einer Planung der Produktion im Vorhinein als Bedingung optimaler Ergiebigkeit des Produktionsprozesses, um das vorbestimmte Ziel zu erreichen. Beides zusammen, Kostenorientierung und Planungskalkül, charakterisieren die industrielle Produktion als Realisierung der minimalen Plankostenkombination. Darin deutet sich die Kapitalorientierung der industriellen Produktion an.

Betrachten wir unter dem Gesichtspunkt der Kapitalorientierung der industriellen Produktion die industrielle Produktionsfunktion mit ihrem im Ziel vorher fixierten

95 Vgl. Gutenberg (1989), S. 43
96 Vgl. Gutenberg (1976), S. 303ff., vgl. Walger (1993a)

Ergebnis, dann wird deutlich, dass die industrielle Produktion sich im Investitionskalkül realisiert. An die Stelle des Kapitaleinsatzes, um Ertrag bzw. Gewinn zu erwirtschaften, tritt die Kapitalinvestition, d.h. die Nutzung des Kapitals auf Zeit unter Maßgabe eines geplanten Gewinns. Die Frage der Produktion ist damit nicht mehr in erster Linie die, wie etwas produziert wird, sondern es ist die Frage, ob etwas produziert wird, die Frage des "Make or Buy", oder anders, wo etwas produziert wird, also die Standortfrage. Die industrielle Produktion ist ihrem Wesen nach Kapitalnutzung auf Zeit. Damit wird die Funktion der Kapitaldisposition im Industriebetrieb zur wesentlichen unternehmerischen Aufgabe.

Die unternehmerische Aufgabe der Kapitaldisposition besteht darin, das Kapital so zu disponieren, dass die effektivste Kapitalnutzung gewährleistet ist. Damit stellt sich die Frage nach dem richtigen Kapitaleinsatz und damit nach dem Verhältnis von Kapital und seiner Disposition, nach dem dispositiven Faktor, als dem eigentlich produktiven Faktor im Industriebetrieb neu.

In diesem Sinne ist aber das von Gutenberg überwundene Ertragsgesetz, so wie es Turgot 1767 aufgestellt hat, für den Industriebetrieb höchst aktuell.[97] Die Frage Jaques Turgots lautete nämlich: Wie groß ist der Ertrag des produktiven Faktors – für Turgot war das allein der Boden – in Abhängigkeit vom eingesetzten Kapital? Seine wesentliche Erkenntnis war, dass es auch bei unbegrenztem Kapitaleinsatz ein absolutes Höchstmaß an Ertrag gibt, das zu überschreiten unmöglich ist, da das Kapital selber nicht produktiv ist. Unter dieser Erkenntnis ist der Kapitaleinsatz zu realisieren, der die größte Ertragssteigerung erbringt.

Das Ertragsgesetz benennt mit der ökonomischen Begrenztheit des Kapitaleinsatzes im Verhältnis zum produktiven Faktor das wesentliche Problem industrieller Produktion, auf das heute mit Lean Production geantwortet wird.

Die Frage danach, wie die Unternehmung Gegenstand betriebswirtschaftlicher Theorie zu sein vermag, beantwortet sich nun mit dem Industriebetrieb in der Weise, dass er als Kapitalgesellschaft begriffen ist, in dem die unternehmerische Aufgabe darin besteht, unter Beachtung der ökonomischen Begrenztheit des Kapitaleinsatzes im Verhältnis zum Produktiven die Funktion der Kapitaldisposition wahrzunehmen.

In der Kapitalgesellschaft Industriebetrieb ist an die Stelle des Unternehmers, der das Kapital einsetzt, um Gewinn zu erwirtschaften, die Funktion des Kapital investierenden Managers getreten, der quasi auf Kredit lebt, d.h. der die Nutzung des

97 Vgl. Turgot (1769) und die deutschen Übersetzungen Weddigen (1950), Dorn /1924) und Kuczynski (1981)

Kapitals, die Kapitaldisposition, zu organisieren hat und sich gegenüber den Kapitalgebern rechtfertigen muss. Auf diese Weise wird die unternehmerische Aufgabe zur Aufgabe der Unternehmensführung.

In der Kapitalgesellschaft Industriebetrieb hat sich die unternehmerische Aufgabe gewandelt in die *Funktion* der Unternehmensführung. Als Funktion besteht Unternehmensführung darin, das reibungslose Funktionieren der Unternehmung zu gewährleisten.

Unternehmensführung als Funktion heißt Kapital, Ressourcen zu disponieren, als ob ein Unternehmer vorhanden sei. Hinterhuber spricht im Rahmen der Strategischen Unternehmensführung davon, dass die Führungskraft wie ein Unternehmer operiert.[98]

Das eigentümlich Persönliche des klassischen Unternehmerbegriffs verschwindet damit. Es entsteht ein zweiter Unternehmerbegriff, der durch die Qualifikation bestimmt wird, die Unternehmensführungsfunktion wahrzunehmen und als Manager wie ein Unternehmer zu operieren. Die Qualifikation zum Unternehmer fragt die unternehmerische Persönlichkeit nach, den unternehmerischen Typ. Damit ist die *Position* des Unternehmers geschaffen, für die sich jemand eignen muss, wie es bei allen anderen Positionen im Unternehmen auch ist. Mit dem zweiten Unternehmerbegriff unterliegt die Position des Unternehmers dem Eignungspotential des Unternehmens.[99]

Unternehmensführung als Funktion, für die man sich mit der Qualifikation zur unternehmerischen Persönlichkeit eignen muss, lässt sich durch die Betriebswirtschaftslehre wissenschaftlich erfassen und auf ihren Einfluss im Hinblick auf die produktive Ergiebigkeit der betrieblichen Leistungserstellung untersuchen.

Indem der klassische Unternehmer, der im Unternehmen das Zentrum der betrieblichen Willensbildung darstellt, in der Kapitalgesellschaft Industriebetrieb systematisch ersetzt worden ist durch die Unternehmensführungsfunktion, stellt sich die Frage, wie das Problem der betrieblichen Willensbildung auf allen Ebenen im gesamten Unternehmen im Rahmen der Unternehmensführung zu lösen ist.[100]

Am Beispiel der entscheidungsorientierten Betriebswirtschaftslehre lässt sich zeigen, wie das Problem der betrieblichen Willensbildung im managergeführten Unternehmen behandelt wird. Die entscheidungsorientierte Betriebswirtschaftslehre nimmt das Problem der betrieblichen Willensbildung im gesamten Unternehmen

98 Vgl. Hinterhuber (1992) S. 36

99 Vgl. Gutenberg (1976) S. 486 ff.

100 Vgl. ebenda und Walger (1993a) S. 420 ff. Vgl. hierzu auch Gerum (1988) S. 21ff.

im Konzept der Unternehmung als politisches System auf. Das Unternehmen wird als Zusammenschluss von Menschen gesehen, die zusammenarbeiten, um ihre eigenen, individuellen Ziele zu erreichen. Heinen spricht von der "Notwendigkeit zur Kooperation mit dem anderen."[101]

Das Unternehmen ist als Koalition von Menschen mit unterschiedlichen, individuellen Werten, Bedürfnissen oder Zielen gedacht, die sie mit ihrer Beteiligung an der Unternehmung erfüllt sehen möchten. Die Entscheidung, in das Unternehmen einzutreten bzw. Mitglied zu bleiben, hängt von einem Kalkül ab, das auf der Anreiz-Beitrags-Theorie basiert.[102] Danach bewertet der Einzelne die vom Unternehmen geforderten Beiträge auf Grund seiner persönlichen Wertvorstellungen. Übersteigen die Anreize die Beiträge oder sind sie zumindest gleich, dann entscheidet der Einzelne sich dafür, an der Unternehmung teilzunehmen bzw. ihr weiter anzugehören.

Die Unternehmung befriedigt die unterschiedlichen Interessen ihrer Mitarbeiter und veranlasst sie dadurch zur Teilnahme an der Unternehmung.

Damit die individuellen Ziele zu Zielen der Unternehmung werden, ist es erforderlich, dass sie "autorisiert", also beschlossen werden, d.h. dass die hierzu legitimierte Person oder Gruppe sie für die Unternehmung als verbindlich erklären muss. Diese Gruppe bildet das Kernorgan der Unternehmung.

Die individuellen Ziele stellen sich für die Kerngruppe zunächst lediglich als eine Vielzahl konkurrierender Forderungen und auf Durchsetzung angelegter Interessen dar, die von ihr autorisiert werden sollen und zum Ausgleich gebracht werden müssen.

Dieser Ausgleich geschieht im Rahmen eines Verhandlungsprozesses und die an diesem Verhandlungsprozess Beteiligten stellen das "politische System der Unternehmung" dar.

Das politische System der Unternehmung – Mintzberg spricht hier von der politischen Arena[103] – ist ein auf der Basis bestehender Machtverhältnisse gründendes System der Interessendurchsetzung. Ergebnis dieses politischen Prozesses der Interessendurchsetzung ist das Zielsystem der Unternehmung, dessen Ziele nun im Unternehmen wiederum durchzusetzen sind.

---

101 Heinen (1981) S. 46, zum Entscheidungsbegriff vgl. Rombach (1973), S. 361ff.

102 Vgl. March/Simon (1958)

103 Vgl. Mintzberg (1983) S. 420 ff. und Mintzberg (1984)

Das Problem der betrieblichen Ziel- und Willensbildung wird hier im politischen Sinne der Interessendurchsetzung verstanden. Betriebliche Willensbildung ist damit wesentlich Willensdurchsetzung.

Dies hat erhebliche Auswirkungen auf den Führungsbegriff. Für Heinen ist Führung eine auf Personen einwirkende Handlung, um sie zu zielentsprechendem Handeln zu veranlassen.[104] Führung heißt also zielorientierte Verhaltensbeeinflussung im Sinne der Durchsetzung der autorisierten Unternehmensziele.

Die Entscheidung über die Zielinhalte, d.h. die eigentliche betriebliche Willensbildung, wird nicht der Führung zugerechnet. Die Führungsprozesse dienen lediglich der Durchsetzung der politischen Entscheidungen.

Wenn Führung im Unternehmen Verhaltensbeeinflussung im Sinne der Durchsetzung der politischen Entscheidungen ist und wenn der politische Prozess der betrieblichen Willensbildung wesentlich auf die individuelle Willensdurchsetzung reduziert ist, dann stellt sich erst recht das Problem der betrieblichen Willensbildung auf allen Ebenen im gesamten Unternehmen im Rahmen der Unternehmensführung.

Es entsteht zwangsläufig die von Kirsch apostrophierte Sinn- und Orientierungskrise der Unternehmung, wenn die betriebliche Willensbildung systematisch ausgelassen wird.[105]

Im Ergebnis heißt das, die politisierte Unternehmung hat zwar das Problem der betrieblichen Willensbildung in der Weise aufgenommen, dass es kein einheitliches Zentrum der betrieblichen Willensbildung mehr gibt, sondern die betriebliche Willensbildung Aufgabe aller am politischen Prozess Beteiligten ist. Ihr ist aber auf diesem Weg die betriebliche Bildung des Willens als Aufgabe der Unternehmensführung abhanden gekommen.

Die Aufgabe der Unternehmensführung ist es, bedenkt man die Rekonstruktion des Ertragsgesetzes in der Turgotschen Form, nach wie vor, die *produktive* Kombination der Produktionsfaktoren zu leisten. Unternehmensführung hat also die Aufgabe, das produktive Element der Unternehmung zu sein.

Dazu bedarf es eines anderen Politikbegriffs und eines anderen Begriffs von Unternehmensführung. Curt Sandig hat diese beiden Begriffe in einer anderen Weise

---

104 Vgl. Heinen (1984a) S. 38

105 Vgl. zur Sinn- und Orientierungskrise Kirsch (1992) S. 16 und S. 428 und Kirsch (1990) S. 469. Und vgl. zur Diskussion der Betriebswirtschaftslehre als Management- und Führungslehre Kirsch (1977) und (1983), Albach (1993) und die Bei- träge in Wunderer (1988) und in Ordelheide/Rudolph/Büsselmann (1991) und die Kirsch´schen Bemühungen um Anschlussfähigkeit in Kirsch (1992) S. 507 ff.

aufeinander bezogen.[106] Für ihn ist Politik der wesentlichste Bestandteil der Führungsaufgabe in dem Sinne, dass es darum geht, eine Politik zu *entwickeln*. Den Inhalt der Unternehmensführung bilden Ideenschöpfung, Zielsetzung, Entscheidung und das Tragen der Verantwortung für die getroffene Entscheidung einerseits und das In-die-Tat-Umsetzen, die Durchführung der getroffenen Entscheidung andererseits. Die Umsetzung der getroffenen Entscheidung, das, was bei Heinen Führung bedeutet, bezeichnet Sandig als Führungs*technik*.

Wesentlich im Sinne der Unternehmensführung ist ihm aber die Entwicklung einer Idee: "Die Konzeption ist die Erarbeitung eines Gedankens, eines großen Planes, zunächst ohne alle Einzelheiten, die hinter allem Tun in der Wirtschaft stehende unternehmerische Idee."[107] Und an anderer Stelle: "In der genialen Verknüpfung zwischen dem Bestehenden und dem Gewollten, dem Erschauten, liegt die unternehmerische Idee, die Konzeption für die betriebswirtschaftliche Politik."[108]

Die Aufgabe der Unternehmensführung liegt im Produktiven, in der Entwicklung der unternehmerischen Idee und ihrer Umsetzung. Und wenn Unternehmensführung eine Aufgabe ist, die auf allen Ebenen im gesamten Unternehmen zu lösen ist, dann ist die Entwicklung der unternehmerischen Idee und ihrer Umsetzung von *allen, die Führungsaufgaben im Unternehmen übernehmen*, zu leisten. Die Qualifikation zur unternehmerischen Persönlichkeit besteht darin, sich der Aufgabe zu stellen, unternehmerische Ideen gemeinsam mit anderen zu entwickeln und verantwortlich Formen zu finden, sie im Unternehmen zu realisieren.

Erforderlich ist eine Theorie der Unternehmensführung, die die Führung des Unternehmens als gemeinsame Aufgabe aller Führungskräfte im Unternehmen versteht und die Bezug auf die Unternehmung als Ganzes nimmt. *Führung* ist in diesem Sinne auf die Entwicklung des Unternehmens bezogen und begreift sich *als ideenbildende Kraft für die Unternehmensentwicklung*. Das bedeutet konkret, eine Theorie der Unternehmensführung zu formulieren, die die Entwicklung unternehmerischer Ideen und ihrer Umsetzung von allen, die Führungsaufgaben im Unternehmen übernehmen, ermöglicht und die das Ideenpotential der Führungskräfte thematisiert.

Erforderlich ist es damit auch, Studierende auszubilden, die sich nicht als Spezialisten verstehen und sich auf ihre Spezialität zurückziehen, sondern die Bezug auf die Unternehmung als Ganzes nehmen und die, im ökonomischen Denken geschult, bereit sind, die Aufgabe der Unternehmensführung zu übernehmen und

106 Vgl. Sandig (1953), Walger/ Neise (2012)
107 Sandig (1953). S. 22
108 Ders. S. 28

sich am Prozess der gemeinsamen Ideen*bildung* und damit der Unternehmensentwicklung eigeninitiativ und verantwortlich zu beteiligen. Dies bedarf auch eines Studiums, das die persönliche Erfahrung als ein wesentliches Moment des Studierens begreift und dem es um die Entfaltung der Persönlichkeit geht. Studieren heißt dann, sich auf einen Prozess des Sich-selbst-Entwickelns einzulassen.[109]

In Bezug auf die für die Unternehmung konstitutiven Gutenbergschen Grundelemente hat die betriebswirtschaftliche Forschung sich in ihrer Auseinandersetzung mit der Unternehmensführung im Wesentlichen um die Ausarbeitung des Rationalitätselements in seinen unterschiedlichen Facetten bemüht. Das Kapital als der Inhalt des Rationalprinzips und der Mensch als sein realisierendes Subjekt sind im Wesentlichen unter der Perspektive der Rationalität Gegenstand der betriebswirtschaftlichen Forschung geworden.

Dies hat im Hinblick auf die Unternehmensführung einerseits dazu geführt, in der betriebswirtschaftlichen Theorie die unternehmerische Aufgabe zu rationalisieren und die Unternehmensführung zu funktionalisieren und zu politisieren und hat andererseits die Gutenbergschen Bedenken, dass es keine wissenschaftliche Lehre von der Unternehmensführung geben könne, dass sie als Kunst weder lehr- noch lernbar sei, entstehen lassen.[110]

Gleichzeitig hat sich in der betrieblichen Praxis ein erhebliches Führungsdefizit[111] entwickelt, das sich in Unternehmen z.B. darin zeigt, dass die Führungsaufgabe immer häufiger vom Management auf Unternehmensberater abgeschoben wird. Als Antwort auf dieses Führungsdefizit sind ein der heutigen Unternehmung angemessener Begriff von Unternehmensführung sowie Bildungs- und Beratungskonzepte zu entwickeln, die der gemeinsamen, unternehmerischen Aufgabe und dem die Unternehmung durch bewussten, schöpferischen Akt generierenden Menschen gerecht wird.

Es war nicht Gutenbergs Anspruch, den Unternehmer und seine schöpferischen Akte mit seiner Theorie der Unternehmung zu erfassen. Gutenberg hat den Unternehmer vielmehr mit der Begründung, dass er sich der rationalen Betrachtung entzieht, vorläufig außer Betracht gelassen. Die heutige, sich als rationale Wissenschaft verstehende Betriebswirtschaftslehre hat die Als-ob-Konstruktion Guten-

109 Vgl. Walger (1993b) S. 11ff.

110 Vgl. Gutenberg (1962) Vorwort

111 Hinterhuber spricht hier davon, dass der Engpassfaktor voraussichtlich in einem Mangel an unternehmerischem Verhalten und an qualifizierten Führungskräften liegt. Vgl. Hinterhuber (1992), S. 25

bergs allerdings nicht wieder aufgehoben und sie ist ihr weitgehend in Vergessenheit geraten. Dies hat theoretische und praktische Konsequenzen. Es bedeutet, dass heute das rationale Handeln in der Betriebswirtschaftslehre nicht mehr in Frage gestellt und mit dem Handeln des Unternehmers identifiziert wird. Sie entwickelt sich als eine Managementlehre, die auf rationalem Handeln beruht und nur Manager ausbilden kann, aber keine Unternehmer.

Die Erinnerung an die Konstruktivität des Gutenbergschen Unternehmensbegriffs bedeutet die Möglichkeit und Notwendigkeit, den Unternehmer in den Blick zu nehmen und nicht gegen sondern mit Gutenberg den Raum der Betriebswirtschaftslehre zu öffnen, d.h. die Frage zu stellen, wie der Unternehmer erfasst und theoretisch beschrieben werden kann. Mit Hilfe hermeneutischer Methoden, wie sie z.B. Oevermann mit der objektiven Hermeneutik entwickelt hat und die eine Kompetenz-Theorie des Subjekts ist, wird es möglich, sowohl das rationale Handeln als auch das schöpferische Handeln, durch das Neues entsteht und die Unternehmung sich entwickelt, zu erfassen und zu erklären, und den Kompetenzentwicklungsprozess bzw. die Subjektivität des Unternehmers zu rekonstruieren.[112]

112 Vgl. Neise (2017), Oevermann (1976), ders. (1993), Kappler (1983), Walger (2000)

5. Theorie und Praxis im Universitätsstudium

Die Frage, auf welche Weise Theorie und Praxis auch und gerade im Universitätsstudium in ein sinnvolles und fruchtbares Verhältnis zueinander gebracht werden können, wird immer wieder unter unterschiedlichen Gesichtspunkten diskutiert.[113] Wir betreiben in der Wirtschaftswissenschaftlichen Fakultät der Universität Witten/Herdecke seit ihrer Gründung im Jahr 1984 die Verbindung von Theorie und Praxis im Universitätsstudium. Die konzeptionelle Basis dafür bildet die Konzeption des "erfahrungsorientierten Studierens".

Das Studium an der Universität ist wesentlich geprägt durch die Arbeit mit und an Theorien, durch die theoriegeleitete Auseinandersetzung mit der Welt. Die besondere Möglichkeit von Theorien besteht dabei darin, dass sie als Gedankenzusammenhänge in der Lage sind, Praxis anschaubar zu machen (griech.-lat. "theoria" = Betrachtung). Theorien sind nicht Anhäufungen abstrakter Wissensbestände, sondern sie ermöglichen die gedankliche Betrachtung konkreter praktischer Zusammenhänge, um zu Einsichten in deren Bestimmungsgründe zu gelangen. Es geht für die Studierenden darum, mit Hilfe von Theorien, durch die theoriegeleitete Reflexion von Praxis, sowohl ihre eigene als auch die Unternehmenspraxis zu bedenken. Im Wesen der Theorie als Gedankenzusammenhang, der Praxis denkend anschaubar macht, liegt der Ansatzpunkt für die Entwicklung einer geeigneten Form der Einbeziehung von Praxis in das Universitätsstudium.

Die persönliche Erfahrung von Praxis ist konstitutiver Bestandteil eines Studienkonzeptes, das auf Bildung im Sinne der Entwicklung der Persönlichkeit zielt.[114] Studieren heißt demnach, sich auf einen Prozess des Sich-selbst-Entwickelns einzulassen.[115] In diesem Prozess des Sich-selbst-Entwickelns sind die Studierenden in ihren Möglichkeiten zu fördern und zu unterstützen. Zu einem Studium, dass sich als ein Prozess des Sich-selbst-Entwickelns versteht, gehört, dass die Studierenden lernen, Theorie und Praxis für sich selbst ins Verhältnis zu setzen auf der Basis einer intensiven Auseinandersetzung mit ökonomischen Theorien ebenso wie mit Erfahrungen in der Unternehmenspraxis. Persönliche Erfahrungen sind dabei notwendige Bestandteile des Entwicklungsprozesses und müssen in die universitäre Ausbildung mit einbezogen werden. Auf diesem Gedanken beruht die Konzeption des erfahrungsorientierten Studierens. Sie zielt darauf, Praxis in ein theoriegeleitetes Studium einzubeziehen und Theorie und Praxis zueinander

---

113 Vgl. Walger/ Miethe (1996), vgl. Kappler (1976), ders. (1991) und (1994)

114 Vgl. Schily (1993)

115 Vgl. Walger (1993b), vgl. Kappler (2016)

in Beziehung zu setzen, sie aufeinander zu beziehen, ohne dass dabei ihr jeweils spezifischer Charakter verloren geht.

Während das wesentliche Moment theoretischer Reflexion im denkenden Begreifen der Praxis liegt, besteht das wesentliche Moment von Praxis in der Gewinnung eigener konkreter Erfahrungen. Studierende begeben sich in die Unternehmensrealität und lassen sich damit auf eine zunächst neue und ungewohnte Situation ein. Es geht für sie darum, zu lernen, Problemsituationen anzunehmen – einschließlich aller Chancen und Risiken, Unschärfen und Unwägbarkeiten, wie sie in Unternehmen täglich auftreten. Dabei machen sie die Erfahrung, dass ihnen das Anerkennen der Situation, wie sie ist, einschließlich der mit ihr verbundenen Restriktionen und Unsicherheiten, die Möglichkeit eröffnet, sie eigenständig zu gestalten.

Diese Form des Lernens macht die Studierenden zu unternehmerisch auf der Grundlage von Eigeninitiative und Selbstverantwortung handelnden Akteuren.[116] Indem sie die Situation im Unternehmen für sich annehmen, bewegen sie sich aus der angestammten Rolle der Studierenden heraus und beginnen, sich im Unternehmen selbständig zu bewegen und unternehmerisch zu handeln. Diesen Rollenwechsel nicht nur mit dem Kopf, sondern mit der ganzen Persönlichkeit zu vollziehen, erfordert die Anstrengung der Studierenden. In dem Maße, in dem die Studierenden die Praxissituation annehmen, wird es ihnen möglich, die Situation und sich selbst in der Situation zu erfahren. Das Erleben des eigenen Umgangs mit der Situation und die Erfahrung in der Situation setzen bei den Studierenden große Entwicklungspotentiale frei, wenn sie ihre Erfahrungen im wissenschaftlichen Kontext reflektieren können, denn es reicht nicht aus, die Erfahrung zu machen, um sie als Orientierung für die eigene Entwicklung verwenden zu können.

Wie etwas geht, lernt der Studierende, indem er es (und damit zugleich auch sich) ausprobiert, etwas in Erfahrung bringt, und die so gewonnene Praxis-Erfahrungen anschließend zum Gegenstand theoretischer Reflexion macht. Diese Reflexion umfasst zwei Momente: Zum einen wird die Tragfähigkeit des theoretischen Gedankens anhand gelebter Praxiserfahrung prüfbar. Die Theorien werden daraufhin befragt, was sie zu Theorien macht und was sie als Theorien qualifiziert. Darüber hinaus werden sie auf ihre innere Konsistenz geprüft. In der Reflexion der Theorien schulen die Studierenden ihre wissenschaftliche Urteilsfähigkeit.

---

116 Vgl. Rogers (1988), Freire (1973) und Hinte (1990)

Zum anderen tragen Theorien als Gedankenzusammenhänge durch den Bezug auf eine von den Studierenden selbst erfahrene Praxis zur persönlichen Entwicklung der Studierenden bei. Indem sie ihre Erfahrungen und die Situationen, aus denen sie resultieren, in Bezug setzen zu ökonomischen Theorien, wird für die Studierenden benennbar, was diese Erfahrungen bedeuten und was aus ihnen folgt. Erst in der theoretischen Reflexion gewinnt Erfahrung Orientierungscharakter für die eigene Entwicklung der Studierenden.

Praxis und Theorie besitzen ihr jeweils eigenes, charakteristisches Bewegungsmoment: das Bewegungsmoment von Praxis ist die Erfahrung, das Bewegungsmoment von Theorie ist die Reflexion, und Wissenschaft entsteht aus der wechselseitigen Bezugnahme von Erfahrung und Reflexion. Ohne ihre theoretische Reflexion bleibt die systematische Bedeutung einer Erfahrung ungeklärt, und ohne Erfahrungsbezug lässt sich nicht prüfen, in welchem Verhältnis Theorie zu der Praxis steht, die sie zu beschreiben vorgibt, z.B. zur Unternehmenspraxis. Erfahrungsorientiertes Studieren heißt, dass Studierende praktische Erfahrungen sammeln und ihre Erfahrungen anhand von Theorie reflektieren. Durch dieses In-Beziehung-Treten von wissenschaftlicher Theorie und persönlicher Erfahrung bedeutet Praxis im Studium mehr als lediglich die Beherrschung bestimmter Techniken und Fertigkeiten, ebenso, wie Theorie mehr bedeutet als die Kenntnis abstrakter Wissensbestände. Weder Theorie noch Praxis könnten jeweils für sich allein diese wissenschaftliche Form der Persönlichkeitsentwicklung ermöglichen.[117]

117 Vgl. Bion (1992)

6. Sokratische Methode

Die Didaktik ist die Wissenschaft des Lehrens und Lernens. In diesem Sinne wird die Art zu Lehren und zu Lernen, die wir seit der Gründung der Wirtschaftswissenschaftlichen Fakultät der Universität Witten/Herdecke entwickeln, als Wittener Didaktik bezeichnet. Die Wittener Didaktik, gründet auf der Mäeutik, die auf den griechischen Philosophen Sokrates zurückgeht, dessen Mutter Hebamme war. Deshalb wird Mäeutik auch Hebammenkunst genannt. Sokrates, von dem das Orakel in Delphi sagte, er sei der Weiseste unter den Menschen, machte sich auf, dieses Urteil zu prüfen und begab sich auf die Suche nach einem Menschen, der weiser ist als er selbst. Dazu führte er viele Dialoge, die von Platon überliefert wurden. Die sokratischen Dialoge leben von der Grundüberzeugung des Sokrates`: „Ich weiß, dass ich nichts weiß." Vor diesem Hintergrund versuchte er im Dialog mit anderen deren Wissen zu prüfen, indem er Fragen stellte, die halfen, den es betreffenden Sachverhalt erkennbar zu machen und an ihm das vermeintliche Wissen zu messen.[118] Diese Dialoge stehen im absoluten Gegensatz zu der heute üblichen Didaktik an Universitäten, in denen der Dozent im Frontalunterricht den Studierenden vorgefertigtes Wissen vermittelt und die Aufgabe der Studierenden ist, dieses zu reproduzieren.

Die Vorgehensweise von Sokrates lebt von dem Erkennen der hinter den Dingen liegenden Idee, d.h. von der Einsicht in den zu betrachtenden Sachverhalt. Sokrates geht nicht von einem bestimmtem, in der objektiven Wissenschaft als bewährt geltenden Wissensbestand aus, der zu reproduzieren ist, sondern von dem Nicht-Wissen, was die Sache ist. Das Wissen von der Sache ist neu zu produzieren, indem die ihr zugrunde liegende Idee, wie Heidegger sagt, aus der Verborgenheit in die Unverborgenheit gehoben wird.[119] Was die Sache ist, steht also in Frage, denn das, was sinnlich wahrnehmbar ist, sind nur Abbilder, durch die die sich hinter ihnen verbergenden Ideen auf dieser Welt mehr oder weniger unvollkommen und fehlerhaft zur Erscheinung kommen. Die Antwort auf die Frage, was etwas ist – sein wahres Wesen – ist durch ein erkennendes Denken, ein Entbergen der ihr zugrunde liegenden, verborgenen Idee zu erlangen. Entsprechend zielt Sokrates nicht auf die Vermittlung eines objektiven Wissensbestandes im Sinne eines Denk-Ergebnisses, sondern auf einen von der Person nicht abzutrennenden Denk-Prozess, der ein Prozess des Herstellens von Einsicht in den konkreten Sachverhalt ist. Um zu dieser Einsicht zu gelangen, bedarf es gezielter Fragen, die das Wissen prüfen, das der Antwort Gebende als ein Wissen von der Sache vorbringt und das

---

118 Vgl. Walger (2000), S. 186ff., vgl. Kappler (2016), S. 21, ders. (1992c), S. 312ff., ders. (1993)

119 Vgl. Heidegger (1954a), S. 257

ihm als seine Vorstellung von ihr die Sicht auf die Sache, so wie sie in Wahrheit ist, verstellt. Die sokratischen Fragen prüfen also vermeintliches Wissen auf seinen Wahrheitsgehalt, um es aufgeben zu können. Das Aufgeben vermeintlichen Wissens, das Anerkennen, dass das eigene Wissen den Blick auf den Sachverhalt verstellt, weil das Wissen z.B. aus einem vollkommen anderen Zusammenhang übertragen worden ist oder sich einer überkommenen Vergangenheit verdankt und es der zu betrachtenden Sache unangemessen geworden ist, ist notwendige Bedingung dafür, etwas erkennen und von ihm neues Wissen bilden zu können. Indem der Antwort Gebende die Unangemessenheit seines Wissens anerkennt, also seinen Denk-Fehler einsieht, bringt er etwas über sich in Erfahrung, d.h. dass er *sich* bildet, also sich in seinem Denken von der Sache und sich selbst entwickelt. Und indem sein Denken von der Sache der Sache angemessen ist, kann er sinnvoll handeln. Denken und Handeln, Theorie und Praxis, sind in diesem Sinne nicht getrennt.

Das Aufgeben vermeintlichen Wissens geschieht in der Regel allerdings nicht ohne Not, sondern nur, wenn es nicht mehr zu halten ist und es keinen anderen Ausweg mehr gibt. Diese Ausweglosigkeit, die zur Aufgabe vorgestellten Wissens notwendig ist, bezeichnet man als Aporie. Sokrates zielt im ersten Angang systematisch auf die Herstellung der Aporie, d.h. einer Krise, in der, der gefragt ist und Antwort gibt, sich der Unangemessenheit seines Denkens bzw. seines eigenen Nicht-Wissens bewusst wird. Nur mit ihrer Anerkennung der Krise, so die zugrunde liegende These, ändern die Menschen sich und ihr Denken. Im zweiten Schritt zielt Sokrates auf die Bildung neuen Wissens, das dem Sachverhalt, was er in Wahrheit ist, angemessen ist.

Die sokratische Methode – Methode (methodos = Weg) wird hier nicht verstanden als ein vorgefertigter Weg, sondern als der Weg, der, wie die Griechen dachten, beim Gehen unter den Fußsohlen entsteht – ist ein Lehren und Lernen, das immer nach Wahrheit fragt. Nach diesem Verständnis sind Theorien göttlichen Ursprungs (theoria = „göttliche Schau") und die Menschen haben nur bedingt Zugang zu dieser göttlichen Wahrheit. Modern gewendet sind Theorien dann als Ideen bzw. Gedankenzusammenhänge begreifbar, deren Wahrheitsgehalt notwendig in Frage steht und deren Entwicklung und Verwendung der menschlichen Verantwortung bedürfen.[120]

Im Unterschied zur herkömmlichen Didaktik ist bei Sokrates der Lehrende ein Fragender, nicht der, der Antwort gibt. Antwort gibt der Studierende. Er ist gefragt,

120 Vgl. Walger/ Schencking (2001), S: 21ff., vgl. Kappler (1994a), S. 41ff.

seine persönliche Antwort zu geben, nicht die Antwort, die der Lehrende vorgibt oder erwartet. Nach Heidegger ist ein solches Fragen "nicht mehr nur die überwindbare Vorstufe zur Antwort als dem Wissen, sondern das Fragen wird selbst die höchste Gestalt des Wissens. Das Fragen entfaltet dann seine eigenste Kraft der Aufschließung des Wesentlichen aller Dinge. Das Fragen zwingt dann zur äußersten Vereinfachung des Blickes auf das Unumgängliche. Solches Fragen zerbricht die Verkapselung der Wissenschaft in gesonderte Fächer, holt sie zurück aus der ufer- und ziellosen Zerstreuung in vereinzelte Felder und Ecken..."[121]

In der Fortsetzung des "anfänglichen Wesens der Wissenschaft" lebt dieses sich fragend begreifende Studium. Die Griechen kämpften darum, "dieses betrachtende Fragen als eine, ja als die höchste Weise... des 'am Werke Seins' des Menschen zu begreifen und zu vollziehen. Nicht stand ihr Sinn danach, die Praxis der Theorie anzugleichen, sondern umgekehrt, die Theorie selbst als die höchste Verwirklichung echter Praxis zu verstehen. Den Griechen ist die Wissenschaft nicht ein 'Kulturgut', sondern die innerst bestimmende Mitte des ganzen volkstaatlichen Daseins. Wissenschaft ist ihnen auch nicht das bloße Mittel der Bewusstmachung des Unbewussten, sondern die das ganze Dasein scharfhaltende und es umgreifende Macht."[122]

Das sokratische Fragen macht erlebbar, dass das Fragen produktiv ist und es keine vorgegebene Antwort gibt, auf die der Antwortende sich berufen kann. Es begleitet ihn auf dem Weg, den von ihm ausgewählten Sachverhalt auf seine persönliche, d.h. auf die durch ihn verantwortbare Weise zu fassen und sich zu ihm ins Verhältnis zu setzen. Das sokratische Fragen zielt auf Prüfung der angemessenen Anwendung und der sinnvollen Problemlösung von Wissen sowie auch die Bildung der Person, die seinen Umgang mit dem Wissen persönlich verantwortet.

---

121 Heidegger (1983), S. 13, vgl. Kappler (1989b), S. 59ff.

122 Heidegger (1983), S. 12, zu den unterschiedlichen Modi des Fragens vgl. Rombach (1952)

B. Konzepte der Wittener Didaktik

1. Auswahlseminar

Die hier beschriebene Konzeption des Auswahlseminars ist 1984 von Ekkehard Kappler und Gerd Walger entwickelt worden.[123] Die Wirtschaftswissenschaftliche Fakultät bietet im Oktober 1984 zum Wintersemester 25 bis 30 Studierenden einen Studienplatz an. Verfolgen wir einmal den Weg eines Bewerbers für das Studium der Wirtschaftswissenschaft in Witten/Herdecke. Studienvoraussetzungen sind zunächst die allgemeine oder fachgebundene Hochschulreife und der Kaufmannsgehilfenbrief oder ein Äquivalent hierfür (z.B. mehrjährige Tätigkeit in einem Betrieb). Es ist gedacht, dass die Studierenden praktische Erfahrungen im Berufsleben gemacht haben und nicht gleich von der Schulbank in die Universität gehen.

Wer die formalen Voraussetzungen erfüllt, wurde zum Auswahlseminar eingeladen. Aufgrund wachsender Bewerberzahlen wurde bereits nach wenigen Jahren eine Vorauswahl durchgeführt. Im Auswahlseminar wird versucht, vom Bewerber her gedacht anhand seines Lebenslaufes und eines Aufsatzes zu dem Thema "Wie wird mein Studium der Wirtschaftswissenschaft an der Universität Witten/Herdecke im Jahre XY gewesen sein?"[124] seine Möglichkeiten zu finden und sein Engagement und seine Begeisterung (lat. studere = eifern) zu ermessen.

Um jedem Bewerber in der Vielfalt seiner Möglichkeiten gerecht zu werden, setzt das Auswahlkomitee auf die Vielfalt der Perspektiven, Sichtweisen und Wahrnehmungen. Es besteht aus neun Personen, sechs sind Mitglieder der Fakultät und jeweils drei sind Externe, die jedes Mal wechseln. Das können Unternehmer, Ärzte, Künstler, Manager, u.a. sein. Dadurch sind die Mitglieder der Fakultät immer wieder konfrontiert mit Menschen aus anderen Lebensbereichen und werden so angeregt, die eigene entstehende Kultur und das eigene Urteil immer wieder neu zu überdenken.

Zu einem Auswahlseminar sind jeweils sechs Bewerber eingeladen. Der Tag beginnt mit der gemeinsamen Begrüßung, in der sich jeder – Komiteemitglieder, Bewerber und einige Studierende der Fakultät, die den Bewerbern zusätzlich für Fragen zur Verfügung stehen – kurz vorstellt und der Ablauf des Tages erläutert wird. Jeder Bewerber hat drei Gespräche am Vormittag, mit jeweils drei Komiteemitgliedern (zwei Fakultätsangehörige und ein Externer), von denen jedes ca. eine Dreiviertelstunde dauert.

123 Vgl. Walger (1985), S. 65ff.
124 XY steht für das Jahr, in dem das Studium nach der Regelstudienzeit endet.

Die Gespräche dienen im Wesentlichen auf der Basis des Lebenslaufes und der Themenbearbeitung der Reflexion des Studienwunsches, wobei es keine vorherigen Absprachen über einzelne Gesprächsgegenstände gibt – nur so kann sich ein Gespräch entwickeln. Das bedeutet, dass einzelne Gesprächsgegenstände sich von Gespräch zu Gespräch wiederholen können, das bietet dem Bewerber aber gerade die Möglichkeit, Dinge noch einmal zu präzisieren, die im Gespräch zuvor unklar oder undeutlich geblieben sind.

Es hat sich gezeigt, dass die Gespräche insgesamt sowohl für das Auswahlkomitee als auch für die Bewerber sehr unterschiedlich verlaufen und die Gesprächssituationen sehr vielfältig sind.

Am Mittag bieten einige Studierende der Fakultät ein von ihnen gekochtes, für alle Teilnehmer gemeinsames Mittagessen an.

Nach einer daran anschließenden kurzen Pause finden sich dann Auswahlkomitee und Bewerber im "Plenum" wieder zusammen. Es beginnt damit, dass die Bewerber zunächst ein kurzes "gruppendynamisches Spiel" spielen, das die Auswahlkommission als stumme Beobachter begleitet. Nach dem Spiel erfolgt dann ein gemeinsames Gespräch aller – Beobachter wie Spieler – über das Spiel, einzelne Spielerfahrungen und Verhaltensweisen und ihre Einschätzungen, über Bewertungsmöglichkeiten des Spiels und über seinen Stellenwert innerhalb des Auswahlseminars.

Der Tag schließt für die Kandidaten mit der Möglichkeit für jeden Einzelnen zu einem abschließenden Statement zu diesem Tag – den Gelegenheiten und den Auslassungen – und noch offengebliebene Fragen zu stellen und beantwortet zu bekommen.

Nachdem die Bewerber bedankt für ihre Teilnahme und verabschiedet sind, beginnen die Mitglieder des Auswahlkomitees die vielfältigen Eindrücke und Beobachtungen zusammenzutragen, die sie im Laufe des Tages von jedem Bewerber gesammelt haben. Die "Geschichte jedes Bewerbers an diesem Tag" wird gemeinsam versucht zu rekonstruieren. Jeder trägt seine ganz subjektiven Erfahrungen bei zu dem Gesamtbild des Tages, das für jeden Bewerber entsteht.

Die Subjektivität der Bewerber spiegelt sich in der Vielfalt der Subjektivitäten der Beobachter, denn das einzig Objektive ist – wenn überhaupt – die Subjektivität menschlicher Wahrnehmungen. Hierin liegt der Grund, warum so wenig wie Gesprächsinhalte vorher abgesprochen auch vorher keine gemeinsamen Kriterien vereinbart werden. Denn gemeinsame Kriterien würden bedeuten, dass genau und objektiv messbar bekannt ist, wie ein guter Studierender auszusehen hat.

Wenn es aber darum geht, besondere Begabungen und Fähigkeiten zu unterstützen und sie zu fördern, dann gilt es, sie anzuerkennen, dann liegen die Kriterien im Bewerber selbst.

Auch für den Beobachter gilt, dass er die Kriterien seiner Beobachtung, also den Wert, den er den Dingen, die er beobachtet, beilegt, in sich trägt.

In einer zweiten Phase, in der es um die Auswahl geht, lassen sich nun die Kriterien jedes Beobachters und damit auch die seiner Beobachtung offen diskutieren – bei vorab bestimmten Kriterien wäre das unmöglich. Die Kriterien jedes Beobachters können mit der einzelnen Beobachtung beim Bewerber und mit den Beobachtungen der anderen verbunden werden und sind so in der Diskussion selbst auch noch einmal reflektierbar.

Es wird versucht, in der Vielfalt der Perspektiven und ihrer Reflektierbarkeit jedem einzelnen Bewerber gerecht zu werden. Dazu gehört auch der Versuch, keine Mehrheitsentscheidungen zu fällen, sondern solange die einzelnen Aspekte zu wägen, bis das Auswahlkomitee zu einer einmütigen Entscheidung findet. Dies nennen die Juristen ein willkürfreies Ermessen.

Die Offenheit dieser Vorgehensweise ist Chance und Gefahr zugleich. Sie erfordert immer wieder eine hohe Sensibilität aller Beteiligten. Sie erfordert es auch, nicht zum Verfahren zu verkommen, sondern sie will als Idee immer wieder neu getan sein. Auch und gerade in diesem Sinne sind es die "Externen", die maßgeblich dazu beigetragen haben, dass das Auswahlseminar in dieser Form entstehen konnte und sich in seiner Offenheit hält.

Das Auswahlseminar ist nicht darauf aus, Kandidaten zu prüfen, sondern ihre Begabungen und unbekannten Genialitäten zu entdecken, indem es zu jedem einzelnen Bewerber Beziehung aufnimmt, eine Geschichte mit ihm zusammen zu entspinnen, in der die Gestaltung der Beziehung immer gleich auch als seine Möglichkeit gedacht ist. Damit ist das Auswahlseminar nicht abgehobene Entscheidungsinstanz über das Studium, sondern es ist der Beginn des Studiums.

Auswahlseminar und Studium sind darauf angelegt, die Studierenden in ihren Möglichkeiten zu fördern und zu entwickeln. Dazu gehört es auch, dass jeder Studierender in Witten/Herdecke von der Universität ganz persönlich angenommen ist. Ein solches Angenommensein birgt einen Freiraum in sich für persönliche Entfaltung.

2. Erfahrungsorientiertes Studieren

In der Wirtschaftswissenschaftlichen Fakultät der Universität Witten/Herdecke haben wir das Ziel verfolgt, Theorie und Praxis im Studium zusammen zu bringen.[125] Die Konzeption des "erfahrungsorientierten Studierens" ist die konzeptionelle Basis für dieses Ziel und das Mentorenfirmenkonzept ihr grundlegender Bestandteil.

Erfahrungsorientiertes Studieren basiert auf dem unternehmerischen Moment des Studierens, darauf, dass Studierende mit ihrem Studium etwas unternehmen, um genau das zu lernen: wie es geht, etwas zu unternehmen. Studieren heißt in diesem Sinne, zu lernen, etwas zu unternehmen. Die Konzeption des erfahrungsorientierten Studierens begreift das Universitätsstudium als persönliche Unternehmung jedes einzelnen Studierenden. Das erfahrungsorientierte Studium der Wirtschaftswissenschaft zielt auf zwei Momente von Unternehmenspraxis zugleich: Zum einen auf die Praxis des Studiums als unternehmerischer Aktivität des Studierenden und zum anderen auf die Praxis der Unternehmen, die wesentlicher Gegenstand des betriebswirtschaftlichen Studiums sind.

Das Mentorenfirmenkonzept als Bestandteil dieser Konzeption ermöglicht den Studierenden der Wirtschaftswissenschaft, in ihrem Studium selbst Erfahrungen mit der Unternehmenspraxis zu sammeln. Damit ermöglicht es beides: Die konkrete Erfahrung praktischer Zusammenhänge in Unternehmen und die Erfahrung des eigenen Verhaltens in diesen Zusammenhängen. Das Mentorenfirmenkonzept nimmt die Unternehmenspraxis ein Stück weit in das Studium hinein, so dass die beiden Momente der Praxis *im* Studium und der Praxis *nach dem* Studium in eins fallen und gemeinsam zum Gegenstand theoretischer Reflexion werden.

Das Mentorenfirmenkonzept ermöglicht es den Studierenden der Wirtschaftswissenschaft, erfahrungsorientiert zu studieren und in Erfahrung zu bringen:

Erstens, wie sie etwas **unternehmen**,

zweitens, **wie** sie etwas unternehmen und

drittens, wie **sie** etwas unternehmen.

Der erste Punkt verweist auf das unternehmerische Moment des Studiums. Der Studierende lernt, in seiner Mentorenfirma und in seinem Studium selbst die Initiative zu ergreifen, Gestaltungsmöglichkeiten kreativ zu nutzen und die Verantwortung für sein Handeln zu übernehmen. Die Gestaltungsaufgabe als Bestandteil

125 Vgl. Walger/ Miethe (1996), S: 263ff.

des Universitätsstudiums ermöglicht es den Studierenden, frühzeitig unmittelbare Erfahrungen mit der Übernahme von Führungsverantwortung zu machen.

Der zweite Punkt bezieht sich auf die Art und Weise ihres Unternehmens, was in ihrem Unternehmen geschieht und wie in ihrem Unternehmen gearbeitet wird. Die Studierenden können unmittelbar lernen, welches die Elemente, Instrumente und Bewegungsmomente dieser Praxis sind und auf welche Weise sie selbst mit ihnen umgehen können.

Der dritte Punkt bezieht sich darauf, wie sich die Studierenden in ihrer Mentorenfirma bewegen, wie sie ihr Studium entwickeln und wie sie sich selbst durch dieses Studium entwickeln. Hierbei geht es um die Reflexion der eigenen Praxis, um so ein Bewusstsein für das eigene Handeln und dessen Bewegungsmomente zu gewinnen.

In der theoretischen Reflexion dieser drei Momente wird erfahrbar, wie sich das unternehmerische Moment, die Arbeit in der Mentorenfirma und die Entwicklung der eigenen Persönlichkeit miteinander verbinden und den nächsten konkret zu gehenden Schritt ermöglichen. Die individuelle Erfahrung, die theoretische Reflexion und das In-Beziehung-Setzen der Unternehmens- und der eigenen Praxis durch die Studierenden machen das erfahrungsorientierte wirtschaftswissenschaftliche Universitätsstudium aus.

2. Tu, was Du willst. Studium als Praxis der Freiheit

Die Begeisterung und Freude, mit der die Studierenden an die Universität kommen, findet hier ihren Ort und ihre Promotion zunächst in knapp zwei Wochen Einführung, die vollgestopft sind mit den unterschiedlichsten Angeboten wissenschaftlicher, künstlerischer und praktischer Betätigung.[126]

Studierende des ersten Jahrgangs beschreiben die Situation und ihre Kommilitonen folgendermaßen:

> "Umso angenehmer überrascht waren wir von der Vielfalt und der Breite des Spektrums derjenigen, die sich an jenem Dienstag in der Bochumer Straße versammelten. Das prägende Merkmal schien die Lust zu Neuem zu sein. Auch die Atmosphäre und der Umgangston waren eher durch Humor und Lachen als durch Verbissenheit gekennzeichnet.
>
> Der Anspruch der Universität Witten/Herdecke, den gebildeten Ökonomen heranzubilden, zeigte sich bereits in den qualifizierten und praxisorientierten Veranstaltungen der ersten beiden Wochen. Manch einem kam es vor, als wäre über unseren Köpfen ein Feuerwerk abgebrannt. Eine Vielzahl von Vorträgen und Beiträgen, Ansichten und Einsichten, sowie Diskussionen und Anregungen prasselten auf uns nieder...
>
> Die Vielseitigkeit dieses Einführungsprogramms sollte unseren Blick für verschiedene Denkweisen öffnen und schärfen helfen. Dem Studenten wurde Einblick gewährt in die Arbeitsweise der Fakultät: die enge Verzahnung von Theorie und Praxis; die Beziehung Philosophie - Technologie; die Übungen zu Wahrnehmung und Gestaltung; die Frage nach der Kreativität in der Wissenschaft etc." [127]

Ein Feuerwerk unterschiedlichster Eindrücke macht Lust aufs Studieren und darauf die angebotenen Herausforderungen anzunehmen. So ist der Übergang ins Studium nahtlos, denn der Wille zum Studieren ist nicht durch Institutionen oder Prüfungsstruktur gebrochen. Studieren heißt eifern und das muss jeder selbst tun.

Tu was Du willst

Das Studium der Studierenden gleicht der Reise des Bastian Balthasar Bux in dem Buch „Die unendliche Geschichte" von Michael Ende.[128] Die Einen sind wie der

126 Vgl. Walger (1985), S. 65ff., vgl. Kappler (2016), S. 25ff.
127 Scharmer u.a. (1983), S. 51 f.
128 Vgl. Ende (1979), vgl. Neise (2015)

Andere auf dem Weg, den eigenen, wahren Willen zu finden. In der unendlichen Geschichte ist das Reich Phantásien von dem Nichts bedroht, wenn es nicht gelingt, einen Menschen zu finden, der dieses Reich neu entstehen lässt. Bastian Balthasar Bux wagt den Sprung nach Phantásien. Von der Kindlichen Kaiserin, der Herrscherin dieses unendlichen Reichs, erhält er das Medaillon AURYN mit der Inschrift: „Tu was Du willst." Bastian deutet es als ein „Tu was Dir beliebt." Er verwechselt das Wollen mit dem Wünschen, verirrt sich immer tiefer nach Phantásien und verliert dabei – ohne dass ihm dieses bewusst wäre – die Erinnerung an sein Mensch-Sein. Die unendliche Geschichte erzählt den spannenden, verschlungenen Weg des Bastian Balthasar Bux durch Phantásien, der ihn vielfältige Erfahrungen machen lässt, bevor er seinen wahren Willen findet, sich seines Mensch-Seins erinnert und aus Phantásien ins menschliche Leben zurück kehrt.

Im Studium sind die Studierenden mit einer Betriebswirtschaftslehre konfrontiert, die mit ihrer Etablierung als Wissenschaft den Menschen aus ihrem Gegenstandsbereich, der modernen Unternehmung, eliminiert hat und die Erinnerung an ihn ihr in Vergessenheit geraten ist. Indem die gedanklichen Konstruktionen der Betriebswirtschaftslehre in Forschung und Lehre sowie der unternehmerischen Praxis unsere heutige Vorstellung davon bestimmen, was ein Unternehmen ist – und heute gelten auch Universitäten, Krankenhäuser, Arztpraxen, die Arbeitsagenturen und beinahe jede Organisation als Unternehmen –, steht jeder Studierender sowie auch jeder im Unternehmen tätige Mensch ähnlich wie Bastian Balthasar Bux vor der Aufgabe, im grenzenlosen Reich betriebswirtschaftlicher Theorien, ökonomischer Modelle, finanzieller und anderer Anreize, unternehmerischer Pläne und denkbarer Welten seinen wahren Willen zu finden und sich seines Mensch-Seins zu erinnern.

In der ersten Veranstaltung als Erstsemester hat Gerd Walger die Studierenden regelmäßig gemäß diesem „Tu was Du willst" gefragt: „Was wollt Ihr studieren?" Deren empörte Reaktion, dass er dies ihnen doch sagen müsse, da er der Lehrer sei, hat Gerd Walger mit der Antwort pariert, dass er tatsächlich schon studiert habe, aber er dennoch nicht wissen könne, was die Erstsemester-Studierenden studieren wollen. Fast jede Frage, die an Gerd Walger gerichtet wird, wird ihrer impliziten Behauptung oder Voraussetzungen entkleidet und seine konsequent fragende Bezugnahme begleitet mit seinem, zugewandten Lächeln, mutet jedem Studierenden zu, die Freiheit und die Verantwortung für sein Studium und sich selbst anzunehmen. Gerd Walger fragt konsequent eine persönliche Antwort nach. Manche empfinden dies als Zumutung, manche als Ermutigung. Die persönliche Zuwendung, das Interesse an den Studierenden und ihre Begleitung in die Welt der theoretischen Fiktionen und zurück ins menschliche Leben, gehören elementar zu einem Studium, das als ein persönlicher Entwicklungsprozess begriffen ist.

Gerd Walgers Wirken lässt sich mit der Tätigkeit der Dame Aiuóla im Änderhaus der „unendlichen Geschichte" vergleichen, der Bastian Balthasar Bux am Ende seiner langen Reise durch Phantásien begegnet. Sie erzählt ihm, der das Wollen mit dem Wünschen verwechselt und auf diese Weise seine Machtphantasien ausgelebt und dabei immer mehr die Erinnerung an sein Menschsein vergessen hat, seine eigene Geschichte. Diese Geschichte hilft ihm, seine Reise durch Phantásien und sich selbst zu verstehen, und schließlich sein wahres Wollen zu finden. Um das, was er will, tun zu können, muss Bastian Balthasar Bux aus Phantásien in die Welt der Menschen zurückkehren. Dafür muss er das „Wasser des Lebens" finden, das an den Grenzen Phantásiens liegt. Er fragt die Dame Auióla:

> 'Weißt du, wo ich das Wasser des Lebens finden kann?'
>
> 'An der Grenze Phantásiens', sagte Dame Aiuóla.
>
> 'Aber Phantásien hat keine Grenzen', antwortete er.
>
> 'Doch, aber sie liegen nicht außen, sondern innen.'

Gerd Walger ist Meister darin, den Menschen, die ihm begegnen, ihre eigene Geschichte zu erzählen oder eine, in der sie sich selbst wiedererkennen können. Er zeichnet mit ihnen gedanklich ihren Weg nach und geht mit ihnen an die Grenze dessen, was sie denken – ihres Phantásiens –, damit sie nicht in der „alten Kaiserstadt" enden, in der in der unendlichen Geschichte alle die verbleiben, die Kaiser von Phantásien werden wollten und darüber ihre Erinnerung an ihr Menschsein vollständig verloren haben, sondern das Wasser des Lebens und ihren wahren Willen finden, und aus Phantásien ins menschliche Leben zurückkehren können.

In Beziehung treten

Wenn die Studierenden im 1. Semester an die Universität kommen, ist ihre Rede in den meisten Fällen selbstbezogen und nimmt nicht Beziehung auf, sondern verliert sich im Raum. Es geht deshalb darum, jedem einzelnen intensiv zuzuhören und die Bestimmungsmomente seiner Rede für ihn anschaubar zu machen. Dies bedeutet, in Beziehung zu treten zu jedem einzelnen Studierenden, in seine Nähe zu gehen. Eine solche Nähe ist aber für heutige Menschen eher ungewöhnlich. Wir sind daran gewöhnt, abgegrenzt von anderen, getrennt, z.B. durch Autoblech gesichert, monadisch unseren vereinzelten Weg zu gehen. Da erscheint es den

Studierenden ungewöhnlich, wenn da auf einmal eine solche Nähe entsteht. Diese Nähe macht also vielfach zunächst erst einmal Angst. Es braucht eine gewisse Zeit, bis die Studierenden sich daran gewöhnen und Zutrauen zu sich und ihrer eigenen Rede finden. Im genauen Zuhören erleben die Studierenden, dass sie in dem und mit dem, was sie sagen, ernst genommen werden. Und indem die eigene Rede ernst genommen wird, entsteht die Möglichkeit, die eigene Rede selber ernst zu nehmen. Indem die Studierenden ihre eigene Rede ernst nehmen, nehmen sie Beziehung zu sich selber auf und können auf diese Weise auch das In-Beziehung-treten mit dem anderen als wesentliches Moment ihrer Rede begreifen. Wenn dieses In-Beziehung-treten als wesentliches Moment der eigenen Rede begriffen ist, dann reduziert sich die eigene Rede auf das Wesentliche. Das Reden selber geht ins Zuhören über. Es wird wichtig, mit dem anderen Beziehung aufzunehmen, von ihm zu erfahren, und dies gelingt am besten im Zuhören. So wird das Zuhören grundlegendes Moment der eigenen Rede. Aus dem Zuhören heraus, lässt sich in der eigenen Rede Beziehung aufnehmen zu dem, was der andere gesagt hat. Die Reden beginnen also aufeinander bezogen zu sein. Dieses Sich-aufeinander-beziehen versuchen wir durch Nachfragen auch immer wieder anzuregen. So entsteht langsam ein Geflecht von aufeinander bezogenen Reden in der Veranstaltung. Solche Reden, die vom Zuhören leben, machen ein intensives Gespräch, auch in einer größeren Gruppe, möglich. So entsteht mit der Zeit in der Lehrveranstaltung eine Atmosphäre, in der wissenschaftliches Arbeiten im Diskurs möglich wird. Solche auf Diskurs angelegte Rede evoziert eine wissenschaftliche Auseinandersetzung, die den Gedanken des anderen achtet, ihn nachdenkt und weiterentwickelt.

In wirtschaftswissenschaftlichen Texten wird der Gegenstand, auf den sich Wissenschaft richtet, i.d.R. beschrieben, mit anderen verglichen und im letzten bewertet. Mit der Bewertung, der Wertsetzung, endet in der Regel das Schreiben. Das ist die literarische Basis, mit der die Studierenden in unserem Fach konfrontiert sind. Auch wenn die Studierenden selber beginnen, Texte zu schreiben, orientieren sie sich an der literarischen Vorlage und finden weitgehend ihren Endpunkt in der Wertsetzung.

Theorien gelten dementsprechend in der Regel als Wissensbestände. Diese sind zu lernen, möglicherweise gegen andere auszutauschen oder zu verwerfen. Uns geht es in den Lehrveranstaltungen darum, für den Studierenden erfahrbar zu machen, dass Theorien Denkzusammenhänge sind. Das heißt, es geht darum, die instrumentelle Vorstellung von Theorien als Handwerkszeuge, mit denen nun die

Praxis zu bearbeiten ist, zu überwinden und ins Denken zu bringen. Denn erst im Denken lassen sich Theorien begreifen, als ein geistiges Anschauen.

Erfahrungen der Studierenden

Studierende beschreiben ihre Erfahrungen des Studierens wie folgt:

Dipl.-Ök. Jörg Heise (2. Jahrgang Wirtschaftswissenschaft 1985):

> „Rückblickend und zusammenfassend kann ich sagen, dass die frühe Phase unseres gemeinsamen Weges nicht von spontaner Sympathie gekennzeichnet war, jedenfalls nicht auf meiner Seite, denn in jeder Diskussion, die wir miteinander hatten oder die im Kreise der Kommilitonen stattfand, zeigtest Du mir die Invarianzen meines Denkens, meine mangelnde Beweglichkeit beim Wechseln der Perspektive, meine Vorurteile, meine von mehr Meinung als Wissen bestimmten Standpunkte, die Begrenztheit meines Horizonts, die mangelnde Präzision und methodische Unzulänglichkeit meines Denkens und meinen intellektuellen Hochmut auf. – Das war für einen leistungsorientierten, erfolgsverwöhnten und ehrgeizigen jungen Mann nicht leicht zu verdauen, und ich meine das durchaus im körperlichen Sinne des Wortes!
>
> Das einzige, was mich tröstete war, dass es den meisten Kommilitonen nicht besser zu ergehen schien.
>
> Das Schlimmste aber war: Ich war ja an die Universität gekommen, um zu lernen, was die ökonomische Welt in Ihrem Innersten zusammenhält, um sie dann zu erobern und sie schließlich aus den Angeln zu heben. Aber Du weigertest Dich beharrlich, mir auf meine dahin gehenden bohrenden Fragen Antworten zu geben. Das machte mich wütend, denn darin bestand ja doch wohl offensichtlich Deine Aufgabe und nach meinem Verständnis hatte man seine Aufgaben gewissenhaft, umgehend und vollständig zu erledigen, um ins ökonomische Himmelreich zu gelangen.
>
> In dieser Hinsicht schien es eine breite Allianz zwischen den Dozenten zu geben, die dann mit so perfiden Gegenfragen kamen wie: „Ja, wie denkst Du das denn?"
>
> oder „Von welchem Standpunkt aus bestimmt sich die Intention Deiner Frage?"
>
> Es sind ja einige Kommilitonen aus der damaligen Zeit heute hier anwesend und ich rufe sie als Zeugen an, dass wir damals ganz überwiegend glaubten,

dass Du der Spiritus Rektor und profilierteste Exponent dieser abgefeimten Verschwörung warst.

Erst mit der Zeit dämmerte es mir, dass es sich um die konsequente Anwendung der sokratischen Methode als didaktischem Konzept der Fakultät handelte und obwohl also Sokrates der ‚Spiritus Rektor' der Verschwörung war, kann ich doch behaupten, dass ich weder vor noch nach dem Studium jemanden getroffen habe, der seine Methode so konsequent angewandt hätte wie Du."[129]

Dipl.-Ök. Christian Scheller (7. Jahrgang Wirtschaftswissenschaft 1990):

„Als ich zu Beginn meines Hauptstudiums mein erstes Seminar im Fach „Allgemeine Betriebswirtschaftslehre" bei Gerd Walger besuchte, begann dieses für mich mit einer faustdicken Überraschung. Zwar hatte ich auch im Grundstudium bereits einige Seminare zu Themen belegt, die für Wirtschaftswissenschaftler eher ungewöhnlich waren, doch waren diese Inhalte stets von den Professoren vorgegeben worden. Nun aber saß ich in diesem Seminar, und statt wie sonst üblich einer Literaturliste präsentierte der Professor den Studierenden eine Frage: „Was wollt Ihr in diesem Seminar machen?" Die Frage traf mich völlig unvorbereitet, und in meinem Kopf begann es wie wild zu arbeiten. Ich wollte mich ja schließlich nicht blamieren.

Einige der älteren Semester waren ganz offenbar besser vorbereitet und machten der Reihe nach Vorschläge, welche vom Professor und manchen Kommilitonen durchweg ernsthaft hinterfragt wurden. Schnell stellte sich dabei heraus, welche Vorschläge wirklich ernst gemeint waren und welche sich eher einer spontanen Laune verdankten. Als die Reihe an mich kam, war mir bereits klar geworden, dass dies nicht der Ort für wenig durchdachte Antworten war. Also sagte ich nur, dass ich diese Frage nicht beantworten könne, da ich auf sie nicht vorbereitet sei. Weder für Gerd Walger noch für meine Kommilitonen schien dies ein Problem zu sein, die Diskussion ging ohne Beitrag von mir weiter, und an ihrem Ende einigte sich die Runde darauf, in diesem Semester das Thema „Strategische Unternehmensführung" anhand einiger ausgewählter Texte von Professor Werner Kirsch zu behandeln.

---

129 Heise, J. (2015), S. 47f.

Zu dem Thema und den Texten fand ich nur schwer einen Zugang. Es war ganz einfach zu weit weg von den Fragen, die mich damals bewegten. Deshalb hätte ich das Seminar wohl recht schnell verlassen, hätte mich nicht die Ernsthaftigkeit fasziniert, mit der hier diskutiert wurde. Diese Atmosphäre ermöglichte es mir mit der Zeit, mich dem mir fremden Thema und den Gedanken der anderen Seminarteilnehmer zu öffnen, und ich wurde zunehmend mutiger, was das Einbringen eigener Gedanken anging. Dies ging so weit, dass ich gegen Ende des Semesters mit drei Kommilitonen meines Jahrgangs eine Arbeitsgruppe bildete, in der wir die gelesenen Texte gemeinsam besprachen und die einzelnen Veranstaltungen vor- und nachbereiteten. Und natürlich bereiteten wir uns vor den folgenden Semestern auch auf die Frage vor, womit wir uns denn in dem jeweiligen Semester beschäftigen wollten.“[130]

Dipl.-Ök. Dipl. Betrw. Matthias Merz (4. Jahrgang Wirtschaftswissenschaft 1987):

„Besuchte man in Witten eine Vorlesung, dort hieß das Veranstaltung, war das bei den meisten Professoren eine kuschelige Sache. Etwa so wie eine Kaffeefahrt in einem Flussdampfer. Man machte es sich gemütlich und schipperte, sicher sitzend und im Trockenen, durch die Gefilden der Wissenschaft, passierte enzyklopädische Urwälder betriebswirtschaftlicher Weisheit und schnappte hier und da das eine oder andere geistige Souvenir auf, mit dem man dann die eigene akademische Tassensammlung in der Kopfvitrine ergänzte. Studentische Redezeit war unbegrenzt und weidlich ausgenutzt, und das Abgesonderte wurde in der Regel wohlmeinend rezipiert.

Das tat alles gar nicht weh.

Anders bei Gerd Walger. Zwar war die Ausgangsposition gleich, man hatte ja sozusagen das gleiche Ticket gelöst. Es war gut geheizt und man saß auf seinem Stühlchen, quasi „ready for take off“ zu einer lehrreichen Expedition ins Wirtschaftswissenschaftliche Wunderland, das eigene Hirn im energiesparenden stand by. – Aber der Mann ist gar nicht erst losgefahren. Keine Kommandos, keiner machte die Leinen los... dafür war bald der Teufel los. Der Walger sagte so gut wie nix. Wenn er laut gab, dann waren es Fragen, präzise platziert wie die Uppercuts ultraflinker Mittelgewichtler. Und – zack! – saß man nicht mehr im sicheren Boot sondern schwamm, und zwar im

130 Scheller, C. (2015), S. 129f.

Kalten, in einer dünnen Wortbrühe, die man sich selber eingelassen hatte. Die Dämonen der eigenen nicht nur akademischen Unzulänglichkeit gingen wie ausgehungerte Nilkrokodile zum Angriff über.

Der Walger sagte immer noch nix – dafür grinste er bis über beide Ohren. Das unbeholfene Wassertreten in der Selbsterkenntnis grandioser Halbbildung bereitete ihm eine diabolische Freude. Nix Rettungsring. Aua! Das tat weh! Da hat einer tief gebohrt. Ich war in Witten angekommen.

Später habe ich verstanden, dass das LIEBEVOLL war.

Von studentischen Tassen im Schrank war schon die Rede. Da hatten wir so einige, wie wir meinten, exquisite Exemplare in der Sammlung: Abitur, einen berufsqualifizierenden Abschluss, manche hatten sogar ein Fachbuch nicht nur kopiert sondern auch gelesen, ehrenamtliches Engagement für den Weltfrieden und lauter sowas. Die Sammlung galt es mit wissbegierigem Eifer auszubauen und die jeweils schönsten Exponate in bestem Licht dem geneigten Lehrpersonal zur gefälligen Examination zu präsentieren.

Den Walger interessierten unsere Tassen im Schrank nicht. Schon gar nicht die, die wir ihm eilfertig und applausheischend hinhielten, quasi wie frisch gelegte Kopfeier. Ihm war klar, dass wir nicht alle Tassen im Schrank hatten. Er nahm den Schrank, er schüttelte den Schrank, er zerschlug den Schrank, dazu nicht wenige der filigranen Tassen und zugleich die Illusion von Sicherheit. Am Ende zündete er das Ding auch noch an. Billiger war Erkenntnis und somit Entwicklung beim Walger nicht zu haben.

Es geht nicht um die Tassen, die als halbgare Antworten neben ein paar toten Fliegen und Flausen in der geistigen Vitrine verstauben. Es sind die Fragen. Es ist die Frage. Es ist Deine Frage.

Später habe ich verstanden, dass das METHODE war, bzw. hatte.

...

Später und immer wieder neu habe ich mich gefragt, was VERANTWORTUNG eigentlich bedeutet.

Das wiederum zeichnet den didaktischen Vandalen Walger wirklich und einzigartig aus: Er übernimmt Verantwortung für seine Taten. Er entließ uns nach der Diplomfeier nicht einfach so in das weitläufige Praxis-Nirwana. Ihm war sozusagen in unbestechlich astrologischer Hellsicht sonnenklar, dass nach wie vor nicht alle Tassen im Schrank waren bzw., dass der mühsam wieder hergestellte geistige Porzellanladen bei weitem nicht hinreicht, um die Fährnisse auf dem Weg zur Selbsterkenntnis zu umschiffen.

Gerd Walger setzte die PRAXISREFLEXION ins Werk. Einmal im Jahr treffen sich seine Absolventen und tauschen sich unter seiner wohlmeinenden Moderation aus. Jeder erzählt seine eigene Geschichte. Es bedarf eigentlich keiner besonderen Erwähnung, aber der Versuch, dort mit seinen vermeintlichen Erfolgsstorys im Stile von zehn nackten Negern Eindruck schinden zu wollen, scheitert schon im Ansatz. Gerd Walger rettete uns im Verlauf der Zeit, es mögen nun tatsächlich über 20 Jahre sein, mehrfach unsere kleinen Eliteabsolventen-Hintern."[131]

Univ.-Prof. Dr. Tobias Scheytt (2. Jahrgang Wirtschaftswissenschaft 1985)

„Walgers Denkanstöße, um es mit dieser neutralen Bezeichnung zu versuchen, ergeben sich zuallererst im direkten Dialog. Das wissen alle die, die sich zutrauten, diese Erfahrung zu machen, ohne zu früh, beispielsweise in der Phase des Zorns, in der mentalen Komfortzone des Hegelschen „Fürmichseins" zu verbleiben, jene Nacht, jenes Selbst, das eben nicht selbst zum Gegenstand der Auseinandersetzung wird.

Mir selbst erschloss sich die Wucht dieser Erfahrungen in ihrem ganzen Ausmaß aber erst in den vielen Jahren danach, in denen ich als Betriebswirtschaftler auf wissenschaftlichen Konferenzen, als Professor in Diskussionen von Outlines von Masterarbeiten, oder auch als Autor in eigenen Arbeiten erkannte, wie Engführungen in der intellektuellen Auseinandersetzung mit dem Inhalt die Freiheit des Denkens einschränken, jeweils mehr oder weniger bewusst, aber immer folgenreich.

Diese Freiheit des Denkens, die, wenn man so will, dem Wissenschaftler doch als Geschenk von der Gesellschaft gewährt wird, ist die Triebfeder von Gerd Walgers Arbeit. Erst aus dieser Freiheit ergibt sich die Möglichkeit, dass Denken, und so auch betriebswirtschaftliches Denken, in Bewegung kommen kann, beweglich wird. Wer das nicht akzeptiert, kann nicht denken, würde Gerd Walger sagen. Aber schon wieder muss man präzisieren: Die Freiheit ist nur eine Idee, nach der es zu streben gilt, kein Zustand, in dem man ist oder sein könnte. Und noch präziser: Dieses Streben nach Freiheit im Denken muss man sich durch Anstrengung des Geistes hart erarbeiten.

---

131 Merz, M. (2015), S. 121ff.

Das ist mühsam, tut mitunter weh und gelingt nie vollends. Ich erinnere nochmal an die Reihenfolge: Zorn, Zweifel, Einsicht, Streben nach Verfeinerung, Weiterdenken, Reflexion, abermals Kritik – und das ganze wieder von vorn.“[132]

Dipl.-Ök. Ralf Theisen (5. Jahrgang Wirtschaftswissenschaft 1988)

Zu meiner ersten Begegnung mit Gerd Walger kam es im Sommer '88. Nach Abitur, Bund und Bankausbildung saß ich erwartungsvoll im ersten Auswahlgespräch des Auswahlseminars einer Dame und einem mich aufmerksam musternden Herrn mittleren Alters gegenüber, der kurz zuvor sich allen Kandidaten als Leiter des Auswahlseminars vorgestellt und den Tagesablauf auf eine Weise erklärt hatte, die verheißungsvoll sich vom Erwarteten abhob („Kommen Sie persönlich ..., wir wollen im Gespräch klären, ob wir zueinander passen“), die jedoch im Ungewissen ließ, wie denn nun die Spreu vom Weizen getrennt würde. Denn irgendein Moment der Beurteilung bzw. Prüfung musste ja vorkommen, davon war ich überzeugt, und zugleich entschlossen, mich so gut als möglich zu verkaufen.

Nach einem kurzen Austausch von Präliminarien, in welchem ich allerdings den 'Fehler' beging, das freiheitliche Konzept der Universität zu loben, stellte Gerd mir diese Frage: "Wie ist Freiheit zu finanzieren?"

Selten hat mich eine Frage so auf dem falschen Fuß erwischt. Es bedurfte der mehrmaligen Wiederholung und des expliziten Bezugs auf die UW/H, um mein Denken in Bewegung zu bringen:

Finanzieren, so das damalige Verständnis des frisch ausgelernten Banklehrlings, tat man aus Berechnung heraus, man setzte Kapital ein, um über die Zeit einen (Zins-) Ertrag zu erzielen und so letztlich mehr Kapital zurückzuerhalten. Finanziert wurde Notwendiges, Bedürfnisse – und die Kunst war aus Sicht der Bank, Chancen und Risiken abwägend den Kapitalrückfluss sicher zu stellen. Bei diesen Überlegungen herrschte zumindest dem Anschein nach eine klare Zweck-Mittel-Relation, aus Sicht des Kapitalgebers war das Bedürfnis das Mittel zum Zweck der Kapitalmehrung, aus Sicht des Schuldners das gewährte Darlehen das Mittel zum Zweck der Befriedigung seines Bedürfnisses.

---

132 Scheytt (2015), S. 25ff.

Im Unterschied zum Finanzierungsbegriff, der mir einigermaßen fassbar erschien (noch nicht wissend, wieviel 'Gutenberg' in dieser gängigen und von mir nur internalisierten Auffassung steckte, das zu erkennen bedurfte es dann später eines ganzen Semesters), verband sich mit Freiheit am ehesten noch ein Gefühl oder eine Sehnsucht, frei von außengesteuerten Zwängen tun, lassen, entscheiden und studieren zu können, was ich wollte, – so ziemlich das Gegenteil des mit dem Finanzierungsthema Einhergehenden.

Das 'Gemeine', aber eben auch Produktivitätsermöglichende dieser Wie-Fragen besteht ja darin, dass sie es darauf anlegen, den Antwortenden in die Gestaltung, man könnte auch sagen: ins Denken zu bringen, wobei sie ihm gleichzeitig bestimmte Bedingungen auferlegen, hier in der Weise, dass ein Zusammenhang zwischen Finanzierung als Ermöglichungsbedingung für Freiheit hergestellt wird.

Dieses beides nun spontan zusammenzubringen war eine Zumutung, die mich in der Situation spontan überforderte. So gerne ich an einer Universität studieren wollte, die mir diese Freiheit in Aussicht stellte, so wenig konnte ich, je länger ich darüber nachdachte, erklären, warum jemand privates Geld in ein (Bildungs-)Unternehmen stecken sollte, das, elementar auf Freiheit der Studierenden (!) setzend, alle Sicherungssysteme über Bord zu werfen bereit war –– ich erinnere hier nur daran, dass zu dieser Zeit die Frage der Sinnhaftigkeit der staatlichen Anerkennung durchaus kontrovers diskutiert wurde und an den Ausspruch des Gründungsdekans: Der Student hat die Freiheit zu verkommen.

Und, ohne dass ich das so hätte artikulieren können, begann mir zu dämmern, dass ich dieses oben beschriebene voluntative Freiheitsgefühl womöglich würde aufgeben müssen, sollte ich ernsthaft an dieser Universität studieren wollen, wenn mir schon im Vorhinein auferlegt wurde, mich mit den Erwartungen der Financiers und Kapitalgeber auseinanderzusetzen und die Entwicklung meines Studiums dazu zumindest ins Verhältnis zu setzen. Implizit brach sich hier ein unter vielen Wittener Kommilitonen verbreitetes Widerstreben Bahn, die Freiheit des Studiums zusammenzubringen mit dem Zwang zur Finanzierung des universitären Betriebs (wobei zur Ehrenrettung der Studentenschaft gesagt werden muss, dass, getrieben durch die WiWis, mit der späteren Gründung des Studienfonds der ernstzunehmende Versuch gestartet wurde, aus freien Stücken Verantwortung für die Finanzierung der Universität zu übernehmen.)

Zurück zum Auswahlgespräch. Wie gesagt, nur manches und sicherlich wenig genug von dem, was ich hier im Nachvollzug der Situation wiedergebe, konnte ich damals in Worte fassen, gleichwohl ließ mich Gerd nicht aus der Frage heraus. Nicht Sachdienliches oder Abseitiges, etwa meine Einlassung, dass es sich bei diesen Finanz-Zuwendungen ja um Spenden handele, die aufgrund ihrer steuerlichen Abzugsfähigkeit ertragsseitig nicht so stark ins Gewicht fallen würden, wischte er beiseite oder nahm darauf ausdrücklich keinen Bezug. Versuche der Koalitionsbildung etwa mit der Dame, ein neues Thema anzuschneiden, wurden geraume Zeit freundlich aber bestimmt unterbunden. Wenn auch die beiden anderen Gespräche, auf die ich mich inhaltlich nicht mehr besinnen kann, mir erheblich kürzer vorkamen und gefühlt deutlich besser liefen, blieb es mir vor dem Eindruck, den dieses "Gespräch" bei meinen Gegenübern hinterlassen haben musste, ein Rätsel, warum ich schließlich doch angenommen wurde.

Alle wesentlichen Momente Walgerscher Gesprächsführung kamen in dieser Dreiviertelstunde bereits vor:

- das Streben nach Erkenntnis im Sinne der sokratischen Grundhaltung des "ich weiß, dass ich nichts weiß" und im Sinne der Aufforderung des Orakels von Delphi: "Erkenne dich selbst als sterbliches Wesen",
- das Zumuten des in allen wesentlichen Fragestellungen angelegten Perspektivwechsels,
- die Provokation, also der Einsatz von Mitteln etwa der Überzeichnung oder Übertreibung zu dem Zweck, Betroffenheit im Sinne authentischer Rückmeldungen hervorzurufen,
- das Nichtzulassen von Auswegen jeglicher Art (Themenwechsel, Hilfeleistung, Abschweifen in Details oder Unwesentliches),
- Zuhören als genaue Bezugnahme auf das gesprochene Wort, im Vertrauen darauf, dass im – gelingenden – Gespräch das individuelle So-Sein, die Persönlichkeit, der Gesprächspartner zur Sprache kommt, insoweit dieses Zuhören im Grunde ein Anschauen, ein Aus- und Auseinanderlegen der sprachlichen Bedeutungen dessen ist, was gesagt wurde.
- Achtsamkeit auf vor- und außersprachliche Verhaltensweisen der Gesprächspartner, aus der Erfahrung heraus, dass diese oftmals unwillkürlichen Äußerungen, sei es bestätigend oder kontrastierend zum Gesagten, hoch authentische, wenn auch der Deutung bedürftige Hinweise auf

einen 'Juckepunkt' geben, in dem ein Persönlichkeitsmerkmal, ein Wesenszug des Sprechers zum Ausdruck kommt.“ [133]

Dr. Claus Miethe (5. Jahrgang Wirtschaftswissenschaft 1988)

„(I)ch arbeitete an der Struktur, oder besser: an einer von mehreren Strukturen, für meine Dissertation. Gegenstand meiner Dissertation waren Leistung und Vermarktung verschiedener Formen der Unternehmensberatung, und ich versuchte mit großem Eifer, eine umfassende Systematik zu entwickeln, in der sämtliche relevante Aspekte ihren logischen Platz finden.

Alle Elemente des Gegenstands meiner Arbeit und das Verhältnis dieser Elemente zueinander sollten sich aus der Systematik erschließen. Die zentrale intellektuelle Herausforderung bestand für mich in der Suche nach den richtigen Dimensionen der Systematik. Damit, so meine Hoffnung, konstruierte ich eine Struktur, in der anschließend alle relevanten Phänomene ihren logischen Platz finden, wenn ich nur konsequent den Regeln der Systematik folge. Und um der Komplexität der Welt annähernd gerecht werden zu können, musste auch meine Systematik hinreichend komplex sein. Auf diese Weise baute ich an einer mehrdimensionalen Struktur mit immer mehr Unter-Abteilungen.

Irgendwann hatte ich tatsächlich den Punkt erreicht, an dem ich fast allen für mich wesentlichen Phänomenen einen logischen Platz in meiner Struktur zuweisen konnte. Der Preis hierfür war jedoch, dass nun jedem inhaltlich gefüllten ‚Fach‘ meines geistigen Setzkastens mehrere leere Fächer gegenüberstanden, die sich aus der formalen Logik der Struktur ergaben, denen ich aber keinen sinnvollen Inhalt zuweisen konnte. Die Vielfalt der Realität führte meinen Versuch einer Voll-Enumeration ad absurdum.

Dies schreibt sich heute, aus der Distanz von beinahe 20 Jahren, wesentlich leichter, als ich es damals erfahren habe. Es war ein monatelanger schmerzhafter Prozess, den eingeschlagenen Weg zunächst als Sackgasse zu erkennen und dann aus dieser Sackgasse wieder herauszufinden. Geholfen haben mir dabei meine Kollegen im Doktoranden-Kolloquium: Franz, Ralf und Ralf, und vor allem Gerd.

133 Theisen (2015), S. 105ff.

Gerd hat nämlich keineswegs korrigierend eingegriffen, sondern es im Gegenteil zugelassen und mich geradezu dazu ermutigt, meine Logik-Kathedrale immer weiter auszubauen und auszuschmücken. Ich war in dieser Phase durchaus stolz auf mein Werk und fühlte mich der Vollendung bereits nahe, ohne zu erkennen, dass die rationale Systematik immer mehr zum Selbstzweck wurde. Das Streben nach Voll-Enumeration forderte immer mehr Anstrengung und lieferte immer weniger Ertrag. Dies konnte ich mir zunächst natürlich nicht eingestehen, ich hatte schließlich auf diesem Weg schon so viel Zeit und Energie investiert und Erfolge erzielt. Doch jeder Versuch, die Leerstellen in meiner Systematik zu füllen, produzierte immer mehr neue Leerstellen, bis für mich schließlich ein Moment der vollkommenen geistigen und sogar physischen Erschöpfung erreicht war. Der Weg aus der Sackgasse konnte nur noch über den Papierkorb führen. Es blieb mir nichts anderes übrig, als meinen übermenschlichen Anspruch aufzugeben und für meine Arbeit eine eigene Struktur zu entwickeln, die zwar nicht beliebig, aber eben auch nicht logisch zwingend war, und für diese persönlich einzustehen."[134]

Dipl.-Ök. Jan Kollmorgen (17. Jahrgang 2000)

„Mein erstes Produkt war groß, umständlich zu bedienen und garantiert nicht zu gebrauchen. Aber ich liebte mein Buch zum Anhören. Mein „lauschBuch."

Eines Abends – noch während meines Studiums – bei „dreinem" Glas Wein entstand in mir die Idee, Bücher mit Geräuschen zu versehen. Der Betrachter sollte „in" Bilder des von mir produzierten Buches mittels eines eingebauten Audioabspielgeräts, kurz MP3-Player, „hineinhören" können...

Gerd verstand, dass ich mein Produkt bisher ausschließlich im Kreise meiner „Friends and Family" vorgezeigt hatte und er spürte, dass ich eigentlich Applaus erwartete und seine Kritik nicht hören wollte. Deshalb bot er mir an, was ich zugleich am wenigsten und am meisten wollte: Er bot mir an, mir einen Kontakt zu einem möglichen Kunden herzustellen, um aus meinem Prototyp ein wirkliches Produkt zu machen. Mit diesem Produkt könnte ich dann schließlich meine Idee der Gründung fortsetzen. Ich war traurig und begeistert zugleich. Sollte ich weinen oder mich freuen? Und ich war verwirrt. Gerd nahm mir meinen Prototypen ab und sagt, er würde ihn diesem Kunden verkaufen. Jetzt wurde meine Gefühlslage wieder eindeutig. Ich war

134 Miethe (2015), S. 103f.

entsetzt. Ich konnte ihm doch „mein Neugeborenes" nicht unbeaufsichtigt in die Hand geben. Wer weiß, was dann passieren würde. Ich hatte meine Idee bislang nur wohlgesinnten, liebevollen Vertrauten gezeigt. Jetzt sollte ein Fremder von der Idee erfahren und meine Produktidee ihm schutzlos ausgesetzt werden? Das konnte ich nicht zulassen. Ich lehnte ab und nahm meinen selbstgebastelten Prototyp verstört wieder mit mir nach Hause.

Als ich mich dann etwas später von meinem Schock wieder erholt hatte, rief ich Ralf Neise an. In der Reflexion wurde klar, dass ich zum besten Beschützer und zeitgleich zum größten Problem meiner Idee geworden war. Mein Verhalten verhinderte die Weiterentwicklung meines Gründungsvorhabens – und von mir selbst. Ich selbst behinderte die Weiterentwicklung meines Prototyps zum marktreifen Produkt. Außerdem behinderte ich mich selbst, Gründer zu werden, wozu es zunächst ein Produkt brauchte. Ich handelte geleitet von meiner Angst. Es war die Angst, nun Verkäufer werden zu müssen und ein wirkliches, marktfähiges Angebot zu erstellen, das vom Kunden auch abgelehnt werden kann. Es dauerte dann einige Zeit, bis mich genau diese Erkenntnis motivierte, meine Angst zu überwinden. Erst Gerd hat diese Angst für mich erkennbar gemacht. Nun war ich in der Lage, daran arbeiten zu können. Ich verstand: ich musste auf sie zugehen, um sie zu überwinden. Ich begriff, Unternehmer zu werden bedeutet für mich, das Risiko auf mich zu nehmen, dass die eigene Leistung abgelehnt wird. Ich bereitete mich nun darauf vor, in Kontakt mit einem ersten Kunden zu treten. Im Kontakt mit dem Kunden habe ich schließlich ein marktreifes Angebot entwickelt und mein Produkt an Volvo verkaufen können. In diesem Prozess haben Gerd Walger und Ralf Neise mich weiter begleitet und ich habe darüber meine Diplomarbeit bei ihnen geschrieben.

Der Volksmund kennt die Redewendung „Probieren geht über Studieren". Gerd Walger hat daraus in meinem Fall ein „Probieren geht mit Studieren" gemacht."[135]

Studium als Praxis der Freiheit

Das Studium haben wir 1984 gedanklich in die folgenden Abschnitte untergliedert: Erkundung, Praxislabor, Konferenzstudium und dem Abschluss mit der Diplomarbeit.

---

[135] Kollmorgen (2015), S. 141f.

Erkundung (1. – 3. Semester)

In der Erkundungsphase geht es darum, dass die Studierenden Grunderfahrungen machen mit wirtschaftswissenschaftlicher Theorie und Wirtschaftspraxis und die Differenz für sie erlebbar wird.[136]

Jeder Studierende geht mit dem ersten Tag seines Studiums etwa im Durchschnitt einen Tag pro Woche in eine Mentorenfirma, die er sich eigenverantwortlich ausgesucht hat und mit der er die Art und Weise der Beziehung ganz individuell nach seinen und nach den Bedürfnissen des Unternehmens ausgehandelt hat. Die Mentorenfirma begleitet den Studierenden durch das ganze Studium hindurch. Das bedeutet z.B., dass, wenn der Studierende sich in seinem Studium mit Kostenrechnung beschäftigt, er in seine Mentorenfirma gehen und sich die Kostenrechnung dort ansehen kann, etwaige Unterschiede aufnimmt und für die Differenzen und ihre Gründe sensibel wird.

Um eine Verengung der Sichtweise gar nicht erst aufkommen zu lassen, findet während des gesamten Studiums eine Begleitung durch das "Studium fundamentale" (Schwerpunkte Philosophie und Geschichte) statt.

Die rasante technologische Entwicklung wird in einem zusätzlichen Fach Technologie/ Ökologie aufgenommen und reflektierbar gemacht.

Praxislabor (4. – 5. Semester)

Das Verhältnis von Theorie und Praxis gerät in Bewegung und wird von den Studierenden selbst mitgestaltet. Probleme aus den Unternehmen, an denen die Studierenden in Projekten arbeiten, z. B. dem Problem der Fehlteile in der Auftragsfertigung, werden im Studium reflektiert und Ideen und Theorien werden in den Projekten auf ihre Möglichkeiten hin ausprobiert.

Die unterschiedlichen betrieblichen Erfahrungen der Studierenden geben die Möglichkeit der gegenseitigen Bereicherung und Reflektion im Studium.

Konferenzstudium (6. – 7. Semester)

Es ist nicht nur im Prinzip möglich, Studierenden forschungsnahe Aktivitäten auf "engem zeitlichen Raum" zu ermöglichen. Hier beschäftigen sich die Studierenden schwerpunktmäßig ein Semester lang mit einem bestimmten Problem, z.B. aus

136 Vgl. Walger (1985)

der "Ökonomie des Gesundheitswesens", machen sich zu Experten in diesem Bereich und organisieren eine Konferenz, zu der führende Fachleute aus der ganzen Welt eingeladen werden. Am Ende des "Konferenzstudiums" steht die Vorbereitung und Redaktion einer Veröffentlichung.

Diplomarbeit (8. ggf. 9. Semester)

Das Studium schließt mit einer Diplomarbeit ab, in der die Studierenden praktische Probleme theoretisch durchdringen, sie auf ihre Denkmöglichkeiten und -würdigkeiten hin abhorchen und in ihrem wissenschaftlichen Bezug reflektieren.

Darüber hinaus gehen die Studierenden während ihres Studiums ein Semester ins Ausland und studieren dort an einer Universität ihrer Wahl in einem vorher mit ihnen abgesprochenen Themenzusammenhang und schließen dies mit einer Arbeit ab. Ein vier monatiges Praktikum, zwei Monate im gewerblichen und zwei Monate im Management Bereich und die Beherrschung zweier Fremdsprachen gehören zum Studium dazu. Daneben haben die Studierenden während ihres Studiums Gelegenheit, in der der Fakultät angegliederten Unternehmensberatung erste Erfahrungen auf diesem Gebiet zu sammeln und so ihr Studium abzurunden. Neben den Lehrstuhlinhabern lehren eine Vielzahl von Dozenten sowohl Wissenschaftler als auch Akademiker aus der Unternehmenspraxis. In vielen Veranstaltungen finden sich so Wissenschaftler und Praktiker zusammen, um gemeinsam und mit den Studierenden im Studium den nötigen Praxisbezug herzustellen.

Es hat sich gezeigt, dass die kleine Zahl der Studierenden im Verhältnis zu den Lehrenden eine wichtige Qualität im Hinblick auf die Bedingung der Möglichkeit eines Studiums als Praxis der Freiheit ist. Denn nur so sind die Produktionsbedingungen eines Studiums als eine Kultur, als Studienkultur immer wieder neu gemeinsam zu erfragen und bei jedem Einzelnen als Praxis der Freiheit zu erkennen und anzuerkennen.

4. Mentorenfirmenkonzept

Das Mentorenfirmenkonzept ist Bestandteil eines Studienkonzeptes, das die persönliche Erfahrung als ein wesentliches Moment des Studierens versteht und das auf die Entwicklung der Persönlichkeit zielt.[137] Dieses Studienkonzept gründet auf einem Bildungsbegriff, der Bildung als ein Sich-selbst-Entwickeln versteht. Dieses Sich-selbst-Entwickeln ist eine aufklärerische Tätigkeit, die der Mensch am Gegenstand und mit sich selbst und in Bezug auf die Reflexion seiner selbst im Verhältnis zur wirklichen Welt unternehmen kann. Dieser Bildungsbegriff sieht den menschlichen Geist nicht vorbestimmt innerhalb von Grenzen und Bildung nicht als etwas verhaltensmäßig Genormtes.[138]

„Wissenschaft als Verständigung des menschlichen Bewusstseins mit sich selbst und als Verstehen wie auch Verständigung mit der den Menschen umgebenden belebten und unbelebten Natur ist also eine Tätigkeit, die auf mich selbst, auf meine Entwicklung hinzielt."[139]

Das Studienkonzept ist darauf angelegt, die Studierenden in ihren Möglichkeiten zu fördern und zu entwickeln.[140] Es lebt davon, dass die Studierenden lernen, Theorie und Praxis ganz persönlich für sich ins Verhältnis setzen zu können. Dazu gehört die intensive Auseinandersetzung mit ökonomischen Theorien und ebenso mit Erfahrungen in der wirtschaftlichen Praxis.[141] Die Erfahrungen, die die Studierenden in der wirtschaftlichen Praxis machen, werden in das Studium miteinbezogen und sind damit konstitutiver Bestandteil dieses Studiums der Wirtschaftswissenschaft.[142]

Dieser Einbezug der persönlichen Erfahrungen wirtschaftlicher Praxis in das universitäre Studium findet statt im Rahmen eines Konzeptes, das 1984 mit der Gründung der Wirtschaftswissenschaftlichen Fakultät der Universität Witten/Herdecke von Ekkehard Kappler und mir gemeinsam entwickelt worden ist und das wir das *Mentorenfirmenkonzept* genannt haben. Als studienbegleitendes Konzept ist das Mentorenfirmenkonzept an einer langfristigen Beziehung zwischen Wissenschaft und Praxis orientiert.

Das Mentorenfirmenkonzept ist ein offenes, auf die freie Partnerschaft zwischen Wirtschaft und Wissenschaft abstellendes Konzept, das nicht reglementieren will,

137 Vgl. Walger (1993b), S. 11 ff.

138 Vgl. Walger/Miethe (1996), S. 264, Zimmerli (1996), S. 315, Walger (1998a), S. 14

139 Schily (1993), S. 202, vgl. Priddat (1994), S. 173f., Rogers (1988), S. 84f., Freire (1973)

140 Vgl. Walger, G. (1985), S. 65 ff.

141 Vgl. Walger (1992)

142 "Diese dialektische Bewegung, welche das Bewusstsein an ihm selbst, sowohl an seinem Wissen als an seinem Gegenstande ausübt, insofern ihm der neue wahre Gegenstand daraus entspringt, ist eigentlich dasjenige, was Erfahrung genannt wird." Hegel (1977), S. 78. Vgl. hierzu Bion (1992)

sondern dem es wichtig ist, Möglichkeiten der Zusammenarbeit zu eröffnen. Das Mentorenfirmenkonzept ermöglicht den Studierenden, während ihres Studiums persönliche Erfahrungen in der Unternehmenspraxis zu sammeln. Die Erfahrungen, die die Studierenden in ihrer Mentorenfirma machen, werden in das Studium einbezogen und sind konstitutiver Bestandteil dieses Studiums, indem die Studierenden diese Erfahrungen auf die wissenschaftlichen Theorien beziehen, mit denen sie sich im Studium beschäftigt haben. Indem sie ihre praktischen Erfahrungen anhand ökonomischer Theorien reflektieren, wird für sie die systematische Bedeutung jedes einzelnen Falles deutlich. Zugleich können sie anhand der eigenen Erfahrung die Erklärungskraft und Bedeutung wissenschaftlicher Theorien prüfen.[143]

Das Konzept wurde 1984 wie folgt formuliert:

> "*Das Mentorenfirmenkonzept der Wirtschaftswissenschaftlichen Fakultät der Universität Witten/Herdecke eröffnet der Kooperation zwischen Praxis und Wissenschaft einen grundlegend neuen Weg.*
>
> *Absolventen des wirtschaftswissenschaftlichen Studiums der Universität Witten/Herdecke werden Unternehmen nicht nur aus dem Lehrbuch oder gelegentlichen Exkursionen kennen. Jeder Student soll während des Studiums mit einer Mentorenfirma zusammenarbeiten. Dazu muss er "seine" Mentorenfirma vor Ort kennenlernen.*
>
> *Nach Absprache mit dem Unternehmen und je nach den Möglichkeiten des Semesters und der Semesterferien, informiert sich der Student in seiner Firma und arbeitet mit. Nach und nach lernt er die Arbeit vieler Firmenangehöriger verstehen und entwickelt ein Gespür für die Aufgaben und Fragestellungen seiner Mentorenfirma. Diese Erfahrungen in der Unternehmenspraxis können sich mit der wissenschaftlichen Diskussion in der Universität zu Urteilsfähigkeit und Handlungskompetenz verbinden. Seminararbeiten und die Diplomarbeit können den Rahmen für die Bearbeitung solcher aus dem Betrieb kommenden Aufgabenstellungen abgeben.*
>
> *Unterschiede zwischen der betrieblichen Praxis und den im Studium vermittelten Inhalten lassen sich auf diese Weise erkennen sowie in der Praxis und im Studium erörtern. Theorie und Praxis gehen eine wirkliche Verbindung in einem gemeinsamen Arbeitszusammenhang ein. Die Praxis erfährt unmittelbar, dass und*

143 Vgl. Zimmerli (1998a), S. 128f. und (1998b), S. 179f., Humboldt (1960), S. 234f. und S. 506 f., Benner (1990), S. 86, Bion (1992), S. 43f.

wie ihre Anregungen, Wünsche und Fragen Ausgangspunkt und Inhalt wissenschaftlicher Überlegungen werden. Sie trägt konkret zum Abbau abstrakter Modellspielereien bei. Mit dem Konzept der Mentorenfirma ist betriebliche Praxis Partner von Wissenschaft. Begriffe wie Praxisbezug und Wissenschaftstransfer haben in einer solchen Partnerschaft eine konkrete Basis gefunden.

Arbeitet ein Student z.B. in einem Seminar über Kostenrechnung, so sucht er in seiner Mentorenfirma kompetente Gesprächspartner, um sich über das dort bestehende Kostenrechnungssystem zu informieren, Erfahrungen aufzunehmen sowie Handhabung, Vor- und Nachteile, Veränderungswünsche und Möglichkeiten etc. zu diskutieren.

Eine Partnerschaft braucht Zeit zum Wachsen. Sie entsteht nicht von heute auf morgen. Sie entwickelt sich den Bedürfnissen des Unternehmens und den Bedürfnissen des Studenten entsprechend. Daher wird sich jede Partnerschaft zwischen einer Firma und einem Studenten anders ausprägen.

Zur praktischen Abwicklung bedarf es nur weniger Hinweise. Die Wirtschaftswissenschaftliche Fakultät der Universität Witten/Herdecke lädt interessierte Unternehmen herzlich ein, Gesprächsmöglichkeiten mit den Studenten zu nutzen. Für Erstsemester und Mentorenfirmen organisiert die Fakultät jeweils Ende Oktober zwei Treffen, bei denen erste Kontakte entstehen. Interessierte Unternehmen, die sich bei der Fakultät melden oder die bereits bekannt sind, erhalten zu diesen Treffen eine spezielle Einladung."[144]

Das Mentorenfirmenkonzept besteht aus vier konstitutiven Grundelementen:[145]

Entwicklung einer persönlichen Geschichte

Das Mentorenfirmenkonzept setzt darauf, dass mit der Zeit ein **Dialog** zwischen Praxis und Wissenschaft **in dem Studierenden** entsteht, der zu einer Geschichte wird. D. h. es geht nicht um gelegentliche Exkursionen oder einzelne Praktika, obwohl die Studierenden zwei Praktika, eines im gewerblichen und eines im Managementbereich absolvieren. Die Studierenden sind während ihres **gesamten Studiums** in einer oder mehreren Mentorenfirmen. Auf diese Weise wird das Verhältnis von Wissenschaft und Praxis zur **persönlichen Geschichte** jedes Studierenden.

---

144 Walger (1984)

145 Walger (1998), S. 17ff., Walger/Miethe (1996), S. 268ff.; vgl. Walger (1993b), ders. (1994) sowie Kappler (1992b), ders. (1994a) und (1994b)

Partnerschaft

Beim Mentorenfirmenkonzept gehen freie Partner, der Studierende und die Mentorenfirma, eine Beziehung ein: eine Mentorenfirmenbeziehung.

Das Konzept unterliegt nicht der Prüfungsordnung, sondern es steht jedem Studierenden frei, am Mentorenfirmenkonzept teilzunehmen. Dies ist wichtig im Hinblick auf ein Studium, das sich als "Praxis der Freiheit" versteht und für das Eigeninitiative und Selbstverantwortung die tragenden Momente sind.[146] Viele Studierende bewerben sich an dieser Fakultät gerade wegen des Mentorenfirmenkonzeptes. Es ist für fast jeden Studierenden ein wesentlicher Bestandteil seines Studiums.

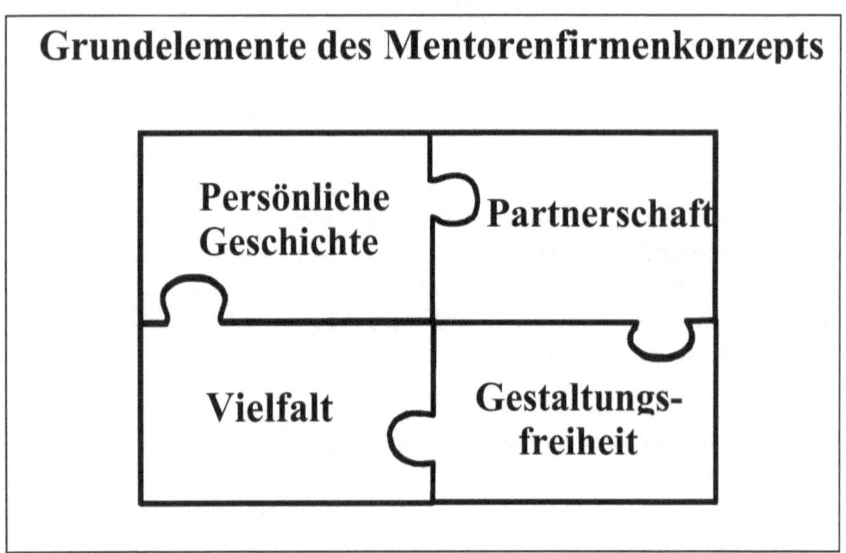

Abb. 1 Konstitutive Elemente des Mentorenfirmenkonzepts

Die Firmen sind frei, sich an diesem Konzept zu beteiligen. Es gibt keine Reglementierungen darüber, wie eine Mentorenfirma beschaffen sein muss. Alle wie auch immer gearteten Unternehmungen im weitesten Sinne können Mentorenfirmen sein. Das gilt für die Ein-Mann-Unternehmung ebenso wie für einen internationalen Konzern. Es kann ein Ministerium oder eine öffentliche Verwaltung, ein Krankenhaus, ein Verband oder eine andere Organisation sein.

146 Vgl. hierzu Rogers (1974), ders. (1988), Freire (1973), Hinte (1990) und Kappler (1988), S. 463ff.

Vielfalt

Das Mentorenfirmenkonzept lebt von der Vielfalt der entstehenden Beziehungen. Es macht keinen Sinn, in einem Studium, das die persönliche Erfahrung als ein wesentliches Moment des Studierens begreift und dem es um die Entwicklung der Persönlichkeit geht, Einheitlichkeit oder Vergleichbarkeit einzufordern. So vielfältig, wie die Mentorenfirmen und die Interessen der Studierenden sind, so vielfältig und unterschiedlich sind die Erfahrungen und die Mentorenfirmenbeziehungen.

Die Geschichte einer Mentorenfirmenbeziehung beginnt meist auf dem sogenannten "Heiratsmarkt". Hier werden interessierte Mentorenfirmen eingeladen sich vorzustellen und Gesprächsmöglichkeiten mit den Studierenden zu nutzen, die gerade vier bis sechs Wochen an der Fakultät sind. Es entstehen erste Kontakte, aus denen sich dann die Mentorenfirmenbeziehungen entwickeln.

Die Studierenden gehen in die Mentorenfirmen und sehen sie sich vor Ort an. Oftmals sind es mehrere Studierende, die zu einer Mentorenfirma gehen, um sie kennenzulernen. Die meisten Studierenden besuchen mehrere Mentorenfirmen, bevor sie sich entscheiden. Das gleiche gilt auch für die Mentorenfirmen, auch sie führen in der Regel mit mehreren Studierenden Gespräche, um sich dann für den Studierenden ihrer Wahl zu entscheiden. Manchmal sind es auch gleich mehrere.

Gestaltungsfreiheit

Beide Partner, der Studierende und die Mentorenfirma sind frei in der Gestaltung ihrer Beziehung und sie sind gemeinsam dafür verantwortlich, eine angemessene Form für ihre Zusammenarbeit zu bilden. Fragen der Arbeitszeit, der Bezahlung, der Arbeitsbedingungen und der Arbeitsinhalte sind konkret von beiden Partnern gemeinsam zu klären. Die Gestaltungsfreiheit ist ganz wesentlich dafür, dass sich die Mentorenfirmenbeziehung mit der Zeit entwickeln und den sich verändernden Bedürfnissen beider Partner anpassen kann. Zu unterschiedlichen Zeiten kann die Mentorenfirmenbeziehung durchaus unterschiedlich sein. Und sie ist mit der Zeit auch immer wieder veränderbar. Die Fakultät hält für die Studierenden einen Tag in der Woche von Veranstaltungen frei. Die Studierenden haben dadurch die Möglichkeit, die Zusammenarbeit mit den Mentorenfirmen auch zwischen den Semesterferien kontinuierlich fortzusetzen.

Nachdem die Modalitäten geklärt sind, beginnen die Studierenden in der Mentorenfirma mitzuarbeiten. Nach und nach entwickeln die Studierenden ein Verständnis für die Aufgaben und die Mitarbeiter und sie bekommen ein Gespür für die Fragestellungen, Probleme und Herausforderungen, denen sich ihre Mentorenfirma stellt, und für ihre Mentorenfirma selber. Mit der Zeit gewinnt die Mentorenfirmenbeziehung ihre spezifische Gestalt.

Das Mentorenfirmenkonzept haben wir im Zuge der Gründung der Wirtschaftswissenschaftlichen Fakultät der Universität Witten/Herdecke (1984) entwickelt und es hat seit dem Bestand. Die Entwicklung über die Jahre hinweg zeigt Abbildung 2. Stand 2002, dem letzten Jahr, in dem wir das Konzept verantwortet haben, nehmen etwa 759 Firmen am Mentorenfirmenprogramm teil. Jedes Jahr kamen in dieser Zeit etwa 50 bis 60 neue Unternehmen hinzu.

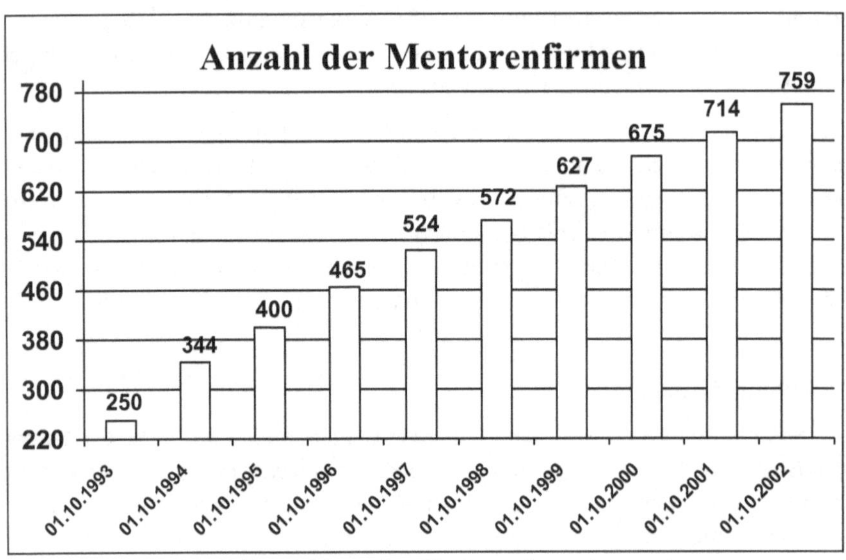

Abb. 2 Entwicklung des Mentorenfirmenkonzepts

An den jedes Jahr stattfindenden "Heiratsmärkten", bei denen die Vertreter aus den Mentorenfirmen und die Studierenden zum ersten Mal in Kontakt kommen, nehmen von Jahr zu Jahr mehr Unternehmen teil. Zuletzt haben etwa 150 Firmenvertreter aus fast hundert Unternehmen die Heiratsmärkte besucht. Ab dem Jahr 2000 wurde die Zahl der Teilnehmer begrenzt, um eine ausgewogene Relation zwischen Zahl der teilnehmenden Studierenden und der Unternehmen herzustellen und um die Zeitdauer der Veranstaltung, bei den Unternehmensvertretern die Möglichkeit gegeben wurde, sich und ihr Unternehmen vorzustellen, nicht ausufern zu lassen.

Von den Studierenden beteiligt sich ein großer Teil am Mentorenfirmenkonzept. In einer Umfrage unter Absolventen hatten 86% der Antwortenden während ihres Studiums eine oder mehrere Mentorenfirmenbeziehungen.[147] Das Spektrum der Einsatzfelder und Projekte, in denen sie mitwirken, umfaßt alle Funktionen und Ebenen in den Unternehmen. Häufig suchen sich die Studierenden in ihrer Mentorenfirma die Abteilung oder das Projekt, das eine sie interessierende theoretische Fragestellung praktisch bearbeiten will oder schon Erfahrungen damit gesammelt hat. Ebenso bringen sie die Probleme aus ihrer Mentorenfirma in die Lehrveranstaltungen ein und schreiben darüber ihre Haus- oder Diplomarbeiten. Das Mentorenfirmenkonzept hat sich als fester Bestandteil des Studiums an der Wirtschaftswissenschaftlichen Fakultät der Universität Witten/Herdecke etabliert und trägt wesentlich dazu bei, Theorie und Praxis im Studium der Wirtschaftswissenschaften zu integrieren. Für 70% der befragten Absolventen war das Mentorenfirmenkonzept ein Beweggrund, sich an der Universität Witten/Herdecke zu bewerben. Und der durch das Mentorenfirmenkonzept organisierte Praxisbezug wird von den Absolventen als die größte Stärke der Fakultät betrachtet.

Der größte Teil der Studierenden geht in seinem Studium **eine** Mentorenfirmenbeziehung ein. Etwa 70 % der Mentorenfirmenstudierenden sind während ihres gesamten Studiums in einer Mentorenfirma. Die übrigen 30 % wechseln ihre Mentorenfirma einmal oder öfter. Ungefähr die Hälfte der Studierenden arbeitet nach dieser Erhebung während des Semesters in der Mentorenfirma, davon ca. 80 % am Mittwoch, der von der Fakultät für den Kontakt mit den Mentorenfirmen freigehalten wird. Etwa 33 % der Studierenden sind ausschließlich in der vorlesungsfreien Zeit in ihrer Mentorenfirma.[148]

Dies hat im Wesentlichen zwei Gründe: Zum einen die räumliche Nähe der Mentorenfirma und zum anderen die vereinbarte Form der Arbeit. Etwa 80 % der aktiven Mentorenfirmen liegen ca. 150 km im Umkreis von Witten. Bei diesen Mentorenfirmen ist es auch im Semester gut möglich, sie zu besuchen.

Was die Form der vereinbarten Arbeit angeht, so ist sie sehr unterschiedlich gestaltet. Einige Studierende entscheiden sich, alle Abteilungen der Mentorenfirma, ihre Arbeitsweisen und Aufgabenstellungen systematisch kennenzulernen. Andere Studierende arbeiten projektbezogen, d. h. sie führen selbständig in den Mentorenfirmen Projekte durch. Es gibt aber auch alle möglichen Zwischenformen. Die Form ist

---

147 Vgl. Eh (1996), S. 4

148 Nach einer Befragung der Studierenden, die wir im Wintersemester 1992/93 durchgeführt haben.

frei und diesen Gestaltungsfreiraum nutzen die Mentorenfirmen und die Studierenden sehr kreativ.

Um einen Eindruck zu geben, will ich einige Projekte nennen: Planung, Organisation und Neugestaltung des Antragseingangs in einer Versicherung; Mitarbeit an der Vorbereitung eines Joint-Ventures mit Asien; Planung der Einführung eines Datenverarbeitungskonzeptes für eine Tochtergesellschaft; Marktforschungsprojekt bei einer Vertriebstochter in Barcelona; Reorganisation des betrieblichen Vorschlagswesens; Konzeption einer Hauszeitschrift und vieles andere mehr.

Über 20 % der Projekte haben die Studierenden in Marketingabteilungen durchgeführt, etwa 28 % im Rechnungswesen/Controlling/Finanzen, ca. 15 % in Personalabteilungen, etwa 10 % jeweils im Vertrieb, in Stabsabteilungen und in der Produktion und Lagerhaltung, der Rest in Abteilungen wie Öffentlichkeitsarbeit, Logistik u.a.

Die Bezahlung im Rahmen des Mentorenfirmenkonzeptes wird, wie alles andere auch, zwischen dem Studierenden und der Mentorenfirma gemeinsam vereinbart. Es gibt keinerlei Vorgaben und dementsprechend ist die Spannweite groß. Wenn die Studierenden Projekte durchführen, werden sie in der Regel für die spezielle Aufgabe bezahlt. Wenn sie kontinuierlich in der Mentorenfirma tätig sind, wird meist ein zeitabhängiges Entgelt gezahlt.

Bei der zeitabhängigen Bezahlung gibt es immer noch große Unterschiede von Mentorenfirma zu Mentorenfirma. Und dies ist gut so. Es gibt keinen Grund zu einer Vereinheitlichung. Wenn man aber alles zusammennimmt, wird im Durchschnitt aller Mentorenfirmenbeziehungen bei zeitabhängiger Bezahlung etwa ein dem dritten Lehrjahr oder dem ersten Berufsjahr entsprechendes Entgelt zeitanteilig vereinbart, d. h. wer sechs Monate in der Mentorenfirma arbeitet, wird auch für sechs Monate bezahlt.[149] Für die Projekte werden die Studierenden in der Regel gesondert entlohnt.

Der direkte Ansprechpartner für den Studierenden in der Mentorenfirma, sein Mentor, ist bei etwa der Hälfte der Beziehungen der Inhaber selber oder die Geschäftsführung. Bei fast 40 % der Mentorenfirmenbeziehungen ist es der Personalchef oder der Leiter der Personalentwicklung. Vielfach entsteht eine persönliche Beziehung zwischen dem Studierenden und seinem Mentor, die auf Dauer, vielfach auch über das Studium hinaus, Bestand hat.

[149] Vgl. Kappler (1991), S. 87 ff.

In vielen Fällen gibt es aber nicht nur einen, sondern mehrere Ansprechpartner auf unterschiedlichen hierarchischen Ebenen und in den verschiedenen Funktionsbereichen der Mentorenfirma.

Wie sieht die Zusammenarbeit zwischen den Mentorenfirmen und der Fakultät aus?

Zunächst einmal: Wie wird man Mentorenfirma? Indem ein Unternehmen oder eine Organisation auf der einen Seite oder ein Studierender auf der anderen Seite sein Interesse gegenüber der Fakultät bekundet. Dann bekommt der oder die Interessierte zunächst Informationsmaterial über das Mentorenfirmenkonzept zugesandt, und wir bemühen uns um ein persönliches Gespräch mit dem Interessenten darüber, was sein Interesse ausmacht und welche Möglichkeiten es gibt. Danach nehmen wir den Interessenten in die Mentorenfirmendatei auf und laden ihn zu den jährlichen Heiratsmärkten ein, auf denen die Mentorenfirmen am leichtesten mit den Studierenden Kontakt aufnehmen können.

Darüber hinaus werden die Vertreter der Mentorenfirmen zu den Vortragsveranstaltungen der Fakultät eingeladen. Wir bitten aber auch immer wieder "Praktiker", von ihren Erfahrungen in der Unternehmenspraxis im Rahmen eines Vortrags an der Fakultät zu berichten.

Daneben besteht die Möglichkeit für Unternehmensvertreter, aktuelle Projekte, die sie in ihren Unternehmen durchführen, im Rahmen einer Lehrveranstaltung vorzustellen oder aktuelle Themen im Rahmen einer gemeinsamen Veranstaltung mit einem oder mehreren Fakultätsvertretern aus den unterschiedlichen Perspektiven heraus zu behandeln. So habe ich z. B. im Wintersemester 1992/93 zusammen mit dem Geschäftsführer einer Unternehmensberatungsgesellschaft ein Seminar über "Erfolgsfaktoren der Unternehmensberatung" veranstaltet.

Wir gehen aber auch mit den Studierenden in die Mentorenfirmen, um uns aktuelle Entwicklungen in der Produktion oder im Managementbereich vor Ort anzusehen und erläutern zu lassen.

Nicht zuletzt wollen wir die alte Tradition wieder aufnehmen und die aktiven Mentorenfirmen einladen, um ihre Erfahrungen mit dem Mentorenfirmenkonzept untereinander auszutauschen und an der Weiterentwicklung des Konzeptes mitzuarbeiten.

Wie gestaltet sich die Zusammenarbeit mit den Studierenden im Rahmen des Mentorenfirmenkonzeptes?

Schon in den Einführungswochen, die wir für die Erstsemesterstudenten durchführen, wird den Studierenden das Mentorenfirmenkonzept vorgestellt. In der Regel beteiligen sich hier ältere Studierenden, um von ihren Erfahrungen mit dem Konzept zu berichten, ihren eigenen Weg, den sie für sich gefunden haben, darzustellen und die aufkommenden Fragen aus ihrer konkreten Situation heraus zu beantworten.

Als nächstes geht es nach etwa vier bis sechs Wochen um die Organisation der Heiratsmärkte, auf denen die ersten Kontakte zwischen Mentorenfirmen und Erstsemestern geknüpft werden. Entsprechend den Studieninhalten Eigeninitiative und Selbstverantwortung legen wir einen Großteil der Organisation in die Verantwortung der Studierenden. Dies hat bisher immer gut funktioniert. Die Studierenden haben die Herausforderung angenommen und in ihren Möglichkeiten kreativ umgesetzt.

Wenn die ersten Kontakte auf den beiden Heiratsmärkten zustande gekommen sind, versuchen wir, mit den Studierenden darüber ins Gespräch zu kommen. Die Studierenden können so die Erfahrungen, die sie bei den ersten Kontakten gemacht haben, und ihre eigenen Reaktionen und Verhaltensweisen reflektieren.

Diese so begonnene Reflexion setzen wir dann in jedem Semester in zwei Veranstaltungen fort, die für die Studierenden aller Jahrgänge offen sind und in denen sie die Erfahrungen mit ihren Mentorenfirmen austauschen können.

Darüber hinaus führen wir Einzelgespräche, in denen wir gemeinsam versuchen, Probleme der Studierenden mit ihrer Mentorenfirma zu lösen und neue Perspektiven zu entwickeln.

Die vielfältigen Erfahrungen, die die Studierenden in ihren Mentorenfirmen sammeln, finden Eingang in die Lehrveranstaltungen an der Fakultät. Dies beginnt bei der Wahl des Semesterthemas und endet bei der Diplomarbeit.

Wie ist nun nach den mehreren Jahren der Erprobung und Erfahrung das Mentorenfirmenkonzept zu beurteilen?

Das Mentorenfirmenkonzept erfreut sich hoher Akzeptanz sowohl bei den Studierenden als auch bei den Mentorenfirmen. Das Interesse der Mentorenfirmen am Konzept ist nach wie vor groß, auch wenn nicht jede interessierte Firma auf Anhieb einen Mentorenfirmenstudierenden gefunden hat.

Das Konzept hat sich bewährt, persönliche Erfahrungen wirtschaftlicher Praxis in das universitäre Studium einzubeziehen. Durch das Mentorenfirmenkonzept wird eine andere Qualität in das wirtschaftswissenschaftliche Studium hineingebracht. Die persönlichen Erfahrungen, die die Studierenden in der wirtschaftlichen Praxis sammeln können, machen den Erfolg des Konzepts aus. Diese persönlichen Erfahrungen sind allerdings nicht ohne weiteres verallgemeinerbar. Sie lassen sich nur anderen und sich selbst vergegenwärtigen und bleiben ein Stück weit nur in der Einzigartigkeit, in der sie entstanden sind, kommunizierbar.

Das Mentorenfirmenkonzept macht es dem Studierenden und der Mentorenfirma dadurch zunächst schwer sich zu orientieren, dass es einen Freiraum für die Form lässt, in der die jeweilige Mentorenfirmenbeziehung entsteht. Das Konzept ermöglicht aber dem Studierenden gerade dadurch, im Studium zu lernen, Gestaltungsfreiräume eigeninitiativ, verantwortungsvoll und kreativ zu nutzen und schon in seinem Studium das Gestalten als Aufgabe der Praxis zu begreifen.

Diesen Gestaltungsfreiraum zu erhalten, wird die wesentliche Aufgabe des Mentorenfirmenkonzeptes auch in der Zukunft bleiben. Denn das Substitutionsgesetz der Organisation, nach dem es eine (heimliche) Tendenz zur generellen Regelung gibt, gilt sicher auch für das Mentorenfirmenkonzept.[150] Deshalb ist es umso wichtiger, diesen Freiraum für die kreative Gestaltung der Mentorenfirmenbeziehungen immer wieder neu herzustellen. In der Herstellung dieses Freiraum liegt die organisatorische Aufgabe, die für das Mentorenfirmenkonzept immer wieder zu leisten ist.

Wissenschaft und Praxis gehen im Mentorenfirmenkonzept eine Partnerschaft ein, die ganz konkret in der Person des Studierenden gründet und die in der Freiheit, in der Entwicklung nur möglich ist, auf den selbstständig und eigenverantwortlich handelnden Menschen zielt. Betriebliche Praxis wird durch das Mentorenfirmenkonzept in diesem Studium der Wirtschaftswissenschaft genuiner Partner von Wissenschaft.

[150] Vgl. Gutenberg (1976), S. 239 ff.

5. Konferenzstudium

Zu vielfältigen, aktuellen Themen fand an der Wirtschaftswissenschaftlichen Fakultät ein Konferenzstudium statt, u.a. zu den Themen „Anbruch des Pazifischen Zeitalters – Chance für Europa?", „Entwicklungsraum Ruhrgebiet", „Multikulturelles Management", „Finanzielle Führung von mittelständischen Unternehmen".

> "Das 'Konferenzstudium' stellt einen wichtigen Ansatz dar, Studenten den Einstieg in zeitlich, sachlich und sozial forschungsnahe Aktivitäten zu ermöglichen. Im sechsten bis siebten Semester ihres Studiums beschäftigt sich eine Gruppe von Studenten intensiv mit einer bestimmten Fragestellung ... Sie machen sich auf diesem Gebiet kundig, suchen Experten aus, laden diese zu einer Konferenz ein, führen die Konferenz durch und bereiten sie nach. Die Beiträge zu dieser Konferenz werden zusammengefasst und veröffentlicht. Am Ende sind die Studenten selbst auf diesem Gebiet Experten."[151]

Ekkehard Kappler beschreibt anlässlich des ersten Konferenzstudiums im Jahr 1987 dessen Konzept und die ersten Erfahrungen damit:[152]

> „Ein Studium, das Freiheit, nicht zuletzt als notwendige Freiheit zur Möglichkeit, Entscheidungs- und Handlungsfähigkeit und Selbstverantwortung als seine obersten Ziele benennt, muss diese Ziele in sich selbst tragen. Es muss also von Anfang an und im Verlauf der "Lehre" zunehmend mit seinem eigenen Anspruch Ernst machen. Das Konferenzstudium (wie im Übrigen auch das Auslandsprojekt) macht radikal ernst. Die Studenten bestimmen das Thema, sie wählen die Form der Erarbeitung, sie entscheiden, wer was gefragt werden soll. Sie bestimmen Form und Inhalt der Konferenz, organisieren und finanzieren sie, führen sie durch, bereiten sie nach...
>
> Und mit der Erarbeitung der Inhalte entstand die Form. Nicht reibungslos, nicht stromlinienförmig, nicht von selbst, immer wieder verworfen, neu begonnen, modifiziert, wirklich selbstständig, aus der Entfaltung der Idee, durch ihre konkreten Träger. 17 Studenten blieben in der Symposion AG. 17 Experten luden sie schließlich zu der Konferenz. 15 kamen. Wer nichts beigetragen hatten, wurde nicht eingeladen. Ich war die Ausnahme. Zwar hatte ich inhaltlich nichts beigetragen, aber beim ersten Anlauf durfte ich als "Er-

151 Studienführer der Wirtschaftswissenschaftlichen Fakultät (1984), zitiert nach Kappler (1988), S. 5
152 Vgl. Kappler (1998)

finder" des Konferenzstudiums mitmachen. Ich habe mich darüber sehr gefreut, mehr aber noch darüber, was die 17 Mitglieder der Symposion AG aus der Idee gemacht haben.

> Die Experten waren zum Teil schon lange vor der Konferenz als Vortragende in Seminaren und durch Gespräche mit den Studenten in Kontakt gewesen. Auf der Konferenz war ihre Meinung anders gefragt. In der Vorbereitungszeit hatten die Studenten Thesen erarbeitet, die sie zur Konferenz den Experten vorlegten. Die Konferenz selbst diente der Diskussion dieser Thesen. Nicht Vorträge waren angesagt und die narzistischen Wortmeldungen, die im Anschluss an einen Vortrag gewöhnlich Diskussion genannt werden, sondern die direkte, Bezug nehmende Auseinandersetzung mit den Thesen, dem Gehalt ihrer Information, ihren Spekulationen und Argumenten, den Einlassungen, Abwägungen, Vermutungen, Ergänzungen, Abstrichen, Unterstellungen, Fragen, Projektionen und Angeboten der Gesprächspartner. Statt auf ein vorbestimmtes Ergebnis auszurichten, soll es in der Konferenz wachsen. Ihr erstes Ergebnis ist die Konferenz selbst. Weitere Ergebnisse liegen z.B. in der Einübung der wissenschaftlichen und praktischen Auseinandersetzung, dem Miterleben des Disputs, und des Vorscheins des Diskurses, dem Erwerb von organisatorischen wie inhaltlichen Erkenntnissen, der Erfahrung der eigenen Grenzen wie die Schwierigkeit der Selbstorganisation, dem Beleg, dass ein themenzentriertes Gespräch zwischen den Studenten einer Universität und anderen Menschen aus dem relevanten Umfeld möglich und für alle Beteiligten fruchtbar ist."[153]

Und die Studierenden, die das erste Konferenzstudium erfolgreich organisiert haben, beschreiben, wie sie dieses inhaltlich und organisatorisch als Herausforderung angenommen haben:[154]

> „"Wenn Du in Eile bist, mache einen Umweg." Dieser Satz aus dem Zen-Buddhismus sollte zu Beginn der Konferenz "Anbruch des pazifischen Zeitalters - Chance für Europa?" bei allen Teilnehmern eine nachdenkliche Einstimmung auf das Thema sein.
>
> Um was ging es eigentlich? Bei den Studenten der Wirtschaftswissenschaften ist ein Studien-Abschnitt mit "Konferenzstudium" überschrieben. Nach über einjährigen Vorbereitungen wurde dann der Versuch unternommen, diese Überschrift mit Leben zu füllen. Bewegende Idee und Fragestellung

153 Kappler (1988), S. 5f.

154 Vgl. Symposion AG (1987)

war die These von der Verlagerung des Gravitationszentrums der westlichen Welt vom Atlantik zum Pazifik. Welche Implikationen hat eine solche langfristige Entwicklung für Europa? Sind die Europäer am Ende vielleicht nur noch ein Zaungast der Geschichte? Können sich die Europäer wirklich damit beruhigen, dass sie in den USA enorme Exporterfolge erzielt haben (die nicht zuletzt durch einen völlig überhöhten Dollarkurs ausgelöst wurden)? Wird es, nach der ökonomischen Schwerpunktverlagerung, auch zu politischen und kulturellen Umschichtungen kommen – bedeutet also pazifisches Zeitalter im Kern vielleicht ein "Neues Denken"?...

Die Organisation einer solchen Konferenz eröffnete ein reiches Feld von Erfahrungen. Wie verhandelt man mit Hotels und Cateringservice? Wie werden Experten von ihrer Teilnahme überzeugt, auch wenn der Terminkalender gegenteilige Signale aussendet? Wie werden Absagen von Experten verkraftet, wenn sie die Organisatoren wenige Stunden vor Beginn der Konferenz erreichen? Wie wird ein solches Unternehmen finanziert? Zu jedem dieser Punkte können die Studenten jetzt aus eigener Erfahrung berichten. Das Unterfangen, an alles und vieles im Voraus zu denken und sich dann noch mit den 16 anderen engagierten Kommilitonen zu einigen, stellte oft erhebliche Ansprüche an die Nerven aller Beteiligten.

Die Veröffentlichung bildet, nach der Vorbereitung und Durchführung der Konferenz, das dritte und abschließende Element des Konferenzstudiums...

Kennzeichnend für die Veröffentlichung wie auch. für die Konferenz ist vielleicht der Versuch, die verschiedenen Aspekte aus Ökonomie, Politik, Gesellschaft und Kultur zusammenzubringen, um auf diese Weise über eine auf bloß Wirtschaftliches verengte Perspektive hinaus zu kommen. In diesem Zusammenhang ist es sicherlich als ein Erfolg zu sehen, dass es auf der Konferenz gelungen ist, die dort versammelte Heterogenität der Teilnehmer (die vom japanischen Botschaftsrat über einen ehemaligen Abt eines tibetischen Klosters bis hin zum Geschäftsführer von Panasonic Deutschland ging) in ein gemeinsames Gespräch zu bringen."[155]

---

155 Symposion AG (1987), S. 7f.

6. Auslandsstudium

Die Idee des Auslandsstudium an der Wirtschaftswissenschaftlichen Fakultät folgt der Idee des Studiums, dass der Studierende dieses selbst unternimmt und als sein eigenes Unternehmen begreift. Freiheit des Studiums ist dabei, nicht wie heute üblich als die Wahlfreiheit eines Konsumenten begriffen, der wie im Supermarkt die freie Auswahl unter vorgegebenen Angeboten genießt, sondern als eine vom Studierenden, der als Produzent seiner Bildung begriffen ist, herzustellende Aufgabe der Selbstbestimmung.

> „Die vom Wissenschaftsrat angesprochene Freiheit des Einzelnen, seine Studienschwerpunkte selbst zu bestimmen, ist an der Wirtschaftswissenschaftlichen Fakultät der Universität Witten/Herdecke seit ihrem Beginn das grundlegende Organisationsprinzip ihres Studiums, somit auch des Auslandsstudiums. Studierende entwickeln im Verkauf ihres Studiums eine Fragestellung, die sie im Rahmen des Wahlpflichtfaches im Hauptstudium bei einem in dieser Thematik besonders ausgewiesenen Fachmann an einer ausländischen Universität bearbeiten möchten. Diesen Wissenschaftler muss der Studierende als Betreuer gewinnen. Natürlich werden dabei als eine Möglichkeit auch die Kontakte der Dozenten ins Ausland und aus dem Ausland genutzt.“[156]

In diesem Sinne gibt es viele Varianten des Auslandsstudiums. Neben dem unten beschriebenen Global Studies Program mehrere selbst organisierte Reisen von Studierendengruppen nach dem Fall der Mauer nach Mittel- und Osteuropa, das Japan-Projekt, in dem Studierende Managementstile und Verhaltensweisen japanischer und deutscher Manager in deutschen und japanischen Firmen vergleichen sowie aus dem eigenen Studieninteresse bzw. aus einem bestimmten Themengebiet heraus entwickelte, individuelle Aufenthalte in Ländern aller Kontinente dieser Erde.

Die Erfahrungen mit dem Konzept haben gezeigt, dass die Idee des freiheitlichen und selbstverantworteten Auslandsstudiums realisierbar, von den Studierenden mit Begeisterung unternommen wird und äußerst fruchtbar ist.

> „Heute (i.e. 1985, G.W./ R.N.) gibt es so viel Auslandserfahrung in der Fakultät, dass jeder leicht seine eigene Fantasie dadurch anregen lassen

[156] Kappler/ Scheytt (1995b), S. 13

kann. Wer das Gespräch darüber sucht, wird auch die Begeisterung mitbekommen, mit der die Auslandsaufenthalte erlebt wurden und mit der von diesem Erleben erzählt wird. Auslandspraktika bei Firmen kommen häufig über die Mentorenfirma zustande. Manchmal verbinden sie sich aber auch mit dem Auslandsstudium. Auslandsstudienprojekte entstehen schließlich auch durch Vermittlung von Kollegen im Gastland oder durch ausländische Gaststudenten und -dozenten der Fakultät.

Wohin man will, sollte man als erstes entscheiden, verbunden mit dem Themengebiet, auf dem man arbeiten möchte. Ist dies einigermaßen umrissen, kann man versuchen, direkt oder über bereits bestehende Verbindungen in der Fakultät, vielleicht auch über eine Computerkonferenz oder über E-Mail, mit den Wissenschaftlern in Kontakt zu kommen, die auf dem gewählten Gebiet als die interessantesten erscheinen. Die Bereitschaft bzw. das Angebot, ohne große Formalitäten mitarbeiten zu wollen, wird fast immer gern angenommen, zumal, wenn man zeigen kann, dass man schon ein wenig von dem Gebiet versteht. Wenn im Grundsatz klar ist, hat sich in den meisten Fällen die Detailregelung vor Ort als günstig erwiesen. Beispielsweise ist es schriftlich meist nicht leicht klarzumachen, dass man auch studieren kann, ohne formal irgendwo eingeschrieben zu sein, und dass es die Philosophie der Fakultät ist, Studenten ihr Studium weitgehend eigenverantwortlich gestalten zu lassen, sie also ‚ihre' Kurse unter Umständen auch unabhängig von einem Kurssystem auswählen können sollten.

Die Fakultät verfügt auch über formalisierte Austauschabkommen mit Universitäten in der ganzen Welt. Sie sind immer dann abgeschlossen worden, wenn unsere Partner dies wünschten, wenn es ohne großen Aufwand möglich war, wenn auf diese Weise Studiengebühren vermieden werden konnten und/ oder wenn die Austauschabkommen wegen der Einwanderungsbestimmungen notwendig wurden. Ansonsten hat sich der formale Weg, z.B. über eine Anfrage beim Dean, nicht als empfehlenswert herausgestellt. Außer viel bürokratischem Brimborium und entsprechendem ‚Tourismus' der formal Verantwortlichen ist bei solcher Sammelleidenschaft in fast allen Fällen nichts herausgekommen. Das mag bei großen Universitäten anders sein. Da in Witten von den Studierenden überwiegend eigene Wege beschritten werden, kommen laufend neue Kontakte zu ausländischen Universitäten hinzu...

Jedes Fakultätsmitglied, das ins Ausland geht, ist somit zugleich Botschafter der Fakultät und der Universität" [157]

[157] Ders, S.14f.

7. Projekt-/ Veranstaltungsbeispiele

7.1 Planspiel Projektmanagement

Projektmanagement gewinnt in Unternehmen immer stärker an Bedeutung. Es bietet sich an für die Bearbeitung außergewöhnlicher und komplexer Aufgaben, vor die sich Unternehmen unter den Bedingungen einer Intensivierung und Internationalisierung des Wettbewerbs immer häufiger gestellt sehen, wie z. B. umfangreiche Reorganisationen, Produktionsverlagerungen, Gründungen von Tochtergesellschaften oder die Integration akquirierter Unternehmen.[158]

Projekte werden in Unternehmen meist neben der bestehenden Organisation durchgeführt und haben ihre spezifischen Bedingungen.[159] Sie sind gekennzeichnet durch:

- starke Ergebnisorientierung und großen Erfolgszwang,
- hohen Zeitdruck aufgrund der Befristung,
- die besondere Rolle der Projektleitung,
- das Zusammentreffen unterschiedlicher Kulturen,
- das Zusammenkommen unterschiedlicher Selbst- und Führungsverständnisse,
- sehr große wechselseitige Abhängigkeiten zwischen Teilaufgaben,
- die Notwendigkeit, Kommunikationsstrukturen aufzubauen,
- das vermehrte Auftreten gruppendynamischer Prozesse,
- einen Widerspruch zur bestehenden Organisation,
- die Bewältigung oftmals unklarer, meist ungewohnter, neuer Situationen, für die es keine gelernten Verhaltensmuster gibt.

Damit stellt sich die Frage: Wie kann man Projektmanager für diese spezifische Situation in Projekten ausbilden?

Im Rahmen der Personalentwicklungskonzepte werden in Unternehmen bisher im Wesentlichen zwei Ausbildungsformen eingesetzt, um angehende Projektmanager auf solche Projektsituationen vorzubereiten:

---

158 Vgl. Walger (1997), S: 303ff.

159 Vgl. Boy et al. (1996), S. 20; Wischnewski (1996), S. 25 ff.; Rinza (1994), S. 3; Heeg (1993), S. 12 ff.; Litke (1993), S. 16 f.; Pinkenburg (1980), S. 107 ff.

- Wissensvermittlung, insbesondere von Instrumenten und Methoden des Projektmanagements, und
- Verhaltenstraining.

Wissensvermittlung heißt, dass den zukünftigen Projektmanagern in Seminaren Instrumente und Methoden des Projektmanagements vermittelt werden, mit deren Hilfe die Projektsituation strukturiert und das Projektziel erreicht werden kann, wie z. B. Projektstruktur- und Projektablaufpläne, Netzplantechniken u. a.[160] Auf die Probleme und Risiken, die mit dem Gebrauch solcher Instrumente verbunden sind, kann in der Wissensvermittlung lediglich hingewiesen werden, die notwendige Erfahrung mit den Instrumenten in der konkreten Projektsituation lässt sich aber auf diese Weise nicht vermitteln.[161]

Im Verhaltenstraining werden durch das praktische Einüben von Verhaltensweisen, die so lange trainiert werden, bis sie quasi automatisch ablaufen, die angehenden Projektmanager darauf eingestellt, schnell und in angemessener Weise auf bestimmte Stimuli, die im Training definiert wurden, zu reagieren. Damit kann das Verhaltenstraining aber nur begrenzt auf eine Projektsituation vorbereiten, die durch Unwägbarkeiten, Unerwartetes und Unerwartbares gekennzeichnet ist und für die es deshalb keine festen Verhaltensmuster gibt.

Was besonders bezogen auf die Projektsituation der Wissensvermittlung und dem Verhaltenstraining fehlt, ist die Möglichkeit für die zukünftigen Projektmanager, im Vorhinein mit einer konkreten Projektsituation persönlich Erfahrungen zu machen. Dazu bedarf es eines erfahrungsorientierten Lernkonzepts.

Erfahrungsorientiertes Lernen im Projektmanagement

Erfahrungsorientiertes Lernen bedeutet, dass zukünftige Projektmanager in einem Planspiel bzw. „Lernprojekt“ mit der spezifischen Projektsituation persönlich Erfahrungen sammeln und diese Erfahrungen in einem moderierten Gespräch zusammen mit anderen reflektieren können, um auf diese Weise eine Orientierung für ihr Handeln in künftigen Projekten zu gewinnen.

Welche Erfahrungen lassen sich in einem solchen Lernprojekt sammeln?

---

160 Vgl. zur Wissensvermittlung Steindorf (1985), S. 84 ff. und zu den Instrumenten und Methoden des Projektmanagements Schelle (1996), S. 15 ff.; Mees et al. (1995), S. 149 ff.; Ebertzeder (1994), S. 56 ff.; Kellner (1994), S. 155 ff.; RKW/GPM (1994), S. 155 ff. u. S. 223 ff.; Rinza (1994), S. 37ff. u. S. 72 ff.; Schwarze (1994), S. 31 ff.; Heeg (1993), S. 204 ff.; Litke (1993), S. 95 ff. u. S. 104 ff.; Aggteleky (1990), S. 182 ff. u. S. 295 ff.; Hirzel (1985), S. 394 ff.

161 Madauss (1991), S. 179Vgl.

- Die Erfahrung der spezifischen Projektbedingungen,
- die Erfahrung mit dem Einsatz der erlernten Instrumente und Verhaltensweisen unter diesen Bedingungen und schließlich
- die Erfahrung der eigenen Möglichkeiten und Schwierigkeiten im Umgang mit den Projektbedingungen.

Das Lernprojekt bietet den zukünftigen Projektmanagern die Möglichkeit, konkrete Erfahrungen mit den spezifischen Projektbedingungen zu sammeln. Indem sie sich auf die für sie neue und ungewohnte Projektsituation einlassen, erfahren sie persönlich die damit verbundenen Probleme und Zwänge. Sie erleben z. B. unmittelbar, was es heißt, unter großem Zeitdruck in einem Team, dessen Mitglieder aus ganz unterschiedlichen Bereichen des Unternehmens mit entsprechend unterschiedlichen Sichtweisen stammen, eine Kommunikationsstruktur zu entwickeln, um sich auf eine gemeinsame Problemsicht zu verständigen. Sie erfahren konkret, was es heißt, in Kooperation mit den anderen Mitgliedern des Projektteams und unter erheblichen Restriktionen das Projektziel zu erreichen.

Darüber hinaus können die zukünftigen Projektmanager konkrete Erfahrungen sowohl mit den Methoden und Instrumenten des Projektmanagements, die sie sich angeeignet haben, als auch mit Verhaltensweisen, die sie im Verhaltenstraining eingeübt haben, in der Projektsituation machen. Sie erfahren so unmittelbar, was die Instrumente und Methoden des Projektmanagements leisten und welchen Restriktionen sie unterliegen. Dazu kann z. B. die Erfahrung gehören, dass ein Projektablaufplan notwendig ist, um das Vorgehen im Projekt gedanklich vorzustrukturieren, dass sich aber im Projektverlauf die Voraussetzungen, auf denen dieser Plan beruht, immer wieder verändern. Auf diese Weise können die zukünftigen Projektmanager lernen, die spezifische Projektsituation als solche anzunehmen, einschließlich aller Unsicherheiten, Überraschungen und Risiken, wie sie in Projekten ständig auftreten.

Und nicht zuletzt machen die zukünftigen Projektmanager Erfahrungen mit sich selbst unter den Bedingungen des Projektmanagements. Sie erleben ihre eigenen Möglichkeiten und Schwierigkeiten, mit im Projektverlauf auftretenden Situationen und Problemen umzugehen. Sie erfahren z. B. wie es ihnen gelingt – oder auch nicht –, Konflikte mit anderen Teammitgliedern über die Prioritäten einzelner Teilaufgaben zu handhaben oder ruhig und strukturiert nach einer Alternativlösung zu suchen, wenn sich kurzfristig herausstellt, dass die geplanten Absatzzahlen nicht realisiert werden können.

Die konkrete, persönliche Erfahrung dieser ungewohnten Bedingungen und der Probleme, die sich daraus bis zum Abschluss des Projekts immer wieder ergeben, ermöglicht es den zukünftigen Projektmanagern, sich später in Projekten im Unternehmen daran zu erinnern. Die Projektbedingungen und der persönliche Umgang damit werden den zukünftigen Projektmanagern schon im Vorhinein vertraut.

Zu den vielfältigen Erfahrungen und der Vertrautheit mit der Projektsituation kommt im erfahrungsorientierten Lernen die Reflexion der Erfahrungen, um ihnen eine systematische Bedeutung zu geben. Die Teilnehmer tauschen im Anschluss an das Lernprojekt im moderierten Gruppengespräch ihre Erfahrungen aus und setzen ihre Selbstwahrnehmung ins Verhältnis zu den Wahrnehmungen der anderen Teilnehmer und einer Beobachtergruppe, die den gesamten Projektverlauf begleitet hat. Durch diese Reflexion entwickeln die angehenden Projektmanager ein systematisches Bewusstsein für die Projektbedingungen und für das eigene Handeln unter diesen Bedingungen. Ihre Erfahrungen gewinnen in der Reflexion im Gespräch mit anderen und der Beobachtergruppe Orientierungscharakter für die Zukunft, d. h. für ihr Handeln in künftigen Projekten.

Projekterfahrungen im Planspiel

Um nun zukünftigen Projektmanagern die Möglichkeit zu bieten, eine eigene persönliche Erfahrung mit der konkreten Projektsituation zu machen, war es erforderlich, für ein Lernprojekt (Planspiel) eine realistische Projektsituation zu schaffen, die den oben dargestellten spezifischen Bedingungen von Projekten entspricht. Dem Lernprojekt wurde ein typisches Integrationsprojekt eines größeren Unternehmens zu Grunde gelegt, das mit Hilfe von strukturierten Interviews und Dokumentenanalysen rekonstruiert wurde.

Das Ausgangsprojekt

Die Übernahme eines ostdeutschen Brennerei- und Spirituosenbetriebs mit 860 Mitarbeitern durch einen westdeutschen Spirituosenhersteller mit ca 1.500 Mitarbeitern und einem Jahresumsatz von 1,5 Mrd. DM bildete den Ausgangspunkt für das Projekt der Umstrukturierung des ehemaligen Volkseigenen Betriebes und seiner Integration in das Erwerberunternehmen.

Das Projektteam bestand zu gleichen Teilen aus Ost- und West-Managern. Es hatte die Aufgabe,

- eine Neudefinition der Geschäftspolitik zu erarbeiten,

- eine erhebliche Personalreduzierung vorzunehmen und
- die überalterte Produktion zu rationalisieren.

Im Zuge der Integration des Unternehmens mussten die gesamten Organisations- und Führungsstrukturen verändert, ein aussagefähiges Controlling-System aufgebaut und ein Marketing- und Vertriebssystem neu installiert werden.

Der Zeitrahmen war mit einer Projektdauer von 22 Monaten eng gesteckt. Als erstes einer Reihe weiterer geplanter Akquisitionsvorhaben hatte das Projekt Pilotcharakter und war einem hohen Erfolgsdruck ausgesetzt. Die Teilaufgaben waren aufgrund der angestrebten hohen Integrationstiefe äußerst interdependent. Mit dem einstmals planwirtschaftlich geführten DDR-Vorzeigebetrieb und dem westdeutschen Markenartikler trafen zwei Unternehmenskulturen aufeinander, die kaum unterschiedlicher hätten sein können. Die Umbruchsituation in den neuen Ländern bescherte zudem immer wieder neue Probleme, die nach kreativen Lösungen verlangten.

Das Projektteam bestand aus 12 Personen: den beiden Projektleitern und den jeweils zwei Leitern der fünf Teilprojekte Produktion, Materialwirtschaft, Personal, Controlling und Informationsverarbeitung. Um die Mitarbeiter beider Firmen in die gemeinsame Verantwortung für das Gelingen der Übernahme und Integration zu bringen und den dazu erforderlichen Know-how-Transfer auf dem kürzesten Wege zu gewährleisten, wurden sowohl die Projektleitung als auch die Leitung der Teilprojekte jeweils einem West- und einem Ostmanager gemeinsam übertragen. Mit der Bezeichnung „Pilot/Kopilot-Modell„ war diese Form der Kollegialführung auf eine griffige Formel gebracht. Das Projekt war direkt unter dem auftraggebenden Vorstandsmitglied angesiedelt, auf einen Steuerungs- bzw. Lenkungsausschuß wurde verzichtet.

Ausgehend von der Rekonstruktion des dargestellten Integrationsprojekts wurde nun die Modellierung des Lernprojekts vorgenommen.

Struktur und Ablauf des Lernprojekts

Im Lernprojekt besteht das Projektteam aus acht Personen. Zwei Projektleiter sind für das gesamte Projekt und jeweils zwei Teilprojektleiter für eines der drei Teilprojekte Produktion, Personal und Controlling verantwortlich. Neben dem Projektteam gibt es einen Vorstand als Auftraggeber und eine Beobachtergruppe (s. Abb. 1).

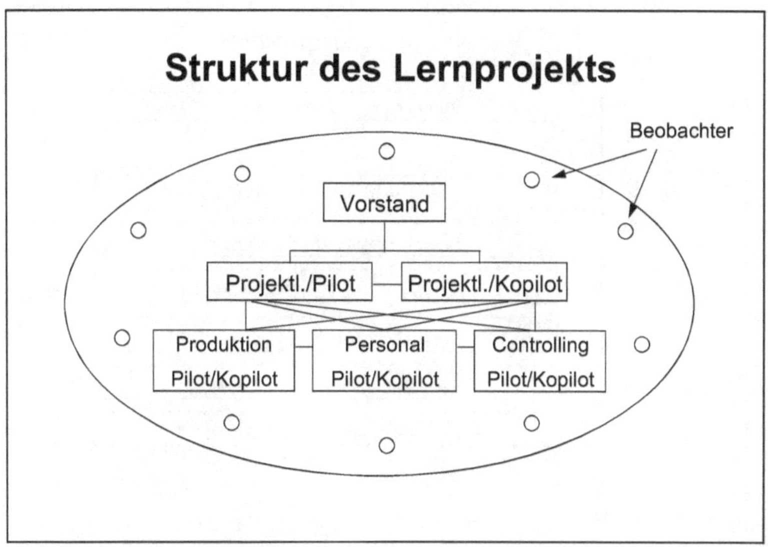

Abbildung 1: Struktur des Lernprojekts

Die Aufgabe des Projektteams besteht darin, den ehemaligen Volkseigenen Betrieb innerhalb des vorgegebenen Projektzeitraums in ein wirtschaftliches Unternehmen mit rationellen Strukturen zu überführen, das nachhaltig Gewinn erwirtschaftet.

Durch die Verringerung der Anzahl der Teilprojekte von fünf auf drei und durch die Verkleinerung des Projektteams von zwölf auf acht Mitglieder wurde die Komplexität des Ausgangsprojekts deutlich reduziert.

Das Lernprojekt ist in acht Phasen unterteilt: Vorbereitungsphase, Definitionsphase, vier Bearbeitungsphasen, Projektpräsentation und Reflexionsphase (s. Abb. 2).

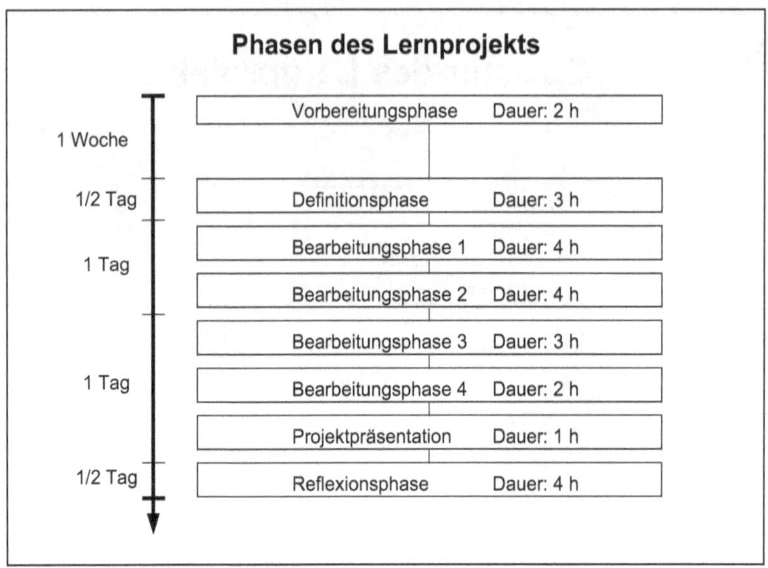

Abbildung 2: Phasen des Lernprojekts

Bevor die Teilnehmer sich in die Projektsituation hineinbegeben, erhalten sie in der Vorbereitungsphase rollenspezifisch aufbereitete Vorabinformationen über die Projektvorgeschichte, über die Problemstellungen und über ihre Rolle im Projekt, um sich auf die Projektsituation vorbereiten zu können. Die Informationen sind für jede Rolle unterschiedlich, so dass Informationsasymmetrien entstehen.

Sie haben dann bis zum Beginn der Definitionsphase, in der das Projektteam seine Arbeit aufnimmt, eine Woche Zeit, um sich in die zur Verfügung gestellten Unterlagen einzuarbeiten und sich auf ihre Rollen vorzubereiten.

In der Definitionsphase erstellt das Projektteam den Unternehmensplan mit den angestrebten Produktions- und Absatzzielen und der Personalsollstärke des Unternehmens bezogen auf das Projektende und legt das dazu erforderliche Investitionsvolumen fest.

In den folgenden vier Bearbeitungsphasen trifft das Projektteam jeweils Produktions-, Absatz- und Investitionsentscheidungen, um sich den im Unternehmensplan festgelegten Absatz- und Ergebniszielen sowie dem angestrebten Personalstand schrittweise zu nähern. Zugleich stellt das Projektteam in jeder Bearbeitungsphase ein Planbetriebsergebnis und einen Planpersonalstand auf.

Aufgrund der vom Projektteam geplanten Produktions- und Absatzzahlen wird durch ein Computermodell, das die Marktsituation im authentischen Ausgangsprojekt widerspiegelt, ein Marktgeschehen simuliert. Auf der Basis der simulierten Marktergebnisse und der durch das Projektteam getroffenen Investitionsentscheidungen wird anschließend das "Ist-Betriebsergebnis" und der "Ist-Personalstand" für die betreffende Phase errechnet. Beide Ergebnisse werden zu Beginn jeder Folgephase an das Projektteam zurückgekoppelt.

Nach dem Abschluss der Definitionsphase und jeder Bearbeitungsphase berichten die Projektleiter dem Vorstand über den aktuellen Projektstand. Nach dem Ende der vierten Bearbeitungsphase präsentiert das Projektteam die Ergebnisse seiner Projekttätigkeit in einer überraschend einberufenen Belegschaftsversammlung des übernommenen Unternehmens. Vom Beginn der Definitionsphase an bis zum Abschluss der Reflexion umfasst das Lernprojekt insgesamt zwei bis drei Arbeitstage bzw. Seminartage.

Spezifische Projektbedingungen im Planspiel

Die im Planspiel bzw. Lernprojekt zugrunde gelegte Projektsituation ist durch die oben angeführten spezifischen Bedingungen gekennzeichnet (vgl. Problemstellung):

- Starke Ergebnisorientierung und großer Erfolgszwang

  Das im Projektauftrag formulierte Ziel der nachhaltigen Gewinnerwirtschaftung gewährleistet die inhaltliche Ergebnisorientierung des Projektteams. Die Abgabe der Planungsunterlagen (Entscheidungsunterlagen, Betriebsergebnis- und Personalstandsplanung) jeweils zum Ende einer Bearbeitungsphase erfordert ein darauf hinarbeitendes ergebnisorientiertes Vorgehen des Projektteams. Mit dem Rücklauf des Ist-Betriebsergebnisses und Ist-Personalstandes, die zu Anfang jeder Folgebearbeitungsphase verteilt werden, wird das Projektteam über die leistungs- und kostenrelevanten Auswirkungen seiner Entscheidungen in Kenntnis gesetzt und kann sich an der Differenz zwischen dem aktuellen Projektstand und der angestrebten Zielsetzung orientieren.

- Hoher Zeitdruck aufgrund der Befristung

  Der Zeitrahmen für das Lernprojekt insgesamt und für jede seiner Phasen wurde von vornherein klar festgelegt. Die Zeit für die Definitionsphase, in der sich die Teilnehmer als Gruppe konstituieren und gemeinsam einen Unternehmensplan aufstellen müssen, ist angesichts der Komplexität der Aufgabenstellung mit drei Stunden relativ knapp bemessen. Im Verlauf der Projektdurchführung wird der Zeitdruck verschärft, d.h. in den beiden letzten Bearbeitungsphasen steht dem Projektteam zunehmend weniger Zeit zur Verfügung.

- Die besondere Rolle der Projektleitung

  Die Rolle der Projektleitung wurde mit einer Reihe von Merkmalen versehen, die die herausgehobene Stellung und Verantwortung der Projektleiter im Lernprojekt dokumentieren:

  - Projektsteuerungsfunktion: Den Projektleitern obliegt die Aufgabe der strategischen und operativen Projektsteuerung und der Mitarbeiterführung.
  - Informationsasymmetrie: Die Projektleiter verfügen lediglich über eine knappe Darstellung der Sachaufgaben aller Teilprojekte und damit über erheblich weniger bearbeitungsrelevante Informationen als die Mitarbeiter des jeweils zuständigen Teilprojekts. Die gewählte Informationsverteilung reflektiert den mit der steigenden Komplexität der Aufgabenstellungen und Entscheidungssituationen einhergehenden "Schwund sachbezogener Vorgesetztenkompetenz".
  - Berichtspflicht gegenüber dem Vorstand: Die Projektleiter sind dem Vorstand gegenüber für die erfolgreiche Projektdurchführung verantwortlich, sie berichten regelmäßig nach Ende jeder Phase über den Projektstand.
  - Weisungsbefugnis im Projekt: Die Projektleiter sind ihren Mitarbeitern gegenüber weisungsberechtigt.[162]

- Das Zusammentreffen unterschiedlicher Kulturen

  Um die unternehmenskulturelle Dimension im Lernprojekt zum Tragen zu bringen, wurden die Rollenbeschreibungen für die West- und die Ost-Manager jeweils aus einer subjektiven Perspektive des betreffenden Mitarbeiters aus dem erwerbenden bzw. dem übernommenen Unternehmen abgefaßt. Bei den Reizthemen Personalabbau und Standortwahl äußert sich dies in explizit unterschiedlichen Präferenzen der Manager.

- Das Zusammenkommen unterschiedlicher Selbst- und Führungsverständnisse

  Durch die Doppelbesetzung der Projektleitungsposition können im Lernprojekt

---

[162] Vgl. Grupp 1996, S. 56 f.; Streich 1996, S. 54 ff.; Rickert 1995, S. 86 ff.; Rinza 1994, S. 139; Hansel/Lomnitz 1993, S. 121 ff.; Kupper 1993, S. 241 ff.; Schröder 1970, S. 80ff.

Differenzen im Führungshandeln der beiden Projektleiter aufkommen, die auf Unterschiede in deren Führungsverständnis zurückgehen. Entsprechendes gilt für die drei Teilprojekte im Hinblick auf das Selbstverständnis der Projektteammitglieder.

- Sehr große wechselseitige Abhängigkeiten zwischen Teilaufgaben
  Zwischen den Aufgaben der Teilprojekte bestehen starke Interdependenzen, so dass die Mitarbeiter jedes Teilprojekts zur Bearbeitung ihrer Aufgaben auf Informationen angewiesen sind, die in den anderen Teilprojekten produziert werden müssen. Darüber hinaus sind die beiden Mitarbeiter innerhalb eines Teilprojekts, von denen einer aus dem übernommenen und der andere aus dem erwerbenden Unternehmen stammt, teilweise mit unterschiedlichen Informationen zur Aufgabenbearbeitung ausgestattet.

  Insofern erfordert die sachgerechte Bearbeitung der Aufgaben sowohl die Abstimmung der Mitarbeiter desselben Teilprojekts untereinander als auch die intensive Zusammenarbeit zwischen Mitarbeitern unterschiedlicher Teilprojekte.

- Die Notwendigkeit, Kommunikationsstrukturen aufzubauen

  Von Beginn an sieht sich das Projektteam mit der Aufgabe konfrontiert, seinen Arbeitsprozess selbständig zu strukturieren. Das Wissen über das Projekt ist so verteilt, dass die Projektmanager wechselseitig auf den Austausch von Informationen angewiesen sind. Dadurch ergibt sich die Notwendigkeit zum Aufbau von funktionsfähigen Kommunikationsstrukturen, durch die sich die Teilnehmer erst Einsicht in die Struktur der bestehenden Aufgabenabhängigkeiten verschaffen können.

- Das vermehrte Auftreten gruppendynamischer Prozesse

  Die Teilnehmer sind von Beginn des Lernprojekts an darauf angewiesen, sich selbst zu organisieren. Zur erfolgreichen Bewältigung der Projektaufgabe müssen sie sich aufeinander persönlich einlassen, sich darüber verständigen, was sie im Projekt erreichen und wie sie vorgehen wollen, funktionierende Arbeitsbeziehungen einrichten und sich zu einem Team entwickeln. Über die Konflikte hinaus, die in der Sturmphase der Gruppenbildung ohnehin auftreten, liefern die Rollenbeschreibungen hinsichtlich der Themen Personalabbau und Wahl des Produktionsstandortes weiteres Konfliktpotential, mit dem das Projektteam umgehen muß.

- Ein Widerspruch zur bestehenden Organisation

Mit der Übernahme einer Rolle im Lernprojekt stellen sich den Teilnehmern Anforderungen, die für sie einen Widerspruch zu ihrer Position in der ihnen vertrauten bestehenden Organisation darstellen. Für die studentischen Teilnehmer des Lernprojekts ist es vor allem die Einordnung in die klar festgelegte hierarchische Leitungsstruktur im Lernprojekt (vgl. Abb. 1), die sie als Widerspruch zur Position eines Studierenden in der Universität empfinden. Die aus Unternehmen stammenden Teilnehmer erleben dagegen die hohe Unstrukturiertheit der Gruppensituation und die daraus resultierende Notwendigkeit zur Selbstorganisation im Lernprojekt zumeist als Widerspruch zu den ihren Arbeitszusammenhang stärker regelnden Organisationsstrukturen im Unternehmen.

- Die Bewältigung oftmals unklarer, meist ungewohnter, neuer Situationen, für die es keine gelernten Verhaltensmuster gibt

  Durch die Einspeisung neuer Informationen und durch überraschende „Leitungseinlagen" werden die Teilnehmer des Lernprojekts mit neuen, unvorhergesehenen Situationen konfrontiert.

Reflexion der Projekterfahrungen

Die Reflexion hat im Lernprojekt eine Kernfunktion.[163] Im Anschluss an die Projektbearbeitung eröffnet sie den Teilnehmern im gemeinsamen Gespräch die Möglichkeit, auf die persönlichen Erfahrungen Bezug zu nehmen, die jeder Teilnehmer mit den spezifischen Projektbedingungen im Projekt und mit sich selbst im Umgang mit diesen Bedingungen gemacht hat.

Durch die Bildung einer Beobachtergruppe wird sichergestellt, dass die wichtigen Ereignisse für die Reflexion nicht verlorengehen. Die Beobachter können sich während der Projektbearbeitung voll auf die Beobachtung der Teilnehmer und des Projektverlaufs konzentrieren. Die Reflexionsphase wird dann eingeleitet durch die Präsentation der Beobachter, die ihre Wahrnehmungen dem Projektteam zur Verfügung stellen. Indem sie die entscheidenden Stationen des Projekts konkret darstellen, machen sie aus ihrer Perspektive deutlich, wie sich jeder einzelne in der Projektsituation bewegt hat und auf welche Weise die zukünftigen Projektmanager ihr Projekt entwickelt haben. Auf diese Darstellung können nun die Teilnehmer ihrerseits Bezug nehmen und ihre persönlichen Erfahrungen mit dem Projekt

163 Vgl. Walger 1995, S. 9 ff.

zur Sprache bringen, so dass sie sich im Gespräch über ihre unterschiedlichen Erfahrungen und Verhaltensweisen verständigen können.

In diesem Gespräch können die Teilnehmer die Erfahrungen, die sie gemacht haben, in ihrer Bedeutung für ihren späteren Einsatz in einem Unternehmensprojekt reflektieren. So lässt sich beispielsweise erörtern, wie sie Verhaltensweisen verändern können, die sich im Lernprojekt als problematisch herausgestellt haben. Indem die Teilnehmer ihre im Lernprojekt gemachten Erfahrungen im gemeinsamen Gespräch verarbeiten, können sie sie als Orientierung für die eigene Entwicklung verwenden.

Die Erfahrungen mit der Durchführung des Lernprojektes zeigen, dass es sich gut zur Sensibilisierung von Studierenden und Mitarbeitern von Unternehmen für die spezielle Projektsituation und ihren persönlichen Umgang damit eignet. Das erfahrungsorientierte Lernen kann die Projektmanagementausbildung im Universitätsstudium und in der Personalentwicklung in Unternehmen sinnvoll ergänzen, es kann als Vorlauf eines realen Projektes eingesetzt werden, um das Projektteam einzustimmen und Konflikte im Vorfeld anzugehen, und es kann als Assessment für die Auswahl von Projektmanagern genutzt werden. Im Universitätsstudium wurde das Lernprojekt an den Anfang einer Veranstaltung zum Projektmanagement gestellt. Das hatte den Effekt, dass die Studierenden sich anschließend sehr motiviert mit der Literatur zum Projektmanagement auseinandergesetzt haben.

Jackstädt goes Joint-Venture?

In dieser Veranstaltung zur Strategischen Unternehmensführung übernahmen die Studierenden die Aufgabe, die Frage zu beantworten, ob die Jackstädt-Gruppe zur Erschließung des mexikanischen und amerikanischen Marktes ein Joint-Venture mit einem mexikanischen Unternehmen eingehen soll. Auf Vorschlag von Dr. Werner Jackstädt, Gesellschafter und Vorsitzender des Beirats der Werner Jackstädt GmbH, wurde die Veranstaltung gemeinsam mit dem Geschäftsführer der Jackstädt GmbH durchgeführt. Die an die Studierenden gerichtete Frage stellte für die Firma Jackstädt eine konkrete strategische Fragestellung dar.

Um die Fallstudie möglichst realitätsnah zu gestalten, wurden den Studierenden die Unterlagen zur Verfügung gestellt, die von der Jackstädt GmbH für die interne Entscheidungsvorbereitung zusammengestellt worden waren. Aufgrund dieser Unterlagen aus dem Unternehmen, die u.a. eine Marktstudie sowie die Geschäftsergebnisse des potentiellen Joint-Venture Partners umfassten, sowie zusätzlicher eigener Recherchen und einer intensiven Befragung des Geschäftsführers der Jackstädt GmbH hatten die Studierenden eine Entscheidung zu erarbeiten, ihre Entscheidungen zu präsentieren und schließlich in der Diskussion mit Prof. Walger und dem Geschäftsführer der Jackstädt GmbH zu begründen. Zum Abschluss der Veranstaltung erläuterte letzterer den Teilnehmern die Einschätzung der Situation durch die Firma Jackstädt und die darauf beruhende Entscheidung.

Im Entscheidungsprozess und in der Diskussion der von den Studierenden präsentierten Entscheidung wurden zahlreiche Themen erörtert, Dazu gehörten unterschiedliche Formen der Erschließung und Bearbeitung ausländischer Märkte, die Auswertung der vorhandenen Informationen über den Markt in Mexiko, Fragen der Gestaltung der Zusammenarbeit mit dem potentiellen mexikanischen Partner, die Bewertung der politischen und wirtschaftlichen Entwicklung Mexikos sowie grundsätzliche strategische und finanzielle Erwägungen bei einem Joint-Venture.

Die Fallstudie ermöglichte den Studierenden, ihre Fähigkeiten zur gezielten Analyse und Entscheidung komplexer unternehmerischer Fragestellungen zu erproben und in der Diskussion mit dem Geschäftsführer eines mittelständischen Familienunternehmens zu entwickeln. Im theoretischen Teil der Veranstaltung konnten die Studierenden ihre Erfahrungen mit der Entscheidungsfindung mit Bezug auf die Entscheidungstheorie der Betriebswirtschaftslehre reflektieren und die praktische Bedeutung der theoretischen Ansätze prüfen.

Konzeptentwicklung für ambulante Pflegeleistungen mit Vorwerk & Co.

Die Veranstaltung wurde in Zusammenarbeit mit dem Bereich Unternehmensentwicklung/ Marketing der Firma Vorwerk & Co., Wuppertal, sowie dem Geschäftsführer einer Unternehmensberatung durchgeführt. Sie hatte die aktive Erarbeitung einer konkreten Konzeption für das strategische Marketing eines neuartigen Dienstleistungsangebots im Bereich der ambulanten Pflege zum Gegenstand.

Zunächst erarbeiteten die teilnehmenden Studierenden die Bedürfniskategorien von Kunden, wie sie in der betriebswirtschaftlichen Theorie unterschieden werden. Diese unterscheidet nach Kano ausgesprochene Bedürfnisse (spokens), unausgesprochene Bedürfnisse, deren Befriedigung selbstverständlich erwartet wird (basics), sowie unausgesprochene Bedürfnisse, deren Befriedigung nicht erwartet wird und deren Befriedigung daher zu einer Begeisterung des Kunden führen kann (excitements). Nur die erste dieser drei Kategorien ist einer direkten Befragung zugänglich, die beiden anderen sind auf indirekte Weise zu ermitteln.

Mit Hilfe von CD-MAP, einem Verfahren zur systematischen und bedürfnisorientierten Produkt- und Dienstleistungsentwicklung, wurden entsprechend der Kano'schen Systematik die Bedürfnisse von Pflegebedürftigen, ihrer Angehörigen, des Pflegepersonals sowie der Pflegekassen ermittelt, analysiert und aufbereitet. Durch die Kombination von qualitativen und quantitativen Interviews wurden für jedes ausgesprochene Bedürfnis die relative Wichtigkeit und die Zufriedenheit mit der gegenwärtigen Situation ermittelt. Die Ergebnisse der Bedürfnisanalyse wurden von den Studierenden vor leitenden Mitarbeitern von Vorwerk & Co. präsentiert und mit diesen diskutiert.

In der anschließenden Konzeptphase bauten die Teilnehmer auf den zuvor erarbeiteten Bedürfnissen auf und machten sie zur Grundlage für die eigenständige Entwicklung konsequent kundenorientierter Marketingkonzepte. In einer Abschlusspräsentation stellten die Studierenden drei verschiedene Konzepte für ein kundenorientiertes Angebot ambulanter Pflegeleistungen vor, die sich qleichermaßen durch inhaltliche Fundierung wie durch große Kreativität auszeichneten.

Change Management mit BRITA-Wasserfilter

Für die Veranstaltung formulierte der Leiter der Vertriebsdivision des B2B-Geschäftes von BRITA, dem führenden Hersteller von Wasserfiltern für die Veredelung bzw. Aufbereitung von Wasser zum direkten Konsum sowie für die Wasserversorgung von Getränke- und Kaffeeautomaten, etc., die Aufgabenstellung für die

Studierenden, die Entwicklung des B2B-Marktes für Wasserfilter zu analysieren und ein neues Vertriebskonzept inklusive Maßnahmenplan zu entwickeln.

Die Studierenden führten für die Situationsanalyse Gespräche mit Mitarbeitern aus dem Vertrieb und analysierten Informationen über die Vertriebs- und Kundenstruktur, die das Unternehmen zur Verfügung stellte. Dabei zeigt sich, dass unter Kunden einmal Endkunden wie Restaurants, Cafés, Industrieunternehmen und Krankenhäusern verstanden wurden. Zum anderen gehörten auch Hersteller von Kaffeeautomaten, Getränkeautomaten sowie Händler, die deren Automaten vertreiben, zu den Kunden. Einige dieser Händler führten wiederum Wartungen für die Endkunden durch, bei denen sie die BRITA-Wasserfilter verwendeten, andere boten dies wiederum nicht an.

Die Studierenden fassten jeweils ähnliche Kunden zu Kundengruppen zusammen. Durch eine genauere Betrachtung und Befragung von Kunden dieser verschiedenen Kundengruppen fanden die Studierenden heraus, dass sich innerhalb der Kundengruppen nicht nur deutliche Veränderungen, wie die Entstehung von Systemgastronomien und Ketten, vollzogen, sondern dass diese zum Teil auch sehr unterschiedliche Bedürfnisse hatten. Die Studierenden zogen daraus die Konsequenz, dass eine neue Ausrichtung des Angebots auf die verschiedenen, genau zu definierenden Kundengruppen sinnvoll ist. Für ein bestimmtes Kundensortiment analysierten die Studierenden den Bedarf der Kunden und entwickelten Ansätze, wie dieser bedient werden kann.

Im Anschluss erarbeiteten die Studierenden ein Change Management-Konzept, das einerseits beinhaltete, neben den Flächenvertrieb einen Key-Account-Vertrieb für die großen Kunden sowie eine Produktentwicklung innerhalb der Division organisatorisch zu etablieren, die Angebote entwickelt, die den spezifischen Kundenbedürfnissen entsprechen.

Zum anderen machten die Studierenden Vorschläge, wie mit dem Problem umgegangen werden kann, dass sich in den Gesprächen innerhalb des bestehenden Flächenvertriebs Widerstand gegen die Einführung eines Key-Accounts abzeichnete. Diese beinhalteten im Kern, zunächst ein Problembewusstsein bei den Beteiligten zu generieren und aufzuzeigen, dass die sich abzeichnenden Marktveränderungen mit der bestehenden Ausrichtung nicht gut gelöst werden können, so dass BRITA gegenüber dem Wettbewerb in Nachteil zu geraten drohte. Zweitens schlugen sie vor, den Beteiligten aufzuzeigen, wie die, die die Veränderungen mitgestalten, von ihr persönlich profitieren können.

Ihre Erfahrungen aus dem Projekt konnten die Studierenden in die Veranstaltung zum Change Management einbringen und zu den in dieser erarbeiteten Theorien ins Verhältnis setzen. Für die Divisionsleiter von BRITA bedeutete das Ergebnis der Studierenden eine weitgehende Bestätigung der eigenen Überlegungen zu der Neugestaltung des Vertriebes.

7.3 Interaktive Case Study zur Verhandlungsführung

Die Führung von Verhandlungen wird immer bedeutender für den Bestand und die Entwicklung von Unternehmen. Ergebnisse wichtiger Verhandlungen können den Erfolg mehrerer Jahre bestimmen. Der Erfolg einer Verhandlung hängt in besonderer Weise von der Professionalität und Person des Verhandlungsführers ab. Ziel der gemeinsam mit dem professionellen Verhandler entwickelten und durchgeführten Veranstaltung ist, den Studierenden eine persönliche Erfahrung mit der besonderer Verhandlungssituation und ihre Reflexion zu ermöglichen.

In der Case Study erleben sich die Studierenden in einer Verhandlungssituation, in der sie für ihr Unternehmen die Aufgabe haben, auf der Basis einer vorgegebenen Ausgangssituation ein Angebot für einen Kunden zu entwickeln und in einer anschließenden Verhandlung zum Abschluss zu bringen. Die Studierenden übernehmen im Fall die Rolle der Unternehmensleitung eines mittelständischen Unternehmens der Holzindustrie. Aufgrund der engen Verknüpfung des Unternehmenserfolgs mit dem Ausgang der Verhandlung ist diese nur erfolgreich zu führen, wenn sie diese aus ihrer Funktion als Unternehmensführung begreifen. Dies verlangt von ihnen, in der Verhandlung die Auswirkungen der von ihnen zu treffenden Vereinbarungen für die Entwicklung und den Bestand des Unternehmens zu beurteilen.

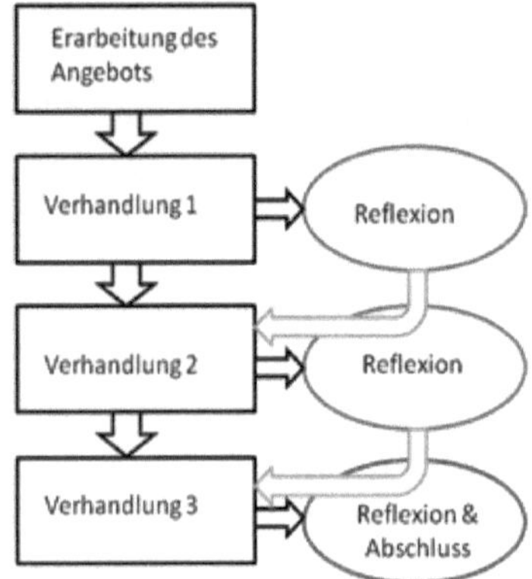

Abb. 1 Ablauf der Case Study zur Verhandlungsführung

In mehreren Verhandlungsrunden können die Teilnehmer in dieser realitätsnahen Situation persönliche Erfahrungen mit der Führung einer Verhandlung sammeln.

Die Verhandlungssituation bietet den Teilnehmern die Gelegenheit, mit wesentlichen Momenten der Verhandlungsführung (Eröffnung der Verhandlung, Protokollierung, Ereignischarakter der Verhandlung, Psychologie der Verhandlung, Rhetorik in der Verhandlung, Prinzipien der Verhandlungsführung, Bedeutung von Gefühlen, etc.) erste praktische Erfahrungen zu machen. Im Anschluss an jede Verhandlungsrunde bringen die Studierenden, die nicht aktiv verhandelt und die Rolle des Beobachters übernommen haben, ihre Beobachtungen in die gemeinsame Reflexion der Verhandlung ein. Die Beobachter können dabei die Erfahrung machen, dass genaues Beobachten eine besondere Herausforderung und zugleich ein wesentliches Erfolgsmoment des Verhandelns ist.

Anschließend an die praktischen Erfahrungen wird das Thema der Verhandlungsführung anhand aktueller theoretischer Ansätze behandelt und auf seinen Zusammenhang mit der Aufgabe der Unternehmensführung untersucht. Dies ermöglicht es den Studierenden, ihre eigenen Erfahrungen in dem Praxisprojekt in Auseinandersetzung mit der Theorie noch einmal anzuschauen und Theorie und Praxis für sich in ein Verhältnis zu setzen.

Mit der Zeit wurden unterschiedliche Fälle entwickelt, z.B. zum Verkauf eines Produktes an einen Key-Account Kunden oder zu einer Unternehmensakquisition und es wurden weitere Verhandler aus der Praxis für die Mitwirkung in dem praktischen Part gewonnen.

Durchführung als Lehrveranstaltungen im Studium

Verhandlungsführung „Case Master"

Ziel der gemeinsam mit einem erfahrenen Verhandler aus der unternehmerischen Praxis durchgeführten Veranstaltung war es, den Studierenden mit einer realitätsnahen Verhandlungssituation die Möglichkeit zu eröffnen, persönliche Erfahrungen mit der Führung einer Verhandlung zu sammeln und zu reflektieren.

Drei Wochen vor Beginn der Veranstaltung wurde den Studierenden eine schriftlich ausformulierte, fiktive Ausgangssituation für die Verhandlung zur Verfügung gestellt. Die Studierenden erhielten den Auftrag, als Vertreter des sich entwickelnden jungen Geschäftsbereichs Transportkisten („Case Master") eines mittelständischen Unternehmens der Holzindustrie ein schriftliches Angebot über eine größere Lieferung an eine große, internationale Speditionsfirma abzugeben. Dieses Angebot bildete die Grundlage für das Verhandlungsgeschehen, in dessen ersten beiden Phasen der professionelle Verhandler in der Rolle des Kunden den studentischen Verhandlungsführern gegenüberstand, die mit dem Angebot qualitativ hochwertiger Kisten und einer qualitätsorientierten Preisstrategie in die Verhandlung starteten.

Der als Kunde agierende Verhandler brachte die Studierenden von ihrer zuvor nur umrisshaft bestimmten Verhandlungslinie ab und verwickelte sie in eine intensive Diskussion über den Umfang der von ihm erwarteten Lieferungen und Leistungen. Dies gelang ihm, indem er die Studierenden gezielt auf von ihnen nicht bedachte, aber betriebswirtschaftlich relevante Implikationen ihres Angebots ansprach, konkrete Forderungen geltend machte und ihnen gleichzeitig einen langfristigen Liefervertrag anbot. Im Verlauf der stellenweise mit hohem Tempo und hitzig geführten Auseinandersetzung legten die Studierenden nicht nur wesentliche Kostenpositionen ihres Angebots offen, sondern stimmen schließlich auch erheblichen Leistungsänderungen zu, ohne deren Rückwirkungen auf Produktionsplanung und Angebotskalkulation gewissenhaft zu prüfen. In der dritten Runde wurden die Studierenden mit der Situation eines überraschend eingetretenen Produktionsausfalls ihres Unternehmens konfrontiert. Diese Änderung des Settings konfrontierte die Studierenden damit, dass sie in der Verhandlungssituation für die Erfüllung des Auftrags die deutliche Ausweitung ihrer Produktionskapazitäten leichtfertig zugesagt hatten. Um ihre gegenüber der Speditionsfirma eingegangenen vertraglichen Pflichten zu erfüllen, waren sie nun dazu gezwungen, die Kisten zu den Konditionen, die sie in der Rolle des Verkäufers zuvor ausgehandelt hatten, bei einem Wettbewerber selbst einzukaufen. In der Verhandlung mit einem zweiten Praktiker, der die Rolle des Verhandlungsführers eines Konkurrenzunternehmens übernahm, taten sich die Studierenden nicht leicht, die Zugeständnisse, die sie in der Verkäuferposition gegenüber ihrem Kunden eingegangen waren, als Einkäufer wieder "hereinzuverhandeln". Der Rollenwechsel vom Verkäufer zum Einkäufer und die Erfahrung der Schwierigkeiten in dieser Verhandlungsposition ermöglichte den Studierenden, ihr in den Vorphasen als Verkäufer erzieltes Verhandlungsergebnis aus der Perspektive des Einkäufers noch einmal kritisch zu beurteilen.

Nach jeder Verhandlungsrunde wurden anhand von Protokollen und Beiträgen der studentischen Beobachter wesentliche Momente des Verhandlungsgeschehens herausgearbeitet, ihre Auswirkungen auf das erreichte Verhandlungsergebnis untersucht und ihre Bedeutung für die Führung einer Verhandlung diskutiert. Abschließend reflektierte Prof. Dr. Gerd Walger die gesammelten praktischen Erfahrungen gemeinsam mit den Studierenden und den Praktikern. Im Zentrum der Reflexion standen die betriebswirtschaftlichen Konsequenzen des erzielten Verhandlungsergebnisses für das von den Studierenden vertretene Unternehmen, insbesondere im Hinblick auf die von ihnen zugesagten Produktmodifikationen. Ferner wurde auf das Verhandlungsverhalten jedes Einzelnen im Hinblick auf die Vorbereitung, das Auftreten, die verbale und nonverbale Kommunikation, den Verhandlungsstil, die Führung der Argumentation und die Art und Weise der Verknüpfung von sachlicher und persönlicher Ebene in der Verhandlung eingegangen.

Die Veranstaltung fand bei allen Beteiligten großen Anklang, wozu die gelungene Veranstaltungskonzeption, die große Bereitschaft der Praktiker, konkret zu demonstrieren, wie sich eine Verhandlungssituation entfalten und vorteilhaft entwickeln lässt, und das hohe Engagement der Studierenden gleichermaßen beitrugen. Im theoretischen Teil der Veranstaltung wurden die in der betriebswirtschaftlichen Literatur vorkommenden Ansätze zur Verhandlungsführung zu den entstandenen, praktischen Erfahrungen ins Verhältnis gesetzt.

Verhandlungsführungsveranstaltung mit der DaimlerChrysler Vertriebsorganisation Deutschland

Der Kern dieser Lehrveranstaltung zur Verhandlungsführung ist ein Verhandlungsfall, der in Zusammenarbeit mit der DaimlerChrysler Vertriebsorganisation Deutschland (DCVD) entwickelt wurde. Im Rahmen der zweitägigen Fallstudie verhandeln Studierende mit erfahrenen Managern aus dem Unternehmen einen aus der Praxis dieses Unternehmens entnommenen Fall, und sammeln persönliche Erfahrungen als Verhandler in dieser realistischen Verhandlungssituation.

In der Auftaktveranstaltung wurden die Studierenden in den Verhandlungsfall eingeführt und entschieden sich für ihre Rolle in der Verhandlung. Dabei standen auf der einen Seite die Rollen des Verhandlungsführers, des Sekundanten, des Protokollanten sowie der Beobachter zur Auswahl. Auf der anderen Seite mussten die verhandelnden Studierenden eine Funktion im Unternehmen wählen. Bei dieser waren sie in ihrer Entscheidung frei.

Für die Veranstaltung wurden drei Verhandlungsrunden angesetzt, zwischen denen jeweils eine Reflexion des Geschehens vorgenommen wurde. Die Studierenden hatten im Vorfeld die Anfrage eines typischen Kunden einer Vertriebsniederlassung der DCVD erhalten und auf dieser Basis ein schriftliches Angebot über zwanzig DaimlerChrysler Lkw vom Typ Actros mit einer bestimmten Ausstattung erstellt. Bereits in der Vorbereitung der Verhandlung und der Erstellung des Angebotes beginnt der Lernprozess. Innerhalb der Gruppe werden Rollen Positionen und die jeweiligen Ziele verhandelt. Weitere Studierende beobachten die Teams in diesem Prozess und dokumentieren den Verlauf der Vorbereitung für die anschließende Reflexion. Das von den Studierenden erstellte Angebot wird dem Verhandlungspartner, den Managern der DCVD, als Grundlage für die erste Verhandlungsrunde vorab übergeben.

Das Angebot wird zwischen den Studierenden und den potentiellen Käufern in einer ersten Runde verhandelt. Die nachfolgende Verhandlung knüpft je an das Ergebnis und Verlauf der vorhergehenden Runden an. Für die Manager von DCVD, die in ihrem Unternehmen meist verkäuferisch tätig sind, bedeutet diese Verhandlungssituation, sich in die Rolle ihres Kunden hineinzuversetzen und die Perspektive des Einkäufers einzunehmen, der ihnen im normalen Alltag gegenübersitzt.

Im Folgenden werden beispielhaft Sequenzen und Verlauf der Verhandlung beschrieben:

Sequenz aus der ersten Verhandlungsrunde

> Einkäufer: „Bitte nehmen Sie Platz. Ich möchte zunächst die Spielregeln klären. Sind wir uns einig, dass wir zu unseren Spielregeln – den Regulas Romana (AGB) – spielen?“
>
> Studentisches Verkaufsteam: „Ja sicher, wobei Einzelheiten im späteren Verlauf noch zu klären sind.“
>
> Einkäufer: „Also sind wir uns einig, dass die Regulas Romana gelten, dann können wir jetzt zum nächsten Punkt kommen.“

Beschreibung der Beobachter

Das studentische Verhandlungsteam sieht sich von Beginn an einer Situation gegenüber, in der die Einkäufer sehr sachlich und bestimmt die Punkte der Agenda diktieren. Es gelingt den Studierenden nicht, ein eigenes Verhandlungsfeld zu eröffnen und gegenüber dem Käufer die Qualitätsargumentation aufzubauen, die sie sich im Vorfeld vorgenommen hatte. Das Einkaufsteam kann seine Positionen weitgehend durchsetzen. Abschließend können sich die Verhandlungspartner in einigen Punkten jedoch nicht einigen.

Reflexion

Das Feedback der Beobachter verdeutlicht: Durch die „Überrumpelung“ und das passive Verhalten der Verkäufer, die den Konflikt mit ihrem Gegenüber vermeiden, verliert das studentische Verhandlungsteam die eigenen Ziele immer mehr aus den Augen und nimmt auch auf das eigene Angebot keinen Bezug mehr. Es entsteht eine hierarchische Beziehung zwischen Einkäufer und Verkäufer, die die Studierenden sich in der Situation nicht vergegenwärtigt haben. Die Studierenden haben durch ihr Verhalten dem Einkäufer die Führung der Verhandlung überlassen. Damit haben sie es aus der Hand gegeben, Verlauf und Ergebnis der Verhandlung zu bestimmen.

Sequenz aus der zweiten Verhandlungsrunde

> Einkäufer: „Wir haben noch 15 Minuten, in denen wir nun den Punkt der Lieferungs- und Zahlungsbedingungen klären müssen."
>
> Studentischer Verkäufer: „Dies ist ein wichtiger Punkt, den wir nicht überstürzen sollten. Deshalb würden wir gerne einen neuen Termin vereinbaren."
>
> Einkäufer: „Ich denke, wir können dies heute noch abschließen."
>
> Studentischer Verkäufer: „Wir schätzen dies anders ein und würden den Punkt lieber im nächsten Termin klären."
>
> Einkäufer: „Wenn Ihnen dies lieber ist und Sie der Verkauf nicht abschließen wollen..."

Beschreibung der Beobachter

Mit Beginn der zweiten Verhandlungsrunde veränderten die Einkäufer ihre Verhandlungsstrategie. Sie behandelten die Verkäufer als gleichberechtigt und überaus freundlich. Das zweite studentische Team wiederholte den Fehler aus der ersten Runde nicht, setzte eigene Akzente, widersprach seinen Verhandlungspartnern und ging zu ihnen immer wieder in Konflikt. Der Vorstoß der Verkäufer den Abschluss der Verhandlung unter Zeitdruck zu verhindern, ist ihnen gelungen, führte aber zu einer Verstimmung der Beziehung.

Reflexion

In den Rückkopplungen der Beobachter wurde deutlich, dass die Vermeidung der Fehler aus der ersten Runde die Studierenden verleitet hat, sie überzukompensieren. Sie haben sich in der Frage der Verschiebung durchgesetzt. Dadurch haben sie aber erneut ihr Ziel, zu einem Vertragsabschluss zu kommen, nicht erreicht. Sie haben den Konflikt als Machtfrage behandelt und ihr eigentliches Ziel aus den

Augen verloren. Sie manövrierten sich schließlich in eine noch schwierigere Position, weil die Verhandlung kurz vor dem Abschluss stand, nun wieder offen und die Stimmung zwischen den Verhandlungspartnern belastet ist. Die Studierenden erkannten, dass sie den Fehler vermeiden wollten und dadurch in neuer Form wiederholten, und dass ihr eigentliches Problem darin bestand, keine Verantwortung für den Verhandlungsabschluss übernehmen zu wollen.

In Folge des bisherigen Verlaufs der Verhandlung änderte der Kunde seine Position. Statt der geplanten Abnahme von zwanzig, formulierte er nun nur noch einen Bedarf von fünf DaimlerChrysler ACTROS-LKW. Die Einkäufer forderten für das Fehlverhalten aus den vergangenen Runden zudem ein deutliches Zeichen des Entgegenkommens von den studentischen Verkäufern. Das studentische Verkaufsteam hielt zunächst an seiner normalen Rabattpolitik fest. Als aber die Einkäufer mit dem Scheitern der Verhandlung drohten, besserte das studentische Team sein Angebot nach und erreiche letztlich unter großen finanziellen Einbußen einen Abschluss. In der abschließenden Reflexion wurde herausgearbeitet, dass die Studierenden zunächst nicht die Verantwortung für die eigenen Fehler übernehmen und die aus ihnen resultierenden Konsequenzen tragen wollten, die z.B. in einem für den Kunden verbesserten Angebot (ggf. auch für den ursprünglichen Bedarf) bestehen. Im zweiten Schritt wiederum wollten sie nicht die Verantwortung für das Scheitern der Verhandlung übernehmen und zahlten dann wiederum dafür einen vergleichsweisen erhöhten Preis.

Im Verlauf weiterer wöchentlicher Lehrveranstaltungen erfolgt das Studium der Literatur zur Verhandlungsführung. Auf die praktischen Erfahrungen aus der Fallstudie wurde dabei immer wieder Bezug genommen.

7.4 Global Studies Program

Das Global Studies Program ist aus der Zusammenarbeit mit Prof. Johan Galtung, Träger des Alternativen Nobelpreises 1987, entstanden, der als ausländischer Gastprofessor mehrere Jahre an der Wirtschaftswissenschaftlichen Fakultät tätig war. Prof. Johan Galtung, Friedens- und Konfliktforscher, Zukunftsforscher und „Erfinder“ des Begriffs der strukturellen Gewalt, hat an der Fakultät vielfältige Veranstaltungen zu Kosmologien, Religionen und internationalen Konflikten durchgeführt. U.a. hat er darin die Thesen aufgestellt, dass der Kalte Krieg zu Ende geht und durch eine multipolare Weltordnung abgelöst wird, in der neue Konflikte entstehen, insbesondere der zwischen Christentum und Islam, und in der weitere Länder, vor allem China, als neue Weltmächte aufkommen. Aus dieser Zusammenarbeit ist der Wille bei einigen Studierenden entstanden, diese Themen und die neu entstehende Weltordnung nicht nur in Witten, sondern an den entsprechenden Stellen vor Ort intensiver zu studieren:

1989 und 1990 studierten 35 Studenten aus den Vereinigten Staaten, Russland, Ungarn, Polen, Kanada, Australien, Norwegen, Indien, Japan und Deutschland unter der wissenschaftlichen Leitung von Prof. Johan Galtung acht Monate lang an zwölf Universitäten in vier Kontinenten und arbeiteten dort gemeinsam mit den einheimischen Wissenschaftlern und Studenten an Lösungsansätzen für nationale und internationale Entwicklungsprobleme.[164] Bei Begegnungen mit Regierungsvertretern und Oppositionellen, Wirtschaftsfachleuten, Wissenschaftlern und Journalisten wurden Analysen erarbeitet und Strategien mit kompetenten Gesprächspartnern aus verschiedensten Bereichen der jeweiligen Gesellschaft diskutiert. Das Wohnen in Gastfamilien, das hautnahe Erleben ihres Alltags, ermöglichte ein tieferes Verständnis der unterschiedlichen Kulturen. Wichtige politische, wirtschaftliche und kulturelle Brennpunkte waren Stationen dieser Reise. Unter dem Thema: 'Weltpolitik in Konflikt und Frieden' wurde den Kontrasten nachgegangen, die einen Eindruck der 'totality of human conditions' vermittelten. Das Ziel bestand darin, Grundzüge der Entwicklung gesellschaftlicher, wirtschaftlicher und sozialer Strukturen und Prozesse zu erforschen. Hierbei wurden insbesondere Kosmologien, d. h. Weltanschauungen, Denkweisen und (Wirtschafts-)Beziehungen der jeweiligen Kulturräume, untersucht und als Grundlage für die Entwicklung von Konflikthandhabung und Kooperation thematisiert. Sprachkenntnisse der Teilnehmer wurden vorausgesetzt und durch vier Intensivkurse vor Ort (Russisch, Arabisch, Chinesisch, Japanisch) erweitert bzw. vertieft.

---

164 Vgl. Neise (1995), S. 139ff.

Jahrhundertelang galten in Deutschland die 'Wanderjahre' als notwendiger Abschnitt der (Aus-)Bildung. Während seit über zweitausend Jahren Wissenschaftler - dem Beispiel Sokrates' folgend - in die Gesellschaft hinausgingen, um Erkenntnisse zu gewinnen, haben sich heute Forschung und Lehre weitgehend in die Bibliotheken und Vorlesungssäle zurückgezogen. Der so verloren gegangene Realitätsbezug, die fehlende Befruchtung von Theorie und Praxis, wird seit Jahrzehnten beklagt. Die Universität Witten/Herdecke unterstützt ihre Studenten, sich wieder auf den Weg zu machen:

Ort	**Thematik**
Washington	Die Außenpolitik der Vereinigten Staaten
London	Greenpeace und Amnesty International
Moskau	Die Perestroika in der Innen- und Außenpolitik
Estland	Der Nationalitätenkonflikt - die andere Sicht
Warschau	Neutralität für Mitteleuropa?
Berlin	Die Spaltung Deutschlands
Witten/Herdecke	Europäische Perspektiven
Rom	Besuch des Vatikans
Kairo	Der Islam und die arabische Perspektive
Israel	Der Israel-Palästina-Konflikt
Ahmedabad	Sarvodaya und Satyagraha - Gandhis Theorie und Praxis
Hanoi	Probleme eines sozialistischen Entwicklungslandes
Bangkok	Probleme eines kapitalistischen Entwicklungslandes
Chengdu	Ein Land, zwei Systeme - der chinesische Weg
Tokio	Die japanische Strategie
Hawaii	Der pazifische Raum als neues Zentrum
Mexiko	Japanisierung Lateinamerikas?
New York	Abschlusspräsentation.

Der Praxis unserer Universität in privater Trägerschaft entsprechend, lag die Verantwortung für Organisation und Finanzierung (durch Stipendien, Spenden, Forschungsmittel und Sponsoren) dieses Projektes bei uns, den Studierenden. Es war uns besonders wichtig, die Internationalisierung des Studiums nicht nur durch Studienaufenthalte in bedeutenden Kulturräumen der Erde voranzubringen, sondern schon durch die Zusammenstellung der Gruppe die Komplexität differierender Ausgangslagen und Sichtweisen erlebbar zu machen. Ein gemeinsamer Forschungsbericht wurde am Ende der Reise erarbeitet und als Buch publiziert. Reportagen in Presse und Fernsehen berichteten über den Verlauf des Projektes. Stationen des Programms werden in der folgenden Tabelle aufgeführt.

Durch die ehrenamtliche Organisationsarbeit der vorne erwähnten Witten/Herdecker Studenten wurde das gesamte erste Programm (inklusive Kosten für Reise, Übernachtungen, Verpflegung, Lehrmaterial und Referenten sowie akademischer Leitung) für nur US-$ 12.500,- pro Teilnehmer angeboten. Außerdem konnten mit Hilfe von Spenden Stipendien an Teilnehmer mit nicht konvertierbaren Währungen und aus Entwicklungsländern vergeben werden.

Die Vorbereitung, Durchführung und Finanzierung dieses ersten global ausgerichteten Ausbildungsprogrammes unterlag, wie alle Pilotprojekte, besonderen Bedingungen. Die wissenschaftliche Konzeption erarbeitete Prof. Johan Galtung. Durch seine wissenschaftlichen Kontakte und Gastprofessuren an über fünfzig Universitäten weltweit wurde die organisatorische Durchführung überhaupt erst möglich. An den ausgewählten Stationen gab es jeweils lokale Direktoren, die vor Ort organisatorische Unterstützung (Ansprache von Referenten gemäß Programm, Unterbringung der Teilnehmer, etc.) leisteten. Organisatorisches Headquarter (sowie lokales Organisationszentrum für Westeuropa) war Witten; hier wurden die Arbeiten koordiniert, die Reiseroute erarbeitet (Flüge, Züge und Busse gebucht) und die terminliche Abstimmung geleistet. Oft sind dabei Aufgaben, die offen geblieben waren oder nicht absprachegemäß erfüllt wurden, von uns direkt übernommen worden.

Bei uns lag auch die Verantwortung für das Budget, das durch den persönlichen Einsatz von Prof. Galtung und die ehrenamtliche Arbeit der Witten/Herdecker Studierenden von ursprünglich US-$ 0,6 Mio. auf US-$ 0,36 Mio. gesenkt werden konnte. Die Teilnehmer des Programms haben mit ihren Teilnehmerbeiträgen ca. 65% der Kosten gedeckt. Zur Finanzierung des verbleibenden Defizits bzw. um Stipendien zu ermöglichen, wurden von uns drei Finanzierungsinstrumente entwickelt:

1. Sponsoring, d. h. die Öffentlichkeitswirkung des Projektes sollte zugunsten eines Unternehmens, das sich mit den Inhalten des Projektes verbinden kann, genutzt werden. Hierfür konnte TOSHIBA (Europa) gewonnen werden. TOSHIBA stellte uns Gerät und Material für die videotechnische Dokumentation des Projektes sowie Laptops (inkl. Modem) für die Textdokumentation und weltweite Kommunikation zur Verfügung. In Presse, Funk und Fernsehen sowie den Publikationen wurde TOSHIBA als Hauptsponsor genannt. Fumio Yamashita (TOSHIBA Europa, Neuss): "Das Global Studies Program ist ein weltweites Projekt, das schon deshalb gut zu einem weltweit operierenden Unternehmen wie TOSHIBA passt. Wir sind davon überzeugt, dass mit zunehmender Mobilität und Kooperation der Menschen in aller Welt immer bessere Wege der Verständigung und des dauerhaften Friedens entstehen. Zu diesem Prozess tragen wir mit unseren Produkten gerne bei."
2. Mailing-Briefe, in denen Studenten über ihre Wahrnehmung der politischen, kulturellen und wirtschaftlichen Phänomene der bereisten Länder berichten und die Durchführung des Programms reflektieren, wurden veröffentlicht und über 'Direct Mail' an Spender und Förderer der Universität verschickt. Auch diese Idee fand positive Resonanz seitens der Leser, die sich in Spenden und zustimmenden Briefen ausdrückte.
3. Markt-Studie, d. h. in jedem Land sollten konsumnahe Produkte eines deutschen Unternehmens getestet und das heimische Angebot ähnlicher Produkte recherchiert werden. Hierfür konnte die VILEDA, Weinheim, gewonnen werden. Die VILEDA ist ein mittelständisches Unternehmen, das Haushaltsreinigungsprodukte herstellt und vertreibt. Sie zeichnet sich in diesem Markt durch qualitativ hochwertige Produkte und ein innovatives Marketing aus. Ergebnis dieser Untersuchung ist die Studie von Matthias Merz und Ralf Neise "Das gepflegte Zuhause der Menschheit" (Witten 1990; in Anlehnung an den Werbeslogan der VILEDA: "Vileda - für ein gepflegtes Zuhause").

Weiterer Schwerpunkt der Vorbereitung war die Akquisition von Teilnehmern. Wir haben weltweit Universitäten angeschrieben und das Programm in Broschüren und mit Plakaten vorgestellt. Interessenten konnten gegen US-$ 10,- weitere Programm- und Bewerbungsunterlagen bei uns anfordern. Von den mehreren hundert Interessenten haben sich ca. 100 beworben. Aus diesen haben wir aufgrund der eingereichten Unterlagen (Lebenslauf, Beschreibung der eigenen Zielsetzung und

Motivation sowie theoretische und praktische Erfahrungsnachweise) dreißig Teilnehmer ausgewählt. Kriterien waren herausragende Leistungen in der Vergangenheit sowie 'Buntheit' des Bewerbers und Diversität der Gruppe als Ganze. Nach positivem Bescheid stellte sich jedoch heraus, dass ein großer Teil der Bewerber die Teilnehmerbeiträge nicht bezahlen konnte. Dies bedeutete für uns, entweder Unterstützung bei Bewerbungen für Stipendien bei anderen Institutionen zu leisten oder selber ein Stipendium anzubieten. Teilweise mussten wir auch Bewerbern absagen. Beispielsweise gelang es uns nicht, für zwei chinesische Bewerber Stipendien zu finden.

Nach dem 'Global Studies Program' hat es eine Reihe von Programmen zu Thema 'Entwicklungspolitik in Mittel- und Osteuropa' gegeben, die die aktuell gewordene Fragestellung der Transformation stalinistisch-planwirtschaftlicher Systeme zu demokratisch-marktwirtschaftlichen Systemen erforschten. In diese sind die Erfahrungen aus der Organisation des 'Global Studies Program' eingeflossen.

8. Vollversammlung

Eine ihrer wichtigsten Formen ist die Fakultätsvollversammlung, die der Gründungsdekan der Fakultät Ekkehard Kappler in einem Interview folgendermaßen beschreibt:

> "Jeden Montag trifft sich die ganze Fakultät, d.h. die Studierenden und die Lehrenden, um im gemeinsamen Gespräch anstehende Fragen zu diskutieren und die Willensbildung der Fakultät voranzutreiben. Dabei passiert es immer wieder, dass ein Kommilitone oder eine Kommilitonin aus dem 1. Fachsemester in einer Diskussion, in der sich schon alles dreimal im Kreise gedreht hat, fordert, es reiche nun, es kämen doch keine neuen Argumente mehr und man solle doch endlich abstimmen. Und dann lachen alle, und der/ die Betroffene ist wie vom Donner gerührt und weiß nicht mehr, was vor sich geht. Nach einem Jahr, wenn die nächsten Erstsemester da sind, und das Gleiche passiert, dann ist auch er/ sie schon nicht mehr bereit, formal abzustimmen, und lacht mit, wenn wieder einmal ein solcher Vorschlag kommt."[165]

Die Vollversammlung ist nicht nur Ort der Willensbildung, in der die Argumente gewägt und in ihrer Bedeutung geklärt werden, sondern Instrument integrierter Organisations- und Personalentwicklung, in der sich die einzigartige Kultur der Fakultät ihren Mitgliedern vermittelt, durch sie weiterentwickelt wird und durch die neue Mitglieder in die Fakultät integriert werden.

Vollversammlung zu veranstalten beinhaltet, dass alle Mitglieder der Fakultät in die Aufgabe und Verantwortung für ihre Entwicklung einbezogen werden und lernen, ihr Interesse an der Fakultät zu entwickeln, statt nur ein eigenes Interesse gegenüber den anderen bzw. der Fakultät zu vertreten. Sie lebt davon, dass dieser Gedanke lebendig bleibt und insbesondere von dem Dekan und den Professoren vorgelebt wird.

Dass diese Veranstaltung mal mehr und mal weniger gelungen ist, wie jede Übung in einem Lern- und Entwicklungsprozess, beschreibt Jörg Heise (Studierender der Wirtschaftswissenschaft 2. Jahrgang 1985):

> „... die zweiwöchentlich stattfindenden ‚Vollversammlungen', in denen die heute lächerlich anmutende Zahl von sage und schreibe bis zu 60 Studenten

---

165 Kappler (1988), S. 38

und Dozenten – dies war nahezu die gesamte Fakultät – in einem vollkommen überfüllten, ehemaligen Klassenzimmer aufeinandertrafen, um leidenschaftlich und nach Herzenslust zu diskutieren, zu polemisieren und zu entscheiden.

Es ging um Studieninhalte und -konzepte, die Verfassung der Universität und ihre Zukunft, den Kurs der Fakultät, die Qualität der Veranstaltungen, die Berufung neuer Professoren und auch manchmal – es sei nicht verschwiegen – um des Kaisers Bart."[166]

166 Heise (2015), S. 47f.

9. Studierende starten Studienfonds

Aus der Vollversammlung der Wirtschaftswissenschaftlichen Fakultät heraus entsteht eine Initiative der Studierenden, mit der sie eine Antwort geben auf die Frage, wie die Universität finanziert werden kann und sie zu ihrer Finanzierung beitragen können:

> „Ausgangspunkt
>
> Die finanzielle Lage der UWH erfordert neue Anstrengungen; langfristig werden die Beiträge der großen Stiftungen zurück gehen. Bisher war die Studentenschaft nicht mit finanziellen Beiträgen in Erscheinung getreten. Die Arbeit am Aufbau unserer Universität ist nicht zu bewerten.
>
> Zahllose Initiativen sind entstanden, die die Möglichkeiten eines lebendigen Studiums vorführen. Selbstorganisierte Symposien im Studium fundamentale, Vorlesungsreihen zu Homöopathie und Perestroika, Konferenzen zum pazifischen Zeitalter und zum Ruhrgebiet, sozialmedizinische Praktika, gemeinsame Auslandsstudien sind hier beispielhaft zu nennen.
>
> Durch das Eintreten der Studenten auch in die finanzielle Verantwortung wird an dieses freiwillige Engagement angeknüpft. So wie die Spender bedingungslos für den Aufbau unserer freien Universität eintreten, sind auch wir Studenten in der Lage, diese Freiheit immer wieder neu hervorzubringen. Wir müssen nicht engagiert werden, wir sind es.
>
> Wichtig für die weitere Sicherung der finanziellen Basis unserer Uni ist außerdem die Kontaktaufnahme mit neuen Spendergruppen, die bisher keine Möglichkeit sahen, sich mit Witten/Herdecke zu verbinden. Wir brauchen zusätzliche, persönliche Möglichkeiten zu spenden.
>
> Beide Anliegen – die Weiterentwicklung eines freiwillig begründeten Engagements der Studentenschaft und die Suche nach neuen Formen potentielle Spender anzusprechen – halten wir in der weiteren Entwicklung der UW/H für wichtig.
>
> In dieser Situation ergreifen die Studenten der UW/H die Initiative und entwickeln ein beispielloses Finanzierungskonzept: die Aktion UW/H - Studienfonds.
>
> Selbstverwaltung und Freiheit der Universität sind Ausgangspunkt für die Schaffung einer finanziellen Basis, die letztlich wieder eine Voraussetzung eben dieser Autonomie ist. Mit dem UWH - Studienfonds wird eine eigene

Vermögensbasis gebildet, die der UW/H eine von Jahr zu Jahr wachsende finanzielle Unabhängigkeit ermöglicht.

Grundlage für den Aufbau dieses Studienfonds sind die individuellen Möglichkeiten jedes einzelnen Studenten von Witten/Herdecke. Jeder, der das Auswahlverfahren hinter sich gebracht hat, ist und bleibt Student dieser Universität. Hier haben wir eine Chance, so zu studieren, wie wir wollen. Die Freiheit individueller Erkenntnis wendet sich an alle, die persönlich Verantwortung für unsere Gesellschaft übernehmen wollen und können.

Später werden wir genau dafür bezahlt. Heute können wir eine freiwillige Zahlungsverpflichtung übernehmen, die wir im Laufe unseres Berufslebens, sofern möglich, einlösen.

Der Rest ist ein Rechenexempel. Indem die gegenwärtig Studierenden mit dieser Aktion beginnen und 200 bis maximal 400 von uns eine Zahlungsverpflichtung von DM 25.000.- eingehen, bildet sich ein Grundstock von vier bis acht Millionen DM. Eine Fondsverwaltung hat nun vielerlei Möglichkeiten, mit diesen Zahlungsversprechen zu arbeiten:

- Mit Eingang der Tilgungen wird ein Fondsvermögen aufgebaut, aus dessen Zinserträgen Betriebsausgaben der Universität mitfinanziert werden; ein kleinerer Teil dieser Zinserträge (15 - 20%) wird für eine Unterstützung studentischer Projekte verwendet werden.
- Sofort – d.h. vor Beginn der Tilgungen – können die Zahlungsversprechen an eine Bank verkauft, d.h. zwischenfinanziert werden. Dieses Geld steht der Universität dann unmittelbar zur Verfügung – für Betriebsausgaben und für studentische Projekte. Um einen Aufbau des Fondsvermögens nicht zu gefährden. werden höchstens 40% der Zahlungsversprechen auf diese Weise zwischenfinanziert
- Die Öffentlichkeit kann sich mit dieser beispiellosen studentischen Initiative verbinden. Neue Möglichkeiten, persönlich zu spenden werden geschaffen: für einzelne Studienprojekte oder für einen Studienplatz. Die Arbeit in den Mentorenfirmen kann individuell mit Leistungen an den Fonds verbunden werden.

Grundgedanke ist die Selbstverpflichtung. Jede Studentengeneration finanziert die folgende Studentengeneration - das Ergebnis ist der Aufbau eines Fonds-Vermögens, das entsprechend der Strategie dieser Aktion ständig über sich hinauswächst. Von den Erträgen dieses Fonds wird ein jährlich steigender Anteil des UWH - Budgets finanziert.

> Der Weg besteht darin, dass die Studenten die Gestaltung ihrer Universität mit übernehmen – dies ist der Weg und das Ziel."[167]

Im Jahr 1989 gründeten Studierende der Universität Witten/Herdecke den Studienfonds Witten/Herdecke e.V. und hielten dabei folgendes fest:

> „Präambel
>
> Die einzigartigen Bedingungen für eine persönliche, selbstverantwortete Studiengestaltung an der Universität Witten/Herdecke ermutigen uns, die Studenten, auch finanzielle Beiträge zur langfristigen Unterstützung unserer Universität zu leisten.
>
> So wie die Spender bedingungslos für den Aufbau der ersten freien Universität der Bundesrepublik Deutschland eintreten, sind auch wir Studenten willens, diese Freiheit zum persönlichen Engagement immer wieder neu hervorzubringen.
>
> Wir errichten einen Studienfonds.
>
> Der Studienfonds lebt von der freiwilligen Selbstverpflichtung: entsprechend unseren individuellen Möglichkeiten zeichnen wir Zahlungsversprechen oder spenden direkt. Damit wird auch den nachfolgenden Jahrgängen ein Studium in Witten/Herdecke zu den Bedingungen ermöglicht, die wir erlebt haben.
>
> Ehemalige Studenten bleiben weiter am Gespräch und an der materiellen Verantwortung für ihre Universität beteiligt. Die Ziele und die Arbeit des Studienfonds werden der Öffentlichkeit dargestellt; weitere Förderer werden ermutigt, sich mit Witten/Herdecke zu verbinden.
>
> Wir leisten einen Beitrag zur Gestaltung einer Universität, an der gesellschaftlich verantwortliches Handeln in Freiheit erlernt werden kann."[168]

Der Studienfonds ist heute eine Stiftung, die das eigenverantwortliche und freiheitliche Studieren fördert.

---

167 Franck u.a. (1989), S. 1ff.

168 Studienfonds (1989), S. 1

10. Klub der Partnerunternehmen

Mit der zunehmenden Größe der Universität wird die Grenze ihrer Finanzierbarkeit immer deutlicher, die in den ersten zehn Jahren vornehmlich durch Spenden erfolgt, die Konrad Schily und das Fundraising der Universität einwerben. Das Konzept der Partnerunternehmen eröffnet die Möglichkeit, dass die Fakultät und ihre Professoren Angebote für Unternehmen machen und Verantwortung für die Finanzierung der Universität übernehmen.

Der Konzept der Partnerunternehmen ist ein Konzept für die Organisation der Beziehung zwischen Universität und Unternehmen.[169] Für ein solches Relationship-Marketing bietet sich die Idee des Klubs an.[170] Der Klub gilt innerhalb des Marketing-Mix als Instrument der Kommunikationspolitik, das einer bestimmten Zielgruppe innerhalb der bestehenden und potentiellen Kunden exklusive Leistungen und eine intensive, dialogische Kommunikation anbietet.[171] Er setzt eine Kundenaktivität, i.d.R. den Beitritt und gegebenenfalls auch die Zahlung eines Mitgliedsbeitrages voraus. In der Literatur wird zwischen offenen Kundenklubs, die keinen Mitgliedsbeitrag erheben, und geschlossenen Klubs unterschieden, die einen mehr oder minder hohen einmaligen oder regelmäßigen Mitgliedsbeitrag verlangen.[172]

Die Wirtschaftswissenschaftliche Fakultät der Universität Witten/Herdecke hat seit ihrer Gründung den Aufbau des Mentorenfirmenkonzepts als einen offenen Klub betrieben.[173] Die Grundidee des Mentorenfirmenkonzepts ist, dass Fakultät und Unternehmen eine Partnerschaft für die Einbeziehung der unternehmerischen Praxis in das Universitätsstudium eingehen. Dieses Konzept haben wir zum Klub der Partnerunternehmen weiterentwickelt, der über die Lehre hinausgehend die Zusammenarbeit mit Unternehmen in der Forschung sowie in Dienstleistungen wie Weiterbildung, Beratung und Recruiting organisiert und der einen geschlossenen Kundenklub darstellt.

Im Mentorenfirmenkonzept gehen Unternehmen und Universität eine Partnerschaft für die Ausbildung von Studierenden ein. Der Klub der Partnerunternehmen erweitert diese Zusammenarbeit zwischen Unternehmen und Hochschule auf die

---

169 Vgl. Walger/ Neise (2000)

170 Butscher (1997), S. 14f., Holz (1996a), S. 2, Diller (1997), S. 33f., Müller/Riesenbeck (1991), S. 67f., Sonnenberg (1988), S. 60, Tomczak (1994), S. 193

171 Holz (1996a), S. 9, Butscher (1997), S. 9, Becker (1995), S. 92, Meinert (1994), S. 114 Wiencke/ Koke (1995), S. 183; zum Relationship-Marketing vgl. Payne (1999), Gordon (1998), Lübcke/ Petersen (1996), Cram (1994)

172 Wiencke/ Koke (1994), S. 19

173 Walger (1993a), S. 5

Forschung, die Durchführung gemeinsamer Lehrveranstaltungen, die Weiterbildung von Führungskräften, Beratungsangebote, die Rekrutierung des Führungsnachwuchses, die Kommunikationspolitik und die Mitwirkung bei der Entwicklung der Universität.

Grundgedanke der Kluborganisation ist, die vier konstitutiven Elemente des Mentorenfirmenkonzepts in die erweiterte Zusammenarbeit des Klubs der Partnerunternehmen zu übertragen:

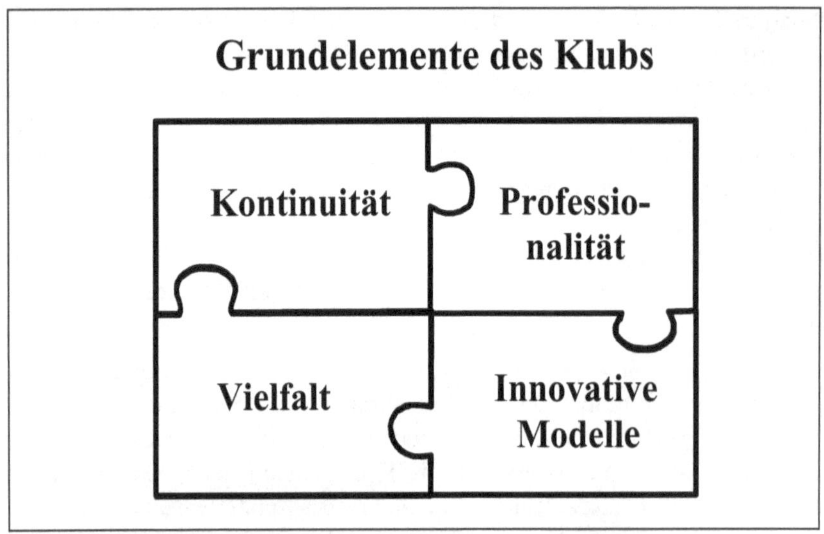

Abb. 1 Konstitutive Elemente des Klubs

Kontinuität in der Beziehung

Der Klub der Partnerunternehmen ist auf eine kontinuierliche Zusammenarbeit angelegt. Eine kontinuierliche Beziehung zwischen Unternehmen und Universität ermöglicht, Entwicklungsprozesse zu begleiten. Es geht also nicht um die Vermarktung einzelner Leistungen, es geht um die Bildung eines produktiven Zusammenhangs, in dem mit der Zeit ein Dialog zwischen Theorie und Praxis entsteht.

Professionelle Zusammenarbeit

Das zweite Element der Partnerschaft ist Professionalität. In der Praxis bedeutet Professionalität Handlungsorientierung, die Professionalität von Wissenschaft gründet sich auf handlungsentlastete Reflexion. In der professionellen Zusammenarbeit zwischen Unternehmen und Universität werden Theorie und Praxis in einer Form vermittelt, die eine spezifische Praxis bildet.[174] In diesem Setting lassen sich beide Partner auf eine Bearbeitung von Problemen der Unternehmenspraxis ein, in der der Praxis die handelnde, der Wissenschaft die durch Reflexion unterstützende Rolle zufällt.

Entwicklung innovativer Modelle

Das dritte Element besteht darin, dass beide Partner eine der Zusammenarbeit angemessene Form herstellen, die sich vom Gegenstand, d.h. vom zu bearbeitenden Problem her bestimmt. Es geht also nicht um die Entwicklung industriell zu fertigender Klub-Produkte, sondern um die grundsätzlich nicht standardisierbare Entwicklung innovativer Modelle, die der sich entwickelnden Zusammenarbeit angemessen sind.

Vielfalt

Das vierte Element der Zusammenarbeit heißt Vielfalt.[175] Eine Zusammenarbeit, die auf die Entwicklung von Neuem hin angelegt ist, kann sich nicht von der Begrenzung oder Reduktion her bestimmen. Vielmehr geht es um die Bildung eines vielfältigen Zusammenhangs, in dem innovative Projekte entstehen und gedeihen können.

Diese vier Grundelemente sind für den Klub der Partnerunternehmen konstitutiv. Auf ihrer Basis werden für Partnerunternehmen Angebote in sieben Bereichen gemacht:

2.1 Forschungspartnerschaft

Forschungspartnerschaft bedeutet, konkrete Probleme aus Unternehmen zum Gegenstand der Forschung zu machen und die Unternehmen an der Forschung zu beteiligen. Inhalt dieser Projekte können alle Probleme der Unternehmenspraxis sein, in denen es um die Entwicklung innovativer Lösungen geht. Unternehmen

---

174 Zum Stand der Professionalisierungstheorie in den Sozialwissenschaften und dem Professionalisierungsproblem der Beratung vgl. Oevermann (1990), S. 14f.

175 Zum Verhältnis von Entwicklung und Vielfalt vgl. Humboldt (1960), S. 64 und Benner (1990), S. 48f.

können in der Zusammenarbeit mit der Universität nicht nur die wissenschaftliche Forschung fördern, sondern auch inhaltlich an der Entwicklung neuer, wissenschaftlich fundierter Konzepte zur Anwendung in der eigenen Praxis mitwirken.

In solchen Forschungsprojekten fällt dem Forscher die Aufgabe zu, für die konkrete Fragestellung ein angemessenes, theoretisches Modell zu entwerfen, es in eine innovative, praktische Konzeption umzusetzen und gemeinsam mit dem Partner zu erproben.[176] Dabei ist auch ein dem Problem angemessenes Setting zu entwerfen und dem Forschungspartner aus der Praxis eine geeignete Rolle im Forschungsprojekt anzubieten. Nach der Entwicklungsphase solcher Forschungsprojekte geht es in der Erprobungsphase für beide Partner darum, Erfahrungen mit dem entwickelten Konzept zu machen. Hier ist die Aufgabe des Forschers, diese Erprobungsphase zu begleiten und anschließend die Reflexion der Erfahrungen zu moderieren. Ggf. können daraus weitere Projekte entstehen.

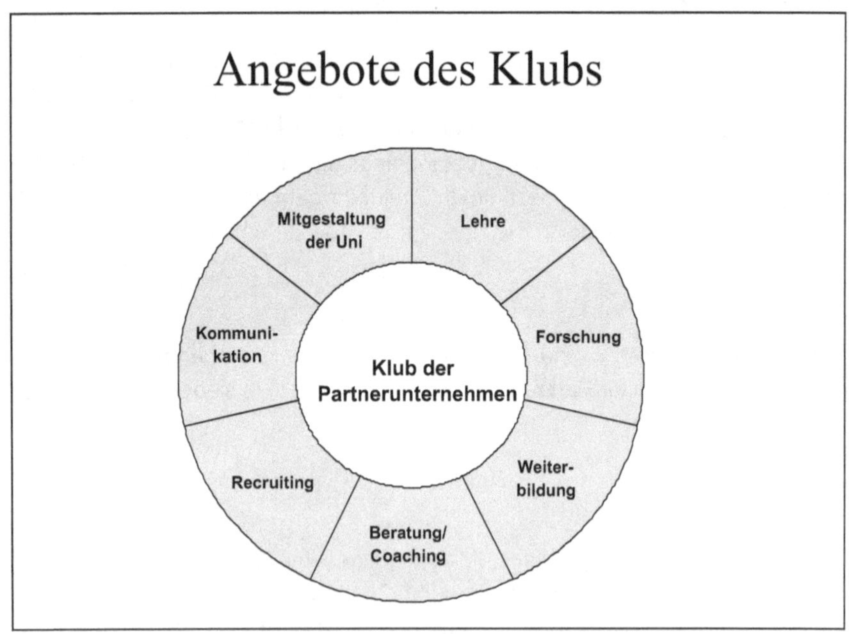

Abb. 2 Klub der Partnerunternehmen

176 Vgl. z.B. Walger (1997), S.303ff.

Neben der projektorientierten Zusammenarbeit wird den Unternehmen Wissen in Form von aktuellen Forschungsergebnissen zur Verfügung gestellt. Die Unternehmen erhalten Zugang zur Forschungsdatenbank der Fakultät, in der sie Kompetenzen der Fakultät, den Stand der Forschung, aktuelle Literatur sowie Zwischen- und Endergebnisse von Forschungsprojekten recherchieren können.

Außerdem werden die Partnerunternehmen zu regelmäßigen Forschungsgesprächen eingeladen. Solche Veranstaltungen, die dem Zweck dienen, eine Klubkultur unter den Partnerunternehmen zu befördern und über neuere Forschungsprojekte zu informieren, können z.B. in Form von Vorträgen und Diskussionen oder Podiumsgesprächen durchgeführt werden.

2.2 Gemeinsame Lehrveranstaltungen

Mit der Durchführung gemeinsamer Lehrveranstaltungen wird das Moment des erfahrungsorientierten Studierens, die unternehmerische Praxis in das Universitätsstudium einzubeziehen, erweitert. Im Mentorenfirmenkonzept besteht dies darin, dass Studierende sich in der Unternehmenspraxis selber ausprobieren. In den gemeinsamen Lehrveranstaltungen bringen Führungskräfte aus Unternehmen ihre praktischen Erfahrungen in die Lehre ein. Solche gemeinsamen Lehrveranstaltungen mit Unternehmenspraktikern sind zu allen Themen der universitären Lehre möglich. Die Aufgabe der für die universitäre Lehre Verantwortlichen ist, die Vermittlung von praktischer Erfahrung mit wissenschaftlicher Theorie anzuleiten. In allen Fällen geht es darum, die durch Führungskräfte in die Lehre eingebrachten Erfahrungen in eine angemessene Form zu bringen, so dass sie auf wissenschaftliche Theorien bezogen und zum Gegenstand moderierter Reflexion werden können. Führungskräfte können, ihren eigenen Interessen und Erfahrungen entsprechend, ihre Erfahrungen z.B. als Vortragende zu einem aktuellen Thema einbringen, gemeinsam mit den Studierenden Problemstellungen aus ihrem Unternehmen bearbeiten oder Fallstudien aus der eigenen Praxis im Seminar präsentieren. In einem solchen Dialog entstehende Frage- oder Problemstellungen können Partnerunternehmen zusammen mit Studierenden weiter bearbeiten. Hierzu bietet sich z.B. auch eine Mentorenfirmenbeziehung an. Im vergangenen Jahr haben wir z.B. mit einer großen deutschen Beratungsgesellschaft Studierende in die Theorie und Praxis der Unternehmensberatung eingeführt. Neben der Theoriearbeit hatten Studierende in der Fallstudie die Aufgabe, als Beratungsteam mit Hilfe der von dem Beratungsunternehmen zur Verfügung gestellten Methoden ein zukunftsweisendes Organisationskonzept für einen westdeutschen Fußballverein, der sich auf die Umwandlung in eine Kapitalgesellschaft vorbereiten will, zu erarbeiten und dem Klienten, dessen Rolle in der Fallstudie durch einen an dem Projekt beteiligten Berater übernommen wurde, zu präsentieren. Die Studierenden konnten in dieser Veranstaltung eigene Erfahrungen damit machen, welche Möglichkeiten und Probleme mit den eingesetzten Methoden der Beratung für sie verbunden sind.

2.3 Weiterbildung

Der größte Teil der Führungskräfte in Unternehmen hat ein akademisches Studium an einer Hochschule absolviert und sich durch das Studium wissenschaftlicher Theorien auf seine Führungspraxis vorbereitet. Diese Theorien, die als gedankliche Sinnzusammenhänge praktische Erfahrungen reflektierbar machen, verändern sich mit den Entwicklungen in der Unternehmenspraxis und durch den Fortschritt wissenschaftlicher Forschung.[177] Weiterbildung an Hochschulen, d.h. die Vermittlung neuerer Entwicklungen der wissenschaftlichen Theorien, ist eine Möglichkeit für Führungskräfte, an diese theoretischen Entwicklungen anzuknüpfen, um ihre aktuelle Praxis auf ihr angemessene Theorien beziehen zu können. Diese Weiterbildung unterstützt die Auseinandersetzung von Führungskräften mit Wissenschaft im Sinne eines lebenslangen Lernens und stellt für Universitäten eine Möglichkeit dar, die Beziehung zu ihren Studierenden über das Studium hinaus fortzusetzen. In unserer Weiterbildungspraxis haben wir ein spezifisches Angebot für unsere Absolventen geschaffen, das ihnen ermöglicht, die eigene Führungspraxis zu reflektieren.[178]

Diese Praxisreflexion findet im halbjährlichen Rhythmus statt. Sie lebt davon, dass jeder Teilnehmer seine persönliche Geschichte mitbringt und sie den anderen vorstellt. Eine solche Geschichte ist Ausgangspunkt für ein intensives Gespräch, das ca. eineinhalb Stunden dauert. Grundgedanke der Praxisreflexion ist, die Erfahrungen der Berufspraxis der einzelnen Teilnehmer zum Gegenstand theoretischer Reflexion zu machen, indem sie im moderierten Gespräch unter Bezugnahme auf wissenschaftliche Theorien anschaubar werden. Durch diese Reflexion der eigenen Situation eröffnet sich den Teilnehmern die Chance, sich und die eigene Rolle im Unternehmen besser zu verstehen und neue Bewegungsspielräume zu ihrer Gestaltung zu entwickeln. Für alle Teilnehmer entsteht durch die Reflexion der Erfahrungen einzelner eine Vielzahl von praktischen Fällen und Erfahrungen, die sich dem einzelnen alleine kaum erschließen.

---

177 Zum Wissensbegriff vgl. Walger/Schencking (2000), Zimmerli (1998a), S. 129

178 Vgl. Walger/Neise (1997), S. 295ff.

Darüber hinaus entstehen auch zwischen den unterschiedlichen Studierendengenerationen persönliche Beziehungen, die sie untereinander und wir seitens der Fakultät für weitere Projekte nutzen können. Entsprechend der vielfältigen Kompetenzen der an der Universität vorhandenen Lehrstühle ist ein breites Angebot für Führungskräfte aus Unternehmen geplant, in denen ihnen die Vermittlung aktueller Theorien und neu erforschten Wissens für die Führungspraxis angeboten wird.

2.4 Beratung

In Beratungsprojekten können konkrete Entwicklungsprozesse in Unternehmen durch Reflexion begleitet werden und den Veränderungsprozess im Unternehmen unterstützen. Wissenschaftliche Beobachtung und Reflexion können im Beratungsprozess ein Fremdbild des Unternehmens erzeugen, das eine Differenz zum Selbstbild des Unternehmens produziert. Diese Differenz kann für die Entwicklung des Unternehmens genutzt werden.[179]

Ausgangspunkt für einen Beratungsprozess kann jedes Problem der Unternehmenspraxis sein, das von den Verantwortlichen wahrgenommen wird und aus eigener Kraft nicht gelöst werden kann. Beispielsweise können Führungskräfte aus Partnerunternehmen im persönlichen Coaching-Gespräch Veränderungen im eigenen Unternehmen in ihrer Bedeutung für die eigene, persönliche Entwicklung reflektieren. Bei umfangreicheren Problemen können aber auch die Entwicklungsprozesse im Unternehmen unter Einbeziehung mehrerer Mitarbeiter und Studierender begleitet werden. Diese Beratungen umfassen den gesamten Entwicklungsprozess, d.h. von der Bildung eines Problembewusstseins bei den Mitarbeitern über die Ausarbeitung möglicher Lösungen bis hin zu Umsetzung von Entscheidungen. Der Berater kann durch Spiegelung der Vorgehensweise einen Beitrag zur Problemlösung leisten, indem er das, was gewollt ist, immer wieder anschaubar macht. Durch die Möglichkeit, das im Unternehmen Gewollte im moderierten Gespräch anzuschauen wird es in seiner Bedeutung erfahrbar und zugleich veränderbar. Solche Beratungsprozesse stellen eine projektorientierte Form der Personal- und Organisationsentwicklung dar, in der sich die Entwicklung des Unternehmens durch die Entwicklung seiner Mitarbeiter, die Träger dieser Entwicklung sind, vollzieht.

---

179 Vgl. Walger (1999a), S. 9 und S. 15, Miethe (2000)

2.5 Rekrutierung des Führungsnachwuchses

Viele Unternehmen entwickeln Konzepte für ein Hochschulmarketing, das auf die Rekrutierung des Führungskräftenachwuchses zielt.[180] Um die Kontaktaufnahme zwischen Partnerunternehmen und Absolventen der Fakultät zu erleichtern, können Unternehmen sich den Absolventen in der Universität präsentieren und eine Absolventendatenbank nutzen.

Klubunternehmen können in on-campus-Präsentationen in der Universität ihr Unternehmen, ihre Geschäftsfelder, die Unternehmensphilosophie und Karrieremöglichkeiten für Hochschulabsolventen vorstellen und in einen ersten direkten Kontakt mit Absolventen kommen. Jedes Klub-Unternehmen kann einmal pro Jahr in dieser Weise in der Universität um Absolventen werben. Zweitens wird der Homepage des Klubs eine entsprechende Seite eingerichtet, auf der Unternehmen ihre Angebote platzieren können. In einem Absolventenbuch präsentieren sich jährlich die Absolventen der Fakultät, ihr persönlicher Werdegang, ihre theoretischen und praktischen Interessen, ihre Erfahrungen in der Mitarbeit in Unternehmen und Projekten sowie ihre Berufsziele. Dieses Buch wird den Partnerunternehmen jedes Jahr zugeschickt. Darüber hinaus ist die Einsicht in diese Daten über das Internet vorgesehen.

2.6 Kommunikation

Für Klubs haben eigene Kommunikationsleistungen eine hohe Bedeutung.[181] Für die Partnerunternehmen der Universität Witten/Herdecke werden eine Klub-Zeitung und eine Home-Page des Klubs entwickelt, durch die die Unternehmen intensiv über die Entwicklungen der Fakultät und des Klubs informiert werden.

Inhalt der Klub-Zeitung können theoretische Aufsätze mit praktischer Relevanz, Vorstellungen der Kompetenzen der Fakultät, Berichte über Projekte aus der Zusammenarbeit zwischen Fakultät und Partnerunternehmen, Darstellungen der Entwicklungen innerhalb der Fakultät, Veranstaltungsplanung und Informationen über Klubangebote sein. Die Klub-Zeitung, die einmal im Semester erscheinen soll, hat also programmatischen Charakter und informiert die Klubmitglieder intensiv über die Entwicklungen in Universität und Klub.

Auf der Home-Page werden den Unternehmen zeitaktuelle Informationen des Klubs zur Verfügung gestellt und bestimmte Services angeboten. Beispielsweise

---

180 Vgl. Wucknitz (1995), S. 540f., Bokranz/Stein (1989), S. 176f., Freimuth (1987), S. 144f., Phillips (1987), S.71ff.

181 Vgl. Butscher (1997), S. 60

sind dies: aktueller Veranstaltungskalender, Recherche in der Forschungsdatenbank, E-Mail-Service für bestimmte Themen, Recherche in der Absolventen-Datenbank, Chats zu Forschungsthemen, Download von Publikationen, etc.

2.7 Mitgestaltung der Universität

Schließlich werden Partnerunternehmen eingeladen, an der Gestaltung und Entwicklung der Universität mitzuwirken. Beispielsweise werden sie eingeladen, an den Auswahlseminaren teilzunehmen und mit über die Annahme von Studienplatzbewerbern zu entscheiden, sie können aktiv die Einführungswochen für die neuen Studierenden mitgestalten oder Beiräte für Projekte oder Lehrstühle bilden.

Für die Definition der Zielgruppe des Klubs wurde unter Mitwirkung von Studierenden eine Marktforschung durchgeführt, um Preis und Leistungsangebot des Klub konkret festlegen zu können.[182] Die Definition dieser Zielgruppe hat sich an drei Kriterien orientiert:

1. Die Größe unserer Universität, d.h. der Zahl der Studienplätze und der vorhandenen Lehrstühle, begrenzt die Zahl der Klubmitglieder.
2. Der Klub soll einen ökonomischen Beitrag zur Finanzierung der Universität leisten.
3. Die Unternehmen werden sich im Schwerpunkt im regionalen Umfeld um die Universität lokalisieren, um regelmäßige Kontakte, z.B. Klubtreffen oder studienbegleitende Mentorenfirmenbeziehungen, nicht durch weite Anfahrtswege zu behindern.

Beispielhafte Projekte mit den ersten beteiligten Partnerunternehmen, die zumeist als praktischer Teil einer Lehrveranstaltung unter Beteiligung von Studierenden durchgeführt wurden, waren:

- Entwicklung eines Markenbewertungsmodells für ein mittelständisches Unternehmen der Konsumgüterindustrie,
- Erarbeitung eines Lieferanten-Auditierungssystems für ein mittelständisches Produktionsunternehmen,

182 Ders., S. 48, Holz (1996), S. 32

- Beurteilung der Implikationen der Einführung der neuen B.A./ M.A – Stu--diengänge für das Personalmarketing eines Konzerns,
- Verbesserung der Einkaufsprozesse für ein Unternehmen der Automobil-Zulieferer-Industrie,
- Wertschöpfungsanalyse der Endmontage eines produzierenden Betriebs,
- Entwicklung eines Trainee-Programms zur Entwicklung des unternehmerischen Bewusstseins von Nachwuchsführungskräften im Auftrag eines mittelständischen Unternehmens,
- Durchführung einer Fallstudie mit einem großen Beratungsunternehmen im Rahmen der Veranstaltung „Formen der Unternehmensberatung“,
- Entwicklung und Durchführung einer Seminarreihe zum „Non-Profit-Management“ mit einer großen deutschen Stiftung,
- Entwicklung einer interaktiven Fallstudie zur „Verhandlungsführung“ mit den Inhalten der Vertriebsniederlassung eines Automobilherstellers (Verkauf von Lkw im B2B Geschäft) und Einbeziehung von Führungskräften der Vertriebsorganisation Deutschland als Mit-Verhandler in ihrer Durchführung mit Studierenden,
- Entwicklung eines Vertriebsansatzes im Rahmen der neuen Unternehmensstrategie für einen großen deutschen Energieversorger,
- Prüfung der Kennzahlen und Entwicklung eines Konzepts zur Vertriebssteuerung für ein Unternehmen mit Flächenvertrieb,
- Einbeziehung des Vorstandes einer deutschen Versicherungsgesellschaft im Planspiel im Rahmen der Grundstudiumsveranstaltung,
- Unternehmensbesuche im Rahmen der Einführungswochen.

11. Praxisreflexion

Die Praxisreflexion ist eine Form der Weiterbildung für Führungskräfte und Manager, die ihre Erfahrungen in der Praxis zum Ausgangspunkt moderierter, gemeinsamer Reflexion machen wollen.[183] In diesem Text werden die Konzeption dieser besonderen Form der Managementweiterbildung vorgestellt und die Bedingungen ihrer Möglichkeit herausgearbeitet. Als wesentliche Bedingungen der Praxisreflexion erweisen sich die Vielfalt der Erfahrungen der Teilnehmer und die Herstellung der besonderen Gesprächskultur durch die Moderation. Die Entwicklung der drei aktuellen Formen der Praxisreflexion mit unterschiedlichen Möglichkeiten für ihre Teilnehmer wird aufgezeigt. Abschließend werden weitere Entwicklungsmöglichkeiten der Praxisreflexion erörtert.

1. Verlauf und Grundgedanke der Praxisreflexion

Die Praxisreflexion findet regelmäßig in halbjährlichem Rhythmus statt. Jeweils zwölf bis fünfzehn Teilnehmer treffen sich von Freitagabend bis Sonntagmittag in einem Seminarhaus oder Tagungszentrum unter der Moderation von Gerd Walger. In jeder Praxisreflexion treffen sich Teilnehmer, die zum ersten Mal dabei sind, mit solchen, die bereits ein- oder mehrmals teilgenommen haben. Die Kontinuität der Moderation führt auch bei einer sich im Zeitverlauf ändernden Form und bei wechselnden Teilnehmern zu einer Kontinuität der Gesprächskultur.

Die Praxisreflexion lebt davon, dass jeder Teilnehmer die Geschichte seiner beruflichen Praxis mitbringt und sie den anderen vorstellt. Eine solche Geschichte ist Ausgangspunkt für ein eingehendes Gespräch, das ca. ein bis zwei Stunden dauert. Grundgedanke der Praxisreflexion ist es, die Erfahrungen der beruflichen Praxis der einzelnen Teilnehmer zum Ausgangspunkt gemeinsamer Reflexion zu machen. Die Praxisreflexion eröffnet über die Reflexion der eigenen Situation im Unternehmen jedem Teilnehmer die Chance, sich und seine Rolle besser zu verstehen. In dieser Reflexion können die persönliche Verantwortung für die jeweils bestehende Situation und neue Bewegungsspielräume für einen eigenen Weg sichtbar werden. Darüber hinaus kann die Spiegelung in den Erfahrungen einzelner für die übrigen Teilnehmer neue Sichtweisen eröffnen. So werden in der Praxisreflexion eine Vielzahl verschiedener Erfahrungen gedanklich zugänglich, die sich dem Einzelnen alleine kaum erschließen.

183 Vgl. Walger/ Neise (1997)

Die Praxisreflexion unterscheidet sich von klassischen Formen der Weiterbildung – der Wissensvermittlung und dem Verhaltenstraining – durch ihre Bezugnahme auf und den Umgang mit den Erfahrungen der Teilnehmer. Die Inhalte oder Lernziele der Praxisreflexion werden nicht durch einen externen Trainer vorgegeben, sondern die Inhalte werden durch die Teilnehmer selbst eingebracht und im offenen, moderierten Gespräch bearbeitet. Jeder Teilnehmer ist Konsument und Produzent zugleich: jeder Teilnehmer stellt seine Erfahrungen zur Verfügung und profitiert von denen der anderen. Die Erfahrungen der Teilnehmer bilden den „Werkstoff", der in gemeinsamer Anstrengung geschöpft und geformt wird und so eine neue Gestalt annimmt.

2. Die Bedingungen der Möglichkeit der Praxisreflexion

Die praktische Durchführung der Praxisreflexion gemäß dieser Konzeption beruht auf zwei wesentlichen Faktoren: auf der Vielfalt der Erfahrungen der Teilnehmer und der Herstellung der besonderen Gesprächskultur durch die Moderation.

2.1 Die Vielfalt der Erfahrungen der Teilnehmer

Die erste, für die Möglichkeit der Praxisreflexion wesentliche Bedingung ist die Vielfalt der beruflichen Erfahrungen der Teilnehmer. Die Erfahrungen der Teilnehmer unterscheiden sich dabei nach Dauer, Position innerhalb der Unternehmenshierarchie, funktionaler Ausrichtung und Branchenzugehörigkeit. Bislang haben Teilnehmer mit ein bis zehn Jahren Berufserfahrung teilgenommen. Sie besetzen Positionen wie Geschäftsführer, Projektmanager, Werksleiter, Abteilungsleiter, Business Unit Leiter, Assistent der Geschäftsführung, oder sind in Funktionen verantwortlich für Marketing oder Controlling. Ein großer Teil hat Erfahrung in der Führung von Mitarbeitern. Die Teilnehmer kommen aus Großunternehmen oder aus Profit Center von Großunternehmen, mittelständischen Unternehmen, kleinen Unternehmen oder sind selbständig; dabei sind sowohl Industrie- als auch Dienstleistungsbranchen vertreten.

Mit den vielfältigen Erfahrungen der Teilnehmer stehen unterschiedliche Perspektiven zur Verfügung. Jede Sichtweise trägt dazu bei, die jeweilige Geschichte in einen größeren Zusammenhang zu stellen und Bezüge zu erkennen, die sich aus der einzelnen Unternehmens-, Funktions- oder Hierarchieperspektive heraus nicht erschließen.

2.2 Die Herstellung der Gesprächskultur durch die Moderation

Moderation bedeutet in der Praxisreflexion, die besondere Gesprächskultur der Praxisreflexion herzustellen, die für das Gelingen der gemeinsamen Reflexion notwendig ist. Diese besondere Gesprächskultur umfasst mehrere Momente: das Herstellen einer vertrauensvollen Atmosphäre, das Fragen als Hauptbewegung der Gesprächsführung, die Verknüpfung der sachlichen mit der persönlichen Ebene, das „Beim Wort Nehmen" und die produktive Kombination der Erfahrungen. Indem die Moderation diese Momente in der Gesprächsführung zur Geltung bringt und die Teilnehmer ermutigt, ihre Perspektiven und Erfahrungen einzubringen, prägt sie die Situation, die die Besonderheit dieser Weiterbildungsform ausmacht.

2.2.1 Das Herstellen einer vertrauensvollen Atmosphäre

Eine vertrauensvolle Atmosphäre ist Voraussetzung für das Gespräch über die persönliche Entwicklung oder über Probleme, z.B. Führungsprobleme, die im Unternehmen entstehen und dort nicht zur Sprache kommen können. In der Praxisreflexion herrscht gegenseitiges Einvernehmen, dass die Geschichten der Teilnehmer nicht nach außen und nicht in den Zusammenhang zurück dringen, aus dem berichtet wird. Für die entsendenden Unternehmen ist sichergestellt, dass die besprochenen Informationen nicht im Wettbewerb verwendet werden.

Das Vertrauensverhältnis der Teilnehmer wird zunächst dadurch hergestellt, dass jeder als Zuhörer erlebt, dass das „Sich-Öffnen" für den Erzähler produktiv ist. Zweitens kommt in der Praxisreflexion jeder Teilnehmer zur Sprache und erfährt, was in dieser Situation das Vertrauen konkret bedeutet. Der Moderator sorgt dafür, dass die Grenze zur persönlichen Verletzung nicht überschritten wird.

Da die Bezugnahme auf die persönliche Ebene auch emotionale Betroffenheit auslöst und beim Erzähler Anspannung produziert, ist es wichtig, mit dieser Spannung umzugehen. Eine Möglichkeit liegt im „Beim Wort Nehmen". Wenn das, was dem Erzähler als unannehmbar und ohne Bezug erscheint, mit seinen eigenen Worten gesagt wird, wird die Bezugnahme der anderen offensichtlich und annehmbar.

Eine andere Möglichkeit, die Spannung immer wieder zu lösen, liegt darin, miteinander zu lachen oder die gedankliche Bewegung in einem Bild zu machen, wenn sie in der angespannten Situation nur schwer möglich ist. Hierbei helfen Geschichten aus früheren Praxisreflexionen oder auch Märchen.

Ein Beispiel soll verdeutlichen, wie z.B. ein Märchen dabei helfen kann: Ein Teilnehmer erzählt, dass er nach seiner Diplomarbeit in einem großen deutschen Textilunternehmen als Assistent des Vorstands begonnen habe. Durch sein persönliches und gutes Verhältnis zu seinem Chef habe er intensive Diskussionen zur Entscheidungsfindung über strategische Konzepte, Marketingkonzepte u.ä. mit diesem führen können und auf dieser strategischen Ebene Einblick in die Unternehmensführung gewonnen. Trotz dieser beneidenswert erscheinenden Situation sei er unzufrieden mit seiner Position, weil er einen Mangel an operativer Erfahrung verspüre. Deshalb habe er seinen Chef gebeten, eine operative Aufgabe übernehmen zu dürfen. Der Vorgesetzte habe dem zugestimmt und er habe daraufhin in einem Projekt im Vertrieb mitgearbeitet. In diesem Projekt sei er zur Zeit einer Mitarbeiterin unterstellt, die ihm seiner Ansicht nach unsinnige Aufgaben übertrage. Er führe diese Aufgaben nur widerwillig aus. Seine Vorgesetzte erscheine ihm nicht ausreichend kompetent. Er erzählt weiter, dass seine persönliche Unzufriedenheit soweit zugenommen habe, dass er erwäge, den Vorstandsvorsitzenden erneut um Versetzung zu bitten oder das Unternehmen zu verlassen.

In dem sich anschließenden Gespräch über diese Geschichte erzählt der Moderator das Märchen vom Froschkönig, in dem die Königstochter den hässlichen Frosch nicht küssen mag. Ein anderer Teilnehmer ergänzt, dass der König von seiner Tochter verlange, ihr Versprechen gegenüber dem Frosch einzulösen, ihn an ihrer Tafel essen und in ihrem Bette schlafen und schließlich sich sogar von ihm küssen zu lassen. Der hohe Stand der Königstochter erhebe sie nicht darüber hinaus. Ein weiterer Teilnehmer weist darauf hin, dass die Königstochter ihr Versprechen einlösen müsse, um selbst einmal Königin sein zu können. Der König weise seine Tochter in ihre Grenzen und schütze sie vor ihrer Überheblichkeit. Der Moderator fragt den Teilnehmer, um dessen Erfahrung es im Gespräch geht, ob er eine andere Möglichkeit für den König sehe und welche Antwort er auf seine Bitte von seinem Chef erwarte. Ein Teilnehmer vermutet, dass er auch bei einem weiteren Wechsel auf die gleiche Schwierigkeit treffe – es wäre dann nur ein anderer Frosch –, wenn er seine Einstellung nicht verändere.

Durch die Einführung des Märchens als Bild war es möglich, auf einer anderen, weniger spannungsgeladenen Ebene die Bezüge zwischen den Personen und den Anteil des Teilnehmers am Problem benennbar zu machen. Die Teilnehmer konnten aussprechen, was in direkter Zuweisung verletzend gewesen wäre und im ersten Schreck das Gespräch möglicherweise zum Abbruch geführt hätte. Der betroffene Teilnehmer hatte Zeit, sich an den Gedanken, der im gemeinsamen Gespräch bewegt wurde, zu gewöhnen und ihn langsam anzunehmen. In dem Bild konnte der Teilnehmer sich langsam dem Gedanken der eigenen Überheblichkeit annähern. Für ihn stellte sich so noch einmal die Frage, ob es nicht sinnvoll für seine eigene Entwicklung ist, sich auf die Projektsituation im Unternehmen einzulassen.

2.2.2 Das Fragen als Hauptbewegung der Gesprächsführung

Die Fragen des Moderators und der Teilnehmer bilden das Hauptbewegungsmoment des Gesprächs über die geschilderte Geschichte. Die offene Frage ist der offenen Gesprächssituation angemessen. Die Mitglieder der Praxisreflexion fragen nach dem Selbstverständnis des Erzählers und seiner Rolle und versuchen diese in der konkreten, geschilderten Praxissituation zu verstehen.

Widersprüche, Auslassungen des Erzählers, von ihm benannte Probleme oder Differenzen in Bezug auf Einschätzungen zwischen den Teilnehmern bilden den Stoff für weitere Fragen, die es zu klären gilt. In Frage steht die Antwort, die der Erzähler geben kann und will. Es geht um seinen Weg im Unternehmen und die Position, die er einnehmen und in seiner Praxis verantworten will. Deshalb zielen die Fragen nicht allein auf die sachliche, sondern auch auf die persönliche Ebene.

2.2.3 Die Verknüpfung der sachlichen mit der persönlichen Ebene

Die Verknüpfung der sachlichen mit der persönlichen Ebene bedeutet zu fragen, was der persönliche Anteil des Erzählers an seiner Geschichte ist. Die Anerkennung des eigenen Anteils an der Geschichte ist die Voraussetzung, sich zu verändern. Und indem der Erzähler sich verändert, kann er die Situation verändern, in der er steht und sich seinen eigenen Weg im Unternehmen erarbeiten.

Wenn es um persönliche Veränderung geht, geht es um die Antwort, die der Erzähler persönlich gibt: dabei versuchen die Teilnehmer und der Moderator, Ausweichbewegungen, z.B. sich hinter „Sachzwängen“, „Rahmenbedingungen“ oder hinter anderen Personen zu verstecken, als solche zu benennen. Mit der Frage, in welchem Verhältnis die persönliche Antwort zu den Möglichkeiten des Erzählers steht, entsteht die Perspektive für seinen Weg.

Am folgenden Beispiel soll die Verknüpfung der sachlichen und persönlichen Ebene verdeutlicht werden: Ein Teilnehmer berichtet, dass er zwei Jahre den Geschäftsführer bei der Sanierung der Tochtergesellschaft eines großen deutschen Automobilzulieferers als Assistent begleitet habe. Nun sei er damit konfrontiert, dass sein Chef zu einem anderen Tochterunternehmen wechsele, um dort ein noch umfangreicheres Sanierungsprojekt durchzuführen. Er habe sich sehr in den Prozess des Umsteuerns hineingearbeitet und die Zusammenarbeit mit seinem Chef als sehr fruchtbar empfunden. Nach Abschluss der harten Sanierung – 1.500 Arbeitsplätze wurden im Verlauf von eineinhalb Jahren abgebaut – sei er in der Position des Product-Marketing-Managers für die Absatzpolitik, die Sortimentsgestaltung und für Standortfragen verantwortlich und habe sich intime Kenntnisse des Geschäfts erworben. Nach dem Weggang seines Chefs werde die Geschäftsführung ein Vorstandsassistent aus der Konzernholding übernehmen. Er solle diesen neuen Geschäftsführer in den Betrieb einführen und auf die Übernahme der Geschäftsführung vorbereiten. Er hadert sichtlich mit dieser Aussicht und sagt, dass er lieber mit seinem alten Chef in das neue Sanierungsprojekt gegangen wäre. Stattdessen bekomme er „von oben diesen Bürohengst, der von nichts eine Ahnung hat und sich im gemachten Nest niederlässt, vor die Nase gesetzt."

Seine Verärgerung sei durchaus verständlich, meint der Moderator und fragt, wie sich die Entscheidung aus der Unternehmensperspektive darstelle. Für das Tochterunternehmen sei die Umbesetzung sinnvoll und für ihn sachlich nachvollziehbar, antwortet ein anderer Teilnehmer. Es trete nach dem Abschluss der Sanierung in eine neue Phase ein und das kritische Know-how des Sanierers werde im Konzern an anderer Stelle gebraucht. Und für den neuen Geschäftsführer sei es wichtig von jemandem unterstützt und eingearbeitet zu werden, eben weil er aus der Konzernholding komme, sagt ein zweiter Teilnehmer. Ein weiterer meint, es sei nicht klug für den Teilnehmer, seine Verärgerung darüber, dass man nicht ihn auf die Stelle gesetzt oder ihn wenigstens mit seinem früheren Chef in das neue Sanierungsprojekt geschickt hätte, an seinem neuen Vorgesetzten auszulassen. Es sei weder von der Sache her sinnvoll, noch wäre es für ihn und seine persönliche Entwicklung zuträglich. Vielmehr würde andersherum ein Schuh daraus: wenn es ihm gelänge, den Assistenten so gut einzuarbeiten, dass er ein guter Geschäftsführer würde, dann würde er sich damit für die nächste Führungsaufgabe empfehlen und auf der Karriereleiter weiterkommen.

Die Bewegung des Gesprächs verknüpft die sachliche mit der persönlichen Ebene, indem es von der persönlichen auf die sachliche und von der sachlichen wieder auf die persönliche Ebene führt. Der Teilnehmer konnte dadurch eine eigene Perspektive in der Situation erkennen und die Situation annehmen, die ihm vorher unannehmbar erschien.

2.2.4 Das „Beim Wort Nehmen“

Die Teilnehmer hören dem Erzähler genau zu und nehmen ihn „beim Wort.“ Dies bedeutet, inhaltlich und sprachlich, die Worte des Erzählers zu bedenken und darauf Bezug zu nehmen.

Ein Beispiel hierfür ist der Begriff „Dissertations*projekt*“ eines Teilnehmers, der für ein großes Industrieunternehmen die Evaluation eines Organisationsentwicklungsprozesses (OE) durchführt und darüber eine Dissertation schreiben will. Im Erzählen seiner Geschichte wird deutlich, dass das Bewusstsein dieses Teilnehmers von der Offenheit und Langfristigkeit des OE-Prozesses geprägt ist und er dessen Unbestimmtheit unbewusst auf sein eigenes Arbeitsvorhaben – sein Dissertationsprojekt – übertragen hat. Ein Teilnehmer weist im Gesprächsverlauf darauf hin, dass Projekte im wesentlichen ergebnisorientiert und befristet sind und fragt aus eigener Erfahrung nach der Notwendigkeit eines Projektmanagements für das *Projekt:* Dissertation. Ein weiterer Teilnehmer, der selbst Projektmanager im Anlagenbau ist, macht den existentiellen Charakter von Projekten deutlich und geht auf die Steuerungsnotwendigkeit ein. Die Anerkennung des „Dissertationsprojekts“ als Projekt und die begriffliche Differenzierung zwischen Projekt und OE-Prozess verändern die Sicht des Teilnehmers auf seinen Umgang mit seinem Dissertationsprojekt und tragen zu ihrer Klärung bei. Im Ernstnehmen der eigenen Worte kann der Erzähler einen neuen, ihm bisher nicht deutlichen Inhalt erkennen und seine bisherige Einstellung zu seinem Dissertationsprojekt überdenken.

2.2.5 Die produktive Kombination der Erfahrungen

Die unterschiedlichen Erfahrungen und Perspektiven der Teilnehmer tragen dazu bei, das Erzählte in einen größeren Zusammenhang zu stellen. Die einzelne Erfahrung wird in den Erfahrungen der anderen Teilnehmer gespiegelt. Die Teilnehmer beziehen die geschilderte Geschichte auf ihnen geeignet erscheinende eigene Erfahrungen und stellen diese zur Verfügung. Sie nehmen Bezug auf den Beitrag des Erzählers. Die Erfahrung des einen wird für den anderen nutzbar gemacht und seine Bedeutung für die geschilderte Geschichte geklärt. In der Klärung der einen Geschichte entsteht für alle Teilnehmer die Möglichkeit, ihre Erfahrung in dieser zu spiegeln und gedanklich zu bewegen. Durch die Verbindung der Erfahrungen und die Bestimmung der Bedeutung der einen Erfahrung für die andere ist jede Geschichte für die Teilnehmer produktiv. Der einzelne Teilnehmer kann seine Geschichte aus anderer Perspektive betrachten und Distanz zu seiner eigenen Sichtweise herstellen. Durch die Distanz zur eigenen Sichtweise kann er diese los- und sich auf eine neue Perspektive einlassen.

Dies soll an einem weiteren Beispiel verdeutlicht werden: Ein Teilnehmer, Geschäftsführer eines mittelständischen Unternehmens, erzählt, dass er damit begonnen habe, Projekte gemeinsam mit den Mitarbeitern durchzuführen. Die Aufgabe der Mitarbeiter bestehe in diesen Projekten darin, ein Konzept zur Reorganisation ihres angestammten Funktionsbereichs zu erarbeiten und praktisch umzusetzen. In diesen Projekten übernehme nicht der den Funktionsbereich führende Geschäftsführer – im Unternehmen gibt es insgesamt zwei Geschäftsführer – sondern der nicht betroffene Kollege die Projektleitung. Auf diese Weise laufe der betroffene Geschäftsführer weniger Gefahr, den Prozess zu dominieren und gewinne die Möglichkeit, als „normales Projektmitglied" eigene inhaltliche Vorstellungen in den Prozess einzubringen. Er sei unzufrieden mit der Skepsis und der Zurückhaltung der Mitarbeiter in diesen Projekten, umso mehr, als dass er ihnen gegenüber immer wieder zum Ausdruck bringe, dass sie für die Erfüllung des Projektauftrags verantwortlich seien. Der Moderator stimmt zunächst der Einschätzung zu, dass der Erfolg von Projekten wesentlich an das Engagement und die Verantwortungsbereitschaft der Mitarbeiter geknüpft sei. Er weist aber auch auf die besondere Rolle des Projektleiters hin und fragt einen anderen Teilnehmer, der selbst als Mitglied in einem Projekt tätig war, wie er die beschriebene Situation empfinde. Dieser Teilnehmer erläutert, dass er die Rolle des Projektleiters als besonders wichtig und verantwortungsvoll erfahren habe. Aus dieser Erfahrung stelle sich ihm die beschriebene Situation so dar, dass die Geschäftsführer, indem sie die Führungsaufgabe der Gruppenmoderation dem jeweils nicht betroffenen Kollegen überlassen, selbst *nicht* in der Weise Verantwortung übernehmen, wie sie dies von ihren Mitarbeitern erwarten. Der Moderator fragt weiter, wie das Verhaltensangebot, das der erste Teilnehmer beschrieben habe, auf ihn wirke. Der gefragte Teilnehmer ergänzt, dass die Geschäftsführer ihren Mitarbeitern im Grunde ein widersprüchliches Verhaltensangebot machen, indem sie verbal zu Übernahme der Verantwortung auffordern, dies aber selbst nicht praktizieren. Er macht den Vorschlag, dass die Geschäftsführer in Zukunft die Leitungsfunktion für die Reorganisationsprojekte ihres Bereiches selber übernehmen.

Die Vielfalt der Erfahrungen ist notwendig, aber nicht hinreichend für das Gelingen der Reflexion in der Praxisreflexion. Erst der Bezug der Erfahrungen aufeinander und die Klärung ihrer jeweiligen Bedeutung reicht hin, dass die Geschichte selbst zur Erfahrung wird.

3. Die Entwicklung der Form der Praxisreflexion

Bislang werden Praxisreflexionen in drei unterschiedlichen Formen durchgeführt. Die ersten Praxisreflexionen wurden schwerpunktmäßig als Veranstaltungen durchgeführt, die ohne thematische Vorgabe begonnen haben. Im Verlauf des Wochenendes haben sich durch die Beiträge der Teilnehmer Schwerpunkte herausgebildet, die der Veranstaltung ihr Thema, z.B. Führen und geführt werden, Verantwortung und Führung, Existentielle Fragen der Führung, gaben.

In einer zweiten Form wurden thematische Vorgaben angeboten, zu denen die Teilnehmer ihre persönlichen Beiträge in Beziehung setzen konnten. Dies waren z.B. Projektmanagement oder Strategisches Marketing. Mit diesen Vorgaben ist es gelungen, funktionale Themen der Unternehmensführung stärker in den Blick zu nehmen.

Schließlich ist erstmals die Praxisreflexion in einem Unternehmen eines der Teilnehmer durchgeführt worden. Diese Form ist aus dem Interesse entstanden, Mitarbeiter eines Unternehmens eines Teilnehmers in die Praxisreflexion einzubeziehen und dadurch ihre Möglichkeit zu erweitern. Neben einer Betriebsbesichtigung wurde ein gemeinsames Seminar veranstaltet. Durch diese Einbeziehung der Mitarbeiter eines Unternehmens rückt die Praxisreflexion in die Nähe der Unternehmensberatung.

Für die Entstehung und Durchführung der dritten Form der Praxisreflexion soll ein weiteres Beispiel angeführt werden: Ein Teilnehmer, Geschäftsführer eines mittelständischen Unternehmens, berichtet, dass er als Kostensenkungsmaßnahme ein Anreizsystem für seinen Vertrieb entwickelt habe, das die Verkäufer zum sparsamen Umgang mit den Verkaufshilfen des Unternehmens bewegen solle. Ein anderer Teilnehmer, der im Vertrieb und Marketing tätig war, bezeichnet dies als Knebelung des Vertriebs und argumentiert, dass auf der Vertriebsseite Instrumente entwickelt werden müssten, die die Verkäufer zu zusätzlichen Anstrengungen im Verkaufen motivieren. Er fragt den erstgenannten Teilnehmer nach Umsatz- und Marktentwicklung sowie Marktpotential und es stellt sich heraus, dass es in diesem Unternehmen eher ein Vertriebs- als ein Kostenproblem gibt. Daraufhin fragt der Controller die anderen Teilnehmer, wie adäquate, umsatzsteigernde Instrumente für den Vertrieb des Unternehmens entwickelt werden können. Ein Teilnehmer schlägt vor, dass die Teilnehmer der Praxisreflexion als potentielle Interessenten gegenüber dem Unternehmen auftreten, sich von den Verkäufern beraten lassen und diese Erfahrungen dem Unternehmen wieder zur Verfügung stellen, so dass die Vertriebsmitarbeiter des Unternehmens ihre Praxis reflektieren und Ansätze für geeignete Vertriebsinstrumente erkennen können.

Aufgrund dieser Vereinbarung haben sich mehrere Teilnehmer Verkaufsunterlagen des Unternehmens zusenden und sich von Verkäufern beraten lassen. In der folgenden Praxisreflexion werden an einem Seminartag die Erfahrungen der Teilnehmer an die Vertriebsleiter rückgekoppelt.

Ein Teilnehmer berichtet, er habe einen standardisierten Brief mit Informationen zugesandt bekommen, der zwar allgemein über die Angebote des Unternehmens informiere, aber keinerlei Bezug auf das von ihm konkret benannte Problem nehme. Der Verkäufer habe anschließend keine weiteren Anstrengungen unternommen, ihn zu kontaktieren. Ein anderer Teilnehmer erzählt, wie er in einem ersten Beratungsgespräch zwar über die Voraussetzungen zum Kauf informiert worden sei, der Verkäufer aber die Produkte des Unternehmens und ihre Vorteile kaum dargestellt habe. Er beschreibt das Gespräch als sehr nüchtern, das keine emotionale Beziehung zu dem Produkt entstehen ließ. Einem dritten Teilnehmer, der tatsächlich das Produkt der Firma kaufen wollte, ist dies nicht gelungen. Er habe nicht dem Bild des idealen Kunden des Verkäufers entsprochen und sei nicht als Kunde mit individuellen, konkreten Bedürfnissen akzeptiert worden.

Die Erfahrung mit dieser dritten Form der Praxisreflexion war, dass die Teilnehmer in dem fremden Unternehmen eine Vielzahl von Ansätzen für Verbesserungen sehen und einbringen konnten. Die Differenz zwischen Fremd- und Selbstwahrnehmung erwies sich als produktiv nutzbar. Im gemeinsamen Seminar zeigte sich, dass die Mitarbeiter aus dem Unternehmen positiv auf das Zur-Verfügung-Stellen der Kundenerfahrung reagierten.

4. Die Zukunft der Praxisreflexion

Nach zehn Praxisreflexionen und mehr als 120 Gesprächen sind eine Vielzahl von Geschichten entstanden. Die positiven Feedbacks der Teilnehmer nach jeder Praxisreflexion ermutigen, die Praxisreflexion als Form der Weiterbildung für Führungskräfte und Manager weiterzuführen. Während der neunten Praxisreflexion wurde diese Form der Weiterbildung und ihre Wirkung von den Teilnehmern zum Thema einer Praxisreflexion gemacht. Viele Teilnehmer haben gesagt, das Gespräch in der Praxisreflexion habe regelmäßig eine neue, produktive Entwicklungsphase ausgelöst oder einen positiven Wendepunkt in ihrer persönlichen Geschichte dargestellt. Ein Teilnehmer sprach davon, dass ihm in einer schwierigen Situation „die Praxisreflexion das Überleben im Unternehmen gerettet hat."

Die bisherigen Erfahrungen ermutigen auch, die Praxisreflexion in anderen Zusammenhängen, innerhalb und außerhalb der Universität Witten/Herdecke, durchzuführen. Sie bietet sich als Form der Weiterbildung für solche Zusammenhänge an, in denen Menschen ihre berufliche Praxis reflektieren wollen. Innerhalb der Universität wäre die Praxisreflexion als Angebot für ehemalige Studenten der Medizin denkbar, die als Ärzte ihre Praxis im Krankenhaus in Bezug auf Führungsprobleme und ihre persönliche Entwicklung reflektieren wollen. Außerhalb der Universität bietet sich die Praxisreflexion als Weiterbildung für Unternehmer an, die die Entwicklung ihres Unternehmens vorantreiben oder ein Unternehmen gründen wollen.

C. Weiterentwicklungen der Wittener Didaktik

1. Unternehmer-Studium

2004 gründen wir (Gerd Walger und Ralf Neise) das IUU Institut für Unternehmer- und Unternehmensentwicklung als An-Institut der Universität, das die Entwicklung von Unternehmern und ihrer Unternehmen zusammenbringt und sich durch die Vermarktung eigener Angebote selbst finanziert, und bieten schließlich seit 2016 ein eigenes, sie in ihrer praktischen Tätigkeit begleitendes Studium für Unternehmer an. Dieses bundesweit einzigartige Studium für Unternehmer steht als Angebot „subjektiver Bildung" neben der fachlichen, ggf. betriebswirtschaftlichen Ausbildung (Vermittlung der Kenntnisse und Techniken objektiver Wissenschaft). Wir haben es auf der Basis von mehr als 30 Jahren Erfahrung in der Beratung und dem Coaching von Unternehmern und der Reflexion der dabei entstandenen Erfahrungen entwickelt und vor dem Hintergrund unserer Einschätzung, dass die Betriebswirtschaftslehre zu einer Managementlehre geworden ist und an den Hochschulen vornehmlich Manager und keine Unternehmer ausgebildet werden.

Nach unserem Verständnis ist Unternehmer, wer die unternehmerische Freiheit ergreift und sie in einer Unternehmung verwirklicht. Dafür ist es wesentlich, sich seiner selbst bewusst zu sein, d.h. die eigene persönliche Qualität in Erfahrung zu bringen, mit der man sein Unternehmen prägen und einzigartig machen kann. Dieses „Sich-seiner-selbst-bewusst-Sein" bildet sich durch die Reflexion persönlicher Erfahrungen. Das Unternehmer-Studium des IUU bietet Unternehmern einen Ort, an dem sie neben ihrer Tätigkeit im Unternehmen ihre Erfahrungen reflektieren und mit anderen Unternehmern teilen können. Jeder kommt persönlich vor und wird in der Entwicklung seines unternehmerischen Selbstbewusstseins unterstützt.

Das unternehmerische Selbstbewusstsein ist sinnvoll und notwendig, um Innovationen in den Markt bringen und die Verantwortung für die mit dem Neuen verbundenen Risiken und Unwägbarkeiten übernehmen zu können. Diese unternehmerische Kompetenz bildet das Bildungssystem kaum aus. Für Unternehmer gibt es kaum sinnvolle Bildungs-Angebote. Das Bildungssystem vermittelt vornehmlich rationale Managementtechniken. Deren Kenntnis ist für den Unternehmer notwendig, aber nicht hinreichend. Im Unternehmer-Studium des IUU werden die Teilnehmer als vernunftbegabte Menschen angesehen, die bereit und in der Lage sind, Ideen zu entwickeln und ins Werk zu setzen. Wir ermutigen sie, das Entwickeln und Erproben einer zukunftsweisenden, unternehmerischen Idee und die Verantwortung ihrer Konsequenzen zu wagen. Diese Ideen werden mit Bezug auf die konkrete, praktische Situation der teilnehmenden Unternehmer und die Frage, wie sie ihr Unternehmen in Zukunft gestalten wollen, entwickelt. In den 16 zweitägigen Veranstaltungen des Unternehmer-Studiums arbeiten die teilnehmenden Unternehmer die Idee aus, die ihrem Unternehmen eine Zukunft eröffnet. Jeden Schritt auf diesem Weg können sie jeweils bis zu der nächsten Veranstaltung erproben, und die von ihnen gemachten Erfahrungen wiederum in den nachfolgenden Seminaren reflektieren. In diesem Wechselspiel von unternehmerischer Praxis und ihrer Reflexion bringen die Unternehmer in Erfahrung, was ihre Ideen konkret bedeuten, so dass sie die mit ihnen verbundenen Veränderungen ihrer selbst und ihres Unternehmens beurteilen und verantworten können.

Ca. alle fünf Wochen treffen wir uns mit den studierenden Unternehmern jeweils freitags und samstags in Wuppertal. Das Programm des Unternehmer-Studiums behandelt die wesentlichen Themen, die für das Unternehmer-Sein wesentlich sind. Diese werden in Handouts aufbereitet, die den teilnehmenden Unternehmern vor den Veranstaltungen zur Verfügung gestellt und zu ihrem Beginn besprochen werden. Im Sinne des sokratischen Fragens ist danach jeder von ihnen gefragt, die mit der Veranstaltung gestellte Frage im Kreis Aller zu beantworten. Dabei machen sie regelmäßig die Erfahrung, dass in ihrem Antwortgeben sich ihre eigene Idee und ihr Selbstverständnis klärt und dass sie sich und ihre eigenen Erfahrungen in den anderen Teilnehmern bzw. deren Erfahrungen wiedererkennen können. Sowohl die Auseinandersetzung mit den Inhalten zum Unternehmer-Sein als auch den moderierten Austausch untereinander erleben sie als hilfreich und produktiv. Darüber hinaus haben die Studierenden die Möglichkeit, sich in dem Planspiel zum Projektmanagement in einer Führungsposition, als Verhandler in einer interaktiven Case-Study zur Verhandlungsführung sowie in einem Spiel, in dem sie als Menschen unterschiedlicher Kulturen aufeinandertreffen, auszuprobieren und die entstehenden Erfahrungen zu reflektieren.

An dem Programm nehmen z.B. Unternehmer teil, die im Markt oder bei der Führung ihrer Mitarbeiter an bestimmte Grenzen stoßen, Unternehmensnachfolger, die das elterliche Unternehmen übernehmen und auch angestellte Führungskräfte, die z.B. als Geschäftsführer eine unternehmerische Verantwortung inne haben. Formale Voraussetzungen gibt es keine. Zielgruppe sind die, die selber Unternehmer sind oder sein wollen, also die, die persönlich für die Idee des Unternehmens stehen und die Verantwortung dafür tragen, es in eine neue, sichere Zukunft zu führen. Jedes Jahr im Oktober startet ein neuer Jahrgang.

Erfahrungen und Feedbacks von Teilnehmern

Jan Kollmorgen, Geschäftsführender Gesellschafter Lauschmedia GmbH, Hamburg:

„Über sich selbst bildet man sich leicht falsche Vorstellungen, die teure Fehler nach sich ziehen. Das Unternehmer-Studium trägt wesentlich dazu bei, dass ich meine Identität und das, was ich als Unternehmer will, immer wieder aufs Neue klären kann."

Colin Weiss, Geschäftsführender Gesellschafter ELP GmbH, Wuppertal:

„Ich habe im Unternehmer-Studium herausgefunden, was es für mich bedeutet, nach dem Tod meines Vaters selber Unternehmer in unserem Unternehmen zu werden und welche persönliche Veränderung für mich damit verbunden ist."

Isis Scherpel, Geschäftsführende Gesellschafterin Back Bord Mühlenbäckerei GmbH & Co. KG, Bochum:

„Mein Studium beim IUU hilft mir, mein Selbstverständnis als Unternehmerin zu klären und meine Idee für das Unternehmen zu entwickeln, das ich von meinem Vater übernommen habe und das ich zunehmend zu meinem Unternehmen mache."

Christoph Wenk, Geschäftsführender Gesellschafter CWTec Gesellschaft für Werkzeug- und Maschinenbau mbH:

„Ich bin seit vielen Jahren Unternehmer. Irgendwelche Managementkurse haben mich nie interessiert. Mit dem Unternehmer-Studium habe ich das gefunden, was ich gesucht habe. Es hilft mir persönlich bei der Führung meines Unternehmens, und die geistige Auseinandersetzung mit den Inhalten und den anderen Unternehmern macht mir großen Spaß."

Tobias Dehler, Geschäftsführender Gesellschafter Tangolima. Remscheid:

„Zu Beginn des Unternehmer-Studiums war ich formal Unternehmer. Gründer, Gesellschafter, Geschäftsführer, juristisch gesehen Vollkaufmann.

Rückblickend habe ich erkannt, dass ich noch nicht tatsächlich Unternehmer, bzw. der der ich sein konnte, war. Früh blieb bei mir Gerds Satz hängen

„Das Unternehmen macht den Unternehmer." Was das bedeuten sollte, war mir nicht sofort klar. Mein Unternehmen war eben nicht so wie ich es mir vorstellte. War ich also das Problem?

Mein Unternehmer-sein ist entstanden aus einer Sehnsucht nach Freiheit. Schon zu Schulzeiten meldete ich mein erstes Gewerbe an. Kurz nach meiner Berufsausbildung gründete ich tangolima.

Mit der Zeit habe ich verstanden, dass ich mich hierbei in erster Linie über die „Freiheit von" definiert habe. Freiheit von Einordnung in Hierarchie, Freiheit von inhaltlicher und wirtschaftlicher Abhängigkeit von Vorgesetzten, die ich nicht Ernst nehmen konnte, Freiheit von Vorgaben, die ich nicht befolgen wollte.

Doch wenn das Unternehmen den Unternehmer macht, dann ist die eigene Positionierung mit der Hoffnung auf „Freiheit von etwas" nicht möglich. Erkannt habe ich, dass die „Freiheit zu etwas" mich frei, unabhängig und unternehmerisch macht. Ich darf gestalten, ich darf entwickeln, ich darf entscheiden. Aber: ich muss es dann eben auch TUN.

Eine der ersten Erkenntnisse aus dem Unternehmer-Studium war daher für mich, dass meine immer wieder auflodernde Larmoyanz über die Themen und Menschen, die scheinbar nicht „funktionierten" vollkommen unangebracht war.

Denn wenn ich auf dem Weg bin, der zu werden, der ich bin – dann sind alle anderen Menschen auch auf ihrem Weg. Dieser muss mir nicht schmecken – aber verändern kann und will ich nur mich selbst.

Das Unternehmer-Studium hat mich mit den großen Fragen meiner Existenz als Mensch und Unternehmer in Berührung gebracht. Wille, Verantwortung, Phantasie, Selbstständigkeit, Führung, Menschenbild, Rhythmus. Das sind Themen, die ganz weit weg sind von der medialen Kakophonie reißerischer Unternehmerstories und Managementtipps.

Der ausdauernde sokratische Dialog in den wir uns so regelmäßig begeben haben – ehrlich, humorvoll, ernsthaft, aufbauend aber auch unerbittlich – war eine Erfahrung die mich oft erst an und mit der Zeit über meine Grenzen hinaus geführt hat.

Durch das Unternehmer-Studium habe ich in mir neue Perspektiven geöffnet, die Grenzen der Phantasie vom Außen ins Innen verlegt, in meine eigenen Abgründe geschaut und die Kraft entdeckt so zu sein, wie ich bin.

Geborgen im Wissen nichts zu wissen bin ich mir heute viel stärker meiner selbst bewusst und im Wortsinne Unternehmer.

Die Auswirkung auf mein Unternehmen liegen vor allem darin, dass ich meine, ab und zu verschüttete, Lust am Unternehmertum nicht nur wieder freigelegt, sondern auch ausgebaut habe.

Meine Erkenntnisse aus den letzten 24 Monaten führen dazu, dass ich mehr frage und weniger antworte; dass ich viel stärker den Menschen mit seinen Bedürfnissen und Ideen wahrnehme; dass ich öfter loslasse; dass ich mehr Verantwortung und Konsequenz lebe und auch einfordere.

Das merken die Menschen, die mit mir privat und beruflich zu tun haben. Manche Diskussion ist tiefer und ehrlicher geworden. Viele Beziehungen sind stärker und vertrauensvoller geworden, andere sind eingeschlafen. – Es ist nicht immer leicht mit (und für) einen Unternehmer, der denkt UND handelt.

Die Erfahrung des Unternehmer-Studiums lebt zum einen von den Inhalten und des in Gang setzen des eigenen Denkens. Viel wichtiger ist aber, dass sie erst durch die Menschen, mit denen ich sie teilen durfte, möglich wurde.

Mein Dank gilt daher besonders Gerd und Ralf, die mit der Erschaffung dieses Angebots und ihrer konsequenten Liebe und Offenheit für jeden in der Gruppe, den Raum zur Entfaltung für uns alle geöffnet haben.

Mein Dank gilt aber auch meinen Kommilitonen, die mit ihren Perspektiven, Erfahrungen, Humor und Aufgeschlossenheit den geschaffenen Raum mit Vielfalt gefüllt haben."

Programm des Unternehmer-Studiums

1. Die Identität des Unternehmers

- Was bedeutet es für mich, Unternehmer zu werden?
- „Erkenne Dich selbst" – wie bringe ich in Erfahrung, wer ich bin?
- Idee – für welche Idee will und kann ich stehen?
- Selbstständigkeit – wie werde ich selbstständig?

2. Das Führen des Unternehmers

- Rationale Management-Entscheidungen und existenzielle Entscheidung des Unternehmers
- Action Study (Planspiel) zu Führung und Zusammenarbeit
- Unternehmerische Führung I – wie bilde ich meinen Willen und wie komme ich
  zu einem gemeinsamen Willen?
- Unternehmerische Führung II – wie führe, begeistere und organisiere ich?

3. Das Gestalten des Unternehmens

- Unternehmen und Familie – in welches Verhältnis setze ich mich zum bestehenden Unternehmen und zur Familie?
- Unternehmensentwicklung – wie gestalte ich die Entwicklung des Unternehmens?
- Unternehmensberatung – wie gehe ich mit Beratern um?
- Change – wie gestalte ich Veränderung und wie gehe ich mit Veränderungswiderstand um?

4. Selbstbewusst verhandeln

- Action Study zur Verhandlungsführung
- Verhandlungsführung – wie verhandle ich und wie löse ich Interessenkonflikte?
- Wie gehe ich mit Menschen aus anderen Kulturen um?
- Rückschau – was habe ich über mich in Erfahrung gebracht und was bedeutet dies für mein Unternehmen?

2. Unternehmer- und Unternehmensberatung

Unternehmensberatung ist heute i.d.R. Managementberatung. Am IUU Institut für Unternehmer- und Unternehmensentwicklung entwickeln und realisieren wir ein Angebot, das die Beratung von Unternehmern und ihrer Unternehmen verbindet.

Beratung ist zunächst das Angebot an einen Klienten, ein von ihm empfundenes Problem zu lösen.[184] Ein Problem ist das, was in der Zukunft aufkommt, eine sich aufdrängende Fragestellung, die nach Antwort verlangt, eine Aufgabe, die zu lösen ist. Was das Problem ist, steht allerdings in Frage. Der Beratungskunde hat in der Regel eine Empfindung von dem Problem, kann dieses meist aber nicht genau benennen, denn wenn er das Problem genau identifiziert hätte, könnte er es meist auch lösen. Deshalb ist Bestandteil der Leistung des Beraters, den dem Problem zugrunde liegenden Sachverhalt zu beurteilen und das Problem genau zu bestimmen.

Zweitens steht bei der Beratung von Unternehmen in Frage, wer im Unternehmen das Problem hat und es lösen kann. Meist sind von dem Problem mehrere Personen im Unternehmen betroffen und tragen durch ihr Verhalten dazu bei, dass es besteht bzw. bestehen bleibt, i.d.R. auch die Unternehmensführung. Die Beteiligten haben dabei unterschiedliche Sichtweisen auf das Problem und halten verschiedene Lösungsansätze für sinnvoll. Meistens sind die Einzelnen der Auffassung, das Problem nicht selbst lösen zu können, sondern dass ein je Anderer das Problem hat und es lösen soll. Deshalb entstehen nicht selten Konflikte im Unternehmen, die sich zu Beginn einer Beratung oft schon verfestigt haben. Die Unternehmensberatung, die sich als Managementberatung versteht, sucht daher meist die Aufgabe des Managements zu übernehmen und die aus Managementsicht notwendigen strukturellen Veränderungen und die dadurch bedingten Veränderungen bei den Mitarbeitern durchzusetzen. Mitarbeiter sind in diesem Verständnis von Managementberatung Objekt der Veränderung durch die Beratung. Die von uns entwickelte Auffassung von Unternehmer- und Unternehmensberatung begreift die im Unternehmen tätigen Menschen als Subjekte, die gemäß der von ihnen zu übernehmenden Verantwortung an der Beschreibung und Lösung des Problems zu beteiligen sind. Für eine solche Problemlösung ist es notwendig, eine von allen geteilte Problemsicht zu generieren und zu klären, wer welchen Anteil an dem Problem hat und zu seiner Lösung übernehmen kann und will.

Drittens schließlich ist das Problem von Unternehmen meist durch Sichtweisen auf das Unternehmen bedingt, die sich der Vergangenheit verdanken. Oft wird an

184 Vgl. Walger (1999), S. 4, Miethe (2000), Walger/ Neise (2005)

früheren Lösungen, die sich unter anderen Bedingungen bewährt haben und eine bestimmte Perspektive auf das Unternehmen und das Problem haben entstehen lassen, festgehalten. Die Problemlösung erfordert daher meist, dass die an dem Problem und seinem Bestehen Beteiligten, oft eben auch die Unternehmensführung, ihre eigene Perspektive auf den Zusammenhang und ihr Verhalten verändern, d.h. dass das Unternehmen und die in ihm arbeitenden Personen sich verändern und eine neue Lösung generieren müssen, von der noch in Frage steht, inwieweit sie sich bewährt. Für den Unternehmer bzw. die Unternehmensführung bedeutet die Notwendigkeit, der eigenen Veränderung und der Veränderung des ganzen Unternehmens ein existenzielles Risiko. Genau wie im Moment der Unternehmensgründung steht auch bei der für die Problemlösung notwendigen Unternehmensentwicklung in Frage, ob und welchen Erfolg mit dem „neuen" Unternehmen verbunden ist. Die lebendige Entwicklung des Unternehmens ist nur im Angesicht des Todes zu haben.

Unternehmer- und Unternehmensberatung funktioniert daher nur als ein offener Prozess, bei dem die von dem Problem bzw. der Lösung betroffenen, im Unternehmen arbeitenden Menschen in die Analyse des Problems und die Erarbeitung der Lösung einbezogen werden und diese selbsttätig realisieren. In diesen Prozess ist gerade und insbesondere auch der Unternehmer bzw. die Unternehmensführung einzubeziehen. Der Grundsatz dieses Beratungsansatzes ist, dass nur der, der das Problem hat, es lösen kann. Nicht der Berater vollzieht die zur Lösung des Problems notwendige Veränderung des Unternehmens, sondern die Menschen, die in diesem Verständnis die Unternehmung sind, betreiben diese Veränderung durch ihren eigenen Veränderungsprozess. Diese Unternehmer- und Unternehmensberatung geht von dem entwicklungsfähigen und selbstbestimmten Menschen aus, der durch sein Bewusstsein und sein Verhalten die Unternehmensentwicklung bestimmt. Unternehmensentwicklung ist im Kern persönliche Entwicklung der in im tätigen Menschen, die am konkreten Problem und seiner Lösung betrieben wird und die Schaffung von angemessenen, betriebswirtschaftlich sinnvollen Formen und Strukturen der Zusammenarbeit. Der Klient ihrer Beratung ist nicht allein der auftraggebende Unternehmer bzw. das auftraggebende Management, sondern die durch ihre Mitglieder konstituierte Unternehmung, die durch ihr Bewusstsein und ihr Verhalten das Problem selbst produziert haben und es deshalb durch die eigene Veränderung auch selbst lösen können. Die Unternehmensführung ist aus dieser Sicht auch Klient und i.d.R. Teil des Problems. Sie unterliegt ihrerseits der Notwendigkeit einer eigenen Entwicklung, was eine besondere Herausforderung für den Berater bedeutet. Denn jeder Beratungsauftrag birgt das Risiko des Abbruchs, wenn im Laufe des Prozesses der Auftraggeber die Notwendigkeit seiner eigenen Entwicklung nicht akzeptiert und die „Notbremse" zieht. Nicht nur für den Unternehmer bzw. die Unternehmensleitung bedeutet der Beratungsprozess damit ein grundlegendes Risiko. Auch die Unternehmensberatung kommt nicht umhin, das unabwendbare Risiko einzugehen, dass das Beratungsprojekt scheitert und sie dafür verantwortlich gemacht wird.

Die Unternehmer- und Unternehmensberatung hat ihren Ursprung in der betriebswirtschaftlichen Expertise von der Funktionsfähigkeit eines Unternehmens und einem Verständnis von Bildung, das sich als ein Sich-Bilden bzw. Selbstentwicklungsprozess des Menschen versteht. Der Berater unterstützt durch seine Interventionen den Entwicklungsprozess des Unternehmens, der sich durch die persönliche Entwicklung der in ihm tätigen Menschen vollzieht und nach Lewin in drei Phasen unterteilt werden kann.[185] In der ersten Phase, dem „unfreezing" (Auftauen, Auflockern), sollen die an dem Beratungsprozess beteiligte im Unternehmen tätigen Menschen die Erfahrung machen, dass und auf welche Weise ihren eigenen Denk- und Verhaltensmuster zu der als problematisch empfundenen Situation beitragen. Dazu wird ihnen ihr Umgang mit ihrer Situation auf geeignete Weise „gespiegelt." Diese Fremdwahrnehmung soll die eigene Selbstwahrnehmung in anderem Licht erscheinen lassen und die Unangemessenheit der bisherigen Sichtweise auf ihr Unternehmen deutlich machen und ein konkretes Problembewusstsein generieren. In der zweiten Phase, dem „Moving" bzw. „Change" (Hinüberleiten, Verändern) werden neue Ansätze, Sichtweisen und Verhaltensweisen entwickelt und ausprobiert, um Erfahrungen mit möglichen Lösungsansätzen zu machen. Durch diese Erfahrungen sollen angemessenere Sichtweisen auf das Problem erkennbar und die Möglichkeit, das Problem selbst lösen zu können, erkannt und anerkannt werden. Und in der dritten Phase schließlich, dem „refreezing" (Verfestigen), werden die sich als bewährt erweisenden Lösungsansätze durch positive Reaktionen seitens des Beraters, der Mitarbeiter und der Unternehmensleitung durch Bestärkung und Reflexion stabilisiert. Die im Unternehmen tätigen Menschen sollen die angemessenere Sichtweise und die neuen Verhaltensweisen als ihre annehmen, die Verantwortung für die dauerhafte Problemlösung übernehmen und sich in der veränderten Bedeutung selbst neu verstehen.

Die Interventionen des Beraters zielen darauf, dass der Klient sein Problem selbst löst („Hilfe zur Selbsthilfe"). Sie stehen in dem Widerspruch, dass jede externe Intervention für das Erreichen dieses Ziels zugleich notwendig ist und ihm entgegensteht. Die externe Intervention ist notwendig, da der Klient das Problem nicht

---

[185] Vgl. Lewin (1963)

ohne eine Beeinflussung durch den Berater lösen kann. Wäre dies dem Klienten doch möglich, bedürfte er des Beraters nicht. Sie steht dem Ziel, dass der Klient sein Problem selbst lösen soll, offenkundig aber auch entgegen. Denn wenn sie nicht vollkommen wirkungslos bleiben soll, bedeutet sie immer eine Beeinflussung des Entwicklungsprozesses durch den Berater und damit eine Abhängigkeit von ihm. Es gehört zur Expertise des Beraters, mit diesem Widerspruch sinnvoll umzugehen.

Die wesentliche Möglichkeit des Beraters, der seinen Klienten zur selbstbestimmten Lösung von dessen Problem qualifizieren will, liegt in der Entwicklung von sinnvollen Fragen sowie der Prüfung und Reflexion der vom Klienten gegebenen Antworten. Der Berater geht mit dem Klienten von Anfang an so um, dass nur dieser die dem Problem zugrunde liegende Frage beantworten kann. Er kann sie im Verständnis des Beraters deshalb nur selbst beantworten, da der Klient auch nur die Lösung praktisch zu realisieren in der Lage ist, die er selbst gedanklich entwickeln und ausarbeiten kann. Dies bedeutet, dass der Berater akzeptiert, dass er nicht weiß, was das Problem genau ist und welche Lösung der Klient zu entwickeln und zu realisieren in der Lage ist. Der Berater mag ein Vorverständnis des Problems haben und systematische Lösungen für es zu kennen, was aber genau das Problem des Klienten ist, warum er es nicht angemessen beschreiben und warum er es nicht lösen kann, steht mindestens zu Beginn der Beratung für den Berater in Frage und es geht für ihn darum, dieses in Erfahrung zu bringen. Der Berater weiß also zu Beginn der Beratung nur, dass der Klient sein Problem nicht angemessen beschreiben kann. Denn wenn er dies könnte, könnte er auch dafür eine Lösung finden.

Die Arbeit des Beraters ist immer Arbeit an dem konkreten Problem, d.h. dass sich das, was als Problem begriffen wird, das Problembewusstsein, im Zuge der Beratung durchaus verändern bzw. im wahrsten Sinne des Wortes „ent-wickeln" kann und seine angemessene Beschreibung erst erarbeitet wird. Dazu fragt der Berater bei jedem von dem Problem Betroffenen genau nach, worin das Problem besteht, wie es sich für ihn darstellt, was es für ihn bedeutet, welche Lösungsansätze bereits von wem übernommen worden sind, welche Erfahrungen damit gemacht wurden, wie es aus seiner Sicht gelöst werden kann sowie was er zur Lösung beitragen kann und will. Das Fragen des Beraters lässt meist unterschiedliche, durchaus widersprüchliche Antworten entstehen, die der Berater den am Beratungsprozess Beteiligten zurück spiegelt. Die unterschiedlichen Beteiligten machen dabei die Erfahrung, dass das Problem aus ihren jeweiligen Perspektiven unterschiedlich aussieht und die Sichtweisen der Anderen auch ihre Berechtigungen haben. Der

Berater hat in diesem Prozess die Aufgabe, die verschiedenen Sichtweisen zueinander ins Verhältnis zu setzen, sie zu vermitteln mit den Beteiligten eine Problembeschreibung zu erarbeiten, die von ihnen geteilt wird und die dem Problem angemessen ist. Dabei kommt er nicht umhin, die Antworten der Beteiligten daraufhin zu prüfen, inwieweit die Einzelnen in Bezug auf die Entstehung und den Umgang mit der Problemsituation ihrer Position bzw. Funktion im Unternehmen gemäß verantwortlich agieren. Ggf. muss der Berater das unverantwortliche Handeln von Akteuren adressieren und versuchen, eine Einsicht bei ihnen zu erreichen. Dazu kann er z.B. Effekte der Gruppendynamik nutzen, indem er die anderen Organisationsmitglieder bittet, die Konsequenzen aufzeigen, die das Handeln des einzelnen Akteurs für sie und ihren Unternehmensbereich hat.

Meistens ist es aber nicht ein Einzelner, dessen Handeln das Problem produziert, sondern es haben sich Handlungsweisen und Routinen in der ganzen Gruppe bzw. Organisation ausgebreitet, die ein grundlegenderes Problem bedeuten und das anfängliche, die Beratung initiierende Problem ist nur ein Symptom, an dem dieses eigentliche Problem sich ausgeprägt hat. Oftmals ist z.B. das Vorgehen, das einen früheren Erfolg des Unternehmens generiert hat, unzeitgemäß geworden, ohne dass dies den im Unternehmen arbeitenden Menschen bewusst geworden ist. Dann obliegt es dem Berater, durch die Entwicklung einer sinnvollen Fragestellung den eigentlichen Problemgehalt nachzufragen, ihn sichtbar zu machen und die Unangemessenheit des überkommenen Handelns deutlich werden zu lassen. Wieder geht es darum, dass der Berater die Einsicht der Beteiligten generiert, dass sie in dem Sinne unverantwortlich handeln, als ihr Handeln nicht mehr angemessen auf die aktuelle Situation des Unternehmens antwortet bzw. für es nicht zukunftsweisend ist. I.d.R. entsteht gegen eine solche Einsicht der Widerstand der Beteiligten und sie halten an ihren eingefahrenen Sichtweisen fest, die immerhin den Erfolg der Vergangenheit produziert haben. Der Berater hat in dieser Situation die Aufgabe, sinnvoll mit diesem Widerstand umzugehen, indem er z.B. die Konsequenzen der bisherigen Sichtweisen nachfragt, den Beteiligten zumutet, diese zu Ende zu denken und die Unmöglichkeit, an ihnen festhalten zu können, nachweist. Oft lässt erst die Ansicht dieser Unmöglichkeit die Einsicht in die Notwendigkeit der eigenen Veränderung entstehen (Aporie).

Im Verständnis der Unternehmer- und Unternehmensberatung hängt die Entwicklungsmöglichkeit des Unternehmens an der persönlichen Verantwortungsübernahme für sie durch die in ihm tätigen Menschen. Nur wenn diese sich selbst entwickeln, kann sich auch die Unternehmung entwickeln und die bisher unlösbaren Probleme lösen. Indem der Berater diejenigen ermutigt, die sich als erste auf die

Veränderungen einlassen, mit ihnen eine neue, angemessenere Sichtweise auf die Situation des Unternehmens erarbeitet und die daraus resultierenden Handlungsmöglichkeiten ausprobiert werden, beginnen diese die Veränderung der Unternehmung einzuleiten. Diese Veränderung ist im Folgenden durch das Ziehen von Konsequenzen für die weiteren Teile der Unternehmung auszuweiten und zu stabilisieren. Zur Stabilisierung des Prozesses ist entscheidend, anfängliche Erfolge zu erzielen und diese für alle sichtbar zu machen, sie durch geeignete Anreize zu unterstützen und die gemachten Erfahrungen zu reflektieren, damit die neue Sichtweise von den Akteuren verinnerlicht und Bestandteil ihres neuen Selbstverständnisses wird. Die die Veränderung unternehmenden Akteure können in der Reflexion ihrer Erfahrungen die Dinge im Lichte der veränderten Perspektive quasi „mit neuen Augen" betrachten und sich als in die Zukunft des Unternehmens vorangehende Akteure begreifen. Sie lernen, dass ihre neue Sicht ihr Handeln zunehmend prägt, dass sie das bisher unlösbare und unerkannte, eigentliche Problem lösen und dem Unternehmen eine Zukunft schaffen. Sie erfahren sich selbst als verantwortliche Akteure der Veränderung und gehen, und mit ihnen ihr Unternehmen, aus diesem Prozess erneuert hervor. In dem Sinne, dass der Berater den die bisherigen Routinen reproduzierenden Akteuren hilft, diese aufzugeben und neue Wege zu beschreiten, deren Erfolg in Frage steht und die erst noch zu entdecken sind, lässt er sich als Geburtshelfer für das neue Unternehmen und sein „pädagogisches" Konzept als Bildung von unternehmerisch und verantwortlich handelnden Akteuren verstehen, das deutlich über die rationale Logik des Managements bzw. von Managementberatungen hinausgeht.

Die Möglichkeit und Grenze der Unternehmer- und Unternehmensberatung liegt in der persönlichen face to face-Beziehung des Beraters zu seinem Klienten und der am Prozess beteiligten Menschen untereinander. Dies macht den Umbau von sehr großen Organisationen für die Unternehmer- und Unternehmensberatung nur schwer möglich. Eine Möglichkeit ist, sich auf die Beratung der Unternehmensführung zu konzentrieren und die hier erreichten Veränderungen sukzessive im Unternehmen auszubreiten. Auch ist die besondere Expertise des Unternehmer- und Unternehmensberaters nicht auf so einfache Weise zu reproduzieren, wie dies z.B. die Managementberatung vermag, die meist industriell vorgefertigte Beratungsprodukte einsetzt.

Unternehmensberatung, die das Problem des Unternehmens im Bewusstsein seiner eigenen Möglichkeiten und Grenzen umfassend lösen will, steht immer in der Verantwortung, das gesamte Unternehmen und seine Entwicklungsmöglichkeit und Lebensfähigkeit im Blick zu haben, d.h. seine Identität zu klären und für es eine zeitgemäße und zukunftsweisende Unternehmensform zur Erscheinung zu bringen. Die Entwicklungsmöglichkeit des Unternehmens zu bestimmen und zu beurteilen ist die Aufgabe des Unternehmers bzw. der Unternehmensführung, denen Unternehmensberatung dient.

3. Unternehmensnachfolge-Beratung

Die Unternehmensnachfolge zu gestalten ist für Unternehmer eine schwierige Aufgabe, von der letztlich der Fortbestand des ganzen Unternehmens und auch der Zusammenhalt der Familie abhängt.[186] Die Beratung der Unternehmensnachfolge erfordert, ein genaues Verständnis der Nachfolgesituation zu entwickeln, die im Folgenden nur in einem der grundlegenden Aspekte, nämlich der Frage, wer dem Unternehmer als Unternehmer nachfolgt, beschrieben wird. Darüber hinaus sind nicht nur der Unternehmer und dieser Nachfolger sondern auch weitere Familienmitglieder in die Frage der Unternehmensnachfolge involviert. Bei Unternehmensnachfolgen ab der zweiten Generation haben sich zudem oft implizite Regeln ausgebildet, die handlungsleitend, aber den Betroffenen in ihren Konsequenzen nicht immer bewusst sind, und von denen fraglich ist, ob sie für die anstehende Nachfolgesituation angemessen sind. Werden z.B. die Anteile an einem Unternehmen nach der Regel der Gleichverteilung an mehrere Kinder vererbt, bilden sich Familienstämme, die ein großes Konfliktpotential bergen und die Gefahr der Parteienbildung entstehen lässt. In Situationen mit mehreren Parteien sind die unterschiedlichen Perspektiven der beteiligten Personen und Familienmitglieder aufzunehmen, also das, was von den Einzelnen gewollt ist. Dies kann jemand, der selbst an dem Prozess beteiligt ist oder einer der Parteien zugerechnet wird (wie z.B. der Steuerberater meist dem Unternehmer verbunden ist), schlecht leisten. Ein unabhängiger Externer kann Dinge zur Sprache bringen, die sonst nicht ausgesprochen werden und dann unter der Oberfläche brodeln. Es geht darum, das Verhältnis der Personen konkret zu klären und ein gegenseitiges Verständnis zu entwickeln, auf dessen Basis eine Klärung und Lösung des Nachfolgeproblems möglich wird.

In jedem der vielfältigen Fälle stellt sich vor allem die Frage, wer aus der Familie die Position des Unternehmers einnehmen kann und will. Diese Frage birgt eine doppelte Problematik, bei der jedes der beiden in ihr enthaltenen Probleme eine eigene Schwierigkeit bedeutet, die nicht voneinander unabhängig sondern wechselseitig aufeinander bezogen sind. Für den Nachfolger geht es darum, selber Unternehmer zu werden und das bestehende Unternehmen zu seinem Unternehmen zu machen, das er prägt und für das er selbst einstehen kann und will. Für den Unternehmer, dessen Identität mit dem bestehenden Unternehmen existenziell verbunden ist, geht es darum, sich eine über die Führung des Unternehmens hinausweisende Perspektive zu erarbeiten, die ihm ein neues Selbstverständnis ver-

186 Vgl. Walger (2012), ders. (2013), vgl. Kappler/ Laske (1990)

leiht. Ohne ein solches neues Selbstverständnis droht ihm der Verlust des Unternehmer-Seins zum Identitätsverlust zu werden. Das Problem der Nachfolge des Unternehmers lässt sich als ein Prozess des Werdens und des Ent-Werdens des Unternehmers verstehen, und mit jedem dieser Prozesse ist eine individuelle Entwicklung der entsprechenden Persönlichkeit verbunden, d.h. dass es für keinen der Beteiligten eine einfache Möglichkeit des Nachfolgens gibt.

Für den Nachfolger bedeutet das Nachfolgeproblem, in die Herausforderung gestellt zu sein, selber der Unternehmer zu werden, der dem Unternehmen eine Zukunft schafft, die seine Existenz, die Existenz der Mitarbeiter und oft auch die Altersversorgung des Vorgängers sichert. Für ihn ist der Nachfolgeprozess ein Prozess der Emanzipation, was wörtlich heißt, aus der Hand des Vaters bzw. der Mutter in die Selbstständigkeit zu gehen. Selbstständigkeit ist ein Prozess, in dem man sich seiner selbst bewusst wird und erkennt, wer man ist und wofür man stehen kann und will.

Viele Nachfolger haben heutzutage studiert, oft Betriebswirtschaftslehre, um sich für den Einstieg in das elterliche Unternehmen zu rüsten. Doch ein solches wissenschaftliches Studium bringt keine Unternehmer hervor. Das Studium vermittelt vornehmlich rationales Managementwissen, also bestimmte, als bewährt geltende Kenntnisse und Techniken. Dies bedeutet, dass ein solches Studium Manager ausbildet. Es bildet nicht das unternehmerische Selbstbewusstsein, das für das Unternehmer-Sein unabdingbar ist.

Als Unternehmer seiner selbst bewusst zu sein bedeutet, zu wissen, wer man als Unternehmer ist und sein kann. Wer dies weiß, kann das Angebot, das er macht, qualifizieren und persönlich für es einstehen, also für es am Markt seine Existenz aufs Spiel setzen. Dies bedeutet, dass er unternehmerische Chancen hervorbringen und die Risiken, die mit dem Unternehmer-Sein verbunden sind, beurteilen und verantworten kann. Er kann sich somit auf sich selbst vertrauen und die Mitarbeiter, die ein feines Gespür dafür haben, können ihm folgen sowie auch der Unternehmer, der sein Unternehmen gesichert wissen will, kann es ihm anvertrauen. Dieses Selbstbewusstsein bzw. das Wissen, wer man als ein solcher Unternehmer ist, bringt man in einem wissenschaftlichen Studium allerdings nicht in Erfahrung. Die wissenschaftliche Ausbildung nährt eher die Vorstellung, dass man mit wissenschaftlichen Methoden die Welt verändern und sie beherrschen kann. Diese grenzenlose Omni-Potenz-Vorstellung, die heute oft mit Selbstbewusstsein verwechselt wird, hat nur wenig mit dem Selbstbewusstsein des Unternehmers zu tun, der sowohl seine Möglichkeiten als auch seine Grenzen kennt, und es ruft bei anderen Menschen, den Mitarbeitern und den eigenen Eltern, oftmals eher Sorgen und Ängste hervor.

Das Selbstbewusstsein des Unternehmers bildet sich durch persönliche, praktische Erfahrungen und ihre Reflexion. Erfahrungen machen erfordert, sich auszuprobieren und eigenverantwortlich zu agieren. In der Reflexion geht es darum, das eigene Handeln, das zu einer bestimmten Situation geführt hat, in den Blick zu nehmen. Reflektieren bedeutet, die Verantwortung für eine entstandene Situation nicht den Umständen oder Dritten zuzuweisen, sondern sich als für sie verantwortlich zu begreifen. Dieses Reflektieren des eigenen Handelns kommt allerdings in einem wissenschaftlichen Studium kaum vor. Dieses vermittelt unpersönliches Wissen und übt bestenfalls Techniken ein. Der Blick ist nicht auf sich selbst gerichtet, sondern auf einen objektiven, gegenständlichen Inhalt, der erlernt werden soll und man lernt, sich in der Weise dazu in Beziehung zu setzen, dass man ihn zu erlernen hat. Zur Selbstreflexion ist deshalb eine externe Beratung sinnvoll, die die Reflexion des eigenen Handelns und der eigenen Entwicklung mit dem Nachfolger praktiziert und einübt.

Dem Nachfolger, der durch ein wissenschaftliches Studium geprägt ist, kommt das in dem Unternehmen gebildete Wissen, z.B. seine technischen Kompetenzen sowie Produkt- und Marktkenntnisse, auch als ein solcher objektiver Wissensbestand entgegen, der nun von ihm zu erlernen ist. Der Nachfolger reproduziert in dieser Situation sein studentisches Lernverhalten und agiert wie ein Manager. Auf der einen Seite ist er zwar in Bezug auf das Managen und das Steuern einer Unternehmung fachlich ausgebildet, aber auf der anderen Seite fehlen ihm noch bestimmte konkrete, praktische Kenntnisse der spezifischen Unternehmung. Sobald er sich in diese eingearbeitet und sich die notwendigen Kenntnisse angeeignet hat, kann er, so die gängige Vorstellung, das Zepter übernehmen. Das erfolgreiche sich Aneignen des als im Unternehmen bewährt geltenden Wissens, lässt den Nachfolger als geeignet erscheinen, die Position des Unternehmers zu übernehmen. Dass sich der Nachfolger für das Unternehmen eignen soll, ist allerdings die Perspektive des Unternehmers, der, nachdem er sein Leben lang sein Unternehmen aufgebaut hat, es bewahren und die Früchte seiner Arbeit ernten will. Der Nachfolger, der selber Unternehmer werden will, hat demgegenüber die Aufgabe, eine andere, eine eigene Perspektive, die dem Unternehmen eine Zukunft schafft, erst noch zu entwickeln. In dem Nachfolgeprozess des Unternehmers entfalten also zwei unterschiedliche Momente ihre Wirkung: das des „Sicherns und Erntens" auf der einen Seite und das des Zukunft Schaffens und des „Säens und Düngens" auf der anderen. Beide Momente haben ihre Berechtigung. In diesem Nachfolgeprozess ist es deshalb ratsam, dass die potenziellen Nachfolgern zunächst die konkrete Aufgabe übernehmen, ein Konzept für die Entwicklung des Unternehmens zu machen und herauszuarbeiten, worin die strategische Herausforderung für das Unternehmen besteht, wohin er es in den nächsten zehn Jahren entwickeln und wie er es führen will. In dieser Aufgabe ist die eigene, persönliche Antwort des Nachfolgers gefragt, nicht die Antwort des Vorgängers oder eine solche, die eine bestimmte Managementtheorie vorgibt. Am Ergebnis kann man prüfen, ob der Nachfolger sich in Bezug auf die Zukunft des Unternehmens bzw. zum Unternehmer „eignet" und was ein nächster, sinnvoller Schritt für ihn ist. Auch der Nachfolger selbst kann, wenn man mit ihm die Tragfähigkeit seines Konzepts ernsthaft bespricht, erkennen, wie weit und ob sein Wurf reicht.

Ein häufiges Problem, vor dem der Nachfolger in der Nachfolgesituation steht, ist das Problem des Wachstums. Das Wachstum der Familie (zwei Generationen bzw. mehrere Familien wollen von dem Unternehmen leben) produziert die Notwendigkeit, mit dem Unternehmen zu wachsen und das Wachstum sowie auch die Beteiligung bzw. Mitwirkung von Familienmitgliedern im Unternehmen erfordert die Einführung von formalen Strukturen und Prozessen. Bei dieser Herausforderung kommt dem Nachfolger häufig seine betriebswirtschaftliche Ausbildung zugute.

Nachfolgen bedeutet für den Nachfolger somit, das Unternehmen von ihm und seiner persönlichen Möglichkeit her als sein Unternehmen neu zu gründen und es sich zu eigen zu machen: „Was du ererbt von deinen Vätern, erwirb es, um es zu besitzen" (Goethes Faust). Der Konflikt zwischen dem Unternehmer, der das Unternehmen bewahren will, wie er es geschaffen hat, und dem Nachfolger, der es seiner Person und zukunftsweisend neu ausrichten muss, wenn er es zu seinem Unternehmen machen will, ist unvermeidbar. Der Versuch, diesen Konflikt zwischen Tradition und Innovation zu vermeiden, ruft sein Gegenteil hervor.

Für den Unternehmer, der sein Unternehmen an die nachfolgende Generation übergeben will, bedeutet die Nachfolgesituation die Herausforderung, den eigenen Platz frei zu machen und zuzulassen, dass der Nachfolger aus dem bestehenden Unternehmen sein Unternehmen macht, das durch ihn geprägt ist und durchaus deutliche Veränderungen im Unternehmen nach sich ziehen kann, und dass er seinerseits eine über das Unternehmen hinausgehende Perspektive sich erarbeitet. Je mehr der Unternehmer an der Verantwortung festhält, desto schwieriger und konfliktträchtiger ist es für den Nachfolger, die Position des Unternehmers einzunehmen. Andererseits ist es zwar notwendig, aber nicht hinreichend, wenn der Unternehmer seinen Platz frei gibt. Wie beschrieben ist an den Nachfolger die

Herausforderung gestellt, Unternehmer zu werden. Für den scheidenden Unternehmer ist es sinnvoll, diesen Prozess zu begleiten und zu verstehen, welchen Entwicklungsschritt sein Nachfolger jeweils konkret durchläuft. Dass der Nachfolger dabei Fehler macht und sich Rückschläge einstellen, ist für den Unternehmer allerdings meist schwer auszuhalten. Auch deshalb ist es sinnvoll, wenn dieser Prozess durch einen Berater moderiert wird, der wie ein Lotse die Klippen und Untiefen aus seiner Erfahrung heraus kennt und betriebswirtschaftlich sowie im Hinblick auf das Unternehmer-Werden des Nachfolgers beurteilen kann.

Für den Unternehmer gilt es anzuerkennen, dass das Unternehmen, das er geschaffen hat, immer mehr zu dem Unternehmen des Nachfolgers wird. Hilfreich für das eigene Loslassen ist der Bezug auf die eigene Geschichte. Wenn der Unternehmer z.B. selbst einen Nachfolgeprozess durchlaufen hat, kann man mit ihm diese Erfahrung reflektieren und ein Verständnis für den aktuellen Prozess erarbeiten. Oftmals sind Unternehmer selbst dadurch in die Verantwortung gekommen, dass jemand unerwartet gestorben ist oder aus anderem Grund der Platz frei geworden ist. Sich hieran zu erinnern, kann helfen, selbst den Platz für den eigenen Nachfolger frei zu machen. Manchmal führt auch eine eigene Erkrankung zu der Notwendigkeit, sich nach vielen Jahren hoher Belastung aus einer Verantwortung zurück zu ziehen. Dieses kann man auch als glücklichen Wink des Schicksals nehmen. Unabhängig davon ist und bleibt es eine große menschliche Leistung, die eigene Position frei zu geben.

Zum anderen ist es ratsam, dass der Unternehmer für sich eine neue Aufgabe findet. Dies kann auch eine außerhalb des Unternehmens sein und das beinhalten, was bislang wegen der unternehmerischen Tätigkeit immer zurückgestellt werden musste. Es kann auch die Aufgabe z.B. des Beirates sein, der die Entwicklung des Unternehmens beratend begleitet. Für Unternehmer, die i.d.R. Handlungsmenschen sind, bedeutet dies eine deutliche persönliche Veränderung, statt selber das Heft des Handelns in die Hand zu nehmen, handlungsentlastet durch Rat zur Seite zu stehen. Sie tun sich oft schwer, wenn der Andere ihrem Hinweis im „eigenen" Unternehmen nicht folgt. Für den Sohn ist es wiederum meist schwer, den Rat des Vaters anzunehmen, weil er autonom entscheiden will. Autonomie ist aber keine Selbstständigkeit. Die Konflikte entstehen dann in der Familie beziehungsweise auf der Beirats-Ebene. Regelmäßige Beiratssitzungen bieten sich dann als Ort an, die Dinge zu klären. Ein erfahrener Externer, der überparteilich ist und sich dies erhält, kann verhindern, dass die Konflikte eskalieren. Er hat die Aufgabe, sowohl dem Moment der Sicherung als auch der Zukunft zu seinem Recht zu verhelfen und mit jedem Beteiligten so im Gespräch zu bleiben, dass alle ihren Anteil an den Konflikten reflektieren können.

Mittelständische Unternehmen sind in der Regel personenorientiert. Fast immer hat der Vorgänger die Mitarbeiter seines Unternehmens persönlich eingestellt und kennt sie alle. Sie sind auf seine Person sowie die von ihm entwickelte Unternehmenskonzeption hin ausgerichtet. Die Personenorientierung bedeutet aber auch, dass die Mitarbeiter kein Problem haben, den Nachfolger zu akzeptieren, wenn zwei Bedingungen erfüllt sind: Der Unternehmer geht aus der Verantwortung und der Nachfolger füllt die Verantwortung aus. Die meisten Probleme entstehen, wenn diese Bedingungen von den handelnden Personen nicht erfüllt werden. Wenn der Nachfolger in die Verantwortung geht, kommt auch auf die Mitarbeiter ein Veränderungsprozess zu, in dem Widerstand, Ängste und Rückfälle entstehen können. Diesen Prozess gilt es zu gestalten und die, die in die Zukunft mitgehen wollen, in ihrem persönlichen Veränderungsprozess zu unterstützen, ihnen adäquate Aufgaben anzubieten und denen, die dies nicht mehr wollen oder können, eben auch. Auch in diesem Prozess ist es ratsam, wenn ein erfahrener Berater diesen schwierigen Übergangsprozess begleitet.

4. Zur Zukunft der Wittener Didaktik

Alle hier vorgestellten Konzepte sind Bestandteil der Wittener Didaktik. Als das letztlich Faszinierende und damit Wesentliche haben wir es immer empfunden, großartige Menschen kennenzulernen, ob dies nun Studierende oder Interessierte an der Universität oder Menschen, die sich für die Universität eingesetzt haben, waren.[187] Wir haben versucht, die Fakultät und das IUU als einen Ort zu verstehen und zu gestalten, an dem Persönlichkeiten zusammenkommen und sich persönlich begegnen können, und am Persönlichen orientierte Konzepte der Wittener Didaktik anzulegen und zu veranstalten. Das Persönliche ist die Quelle des Unternehmerischen, und der Unternehmer ist der Schöpfer und Motor der Unternehmung, die die wissenschaftliche Betriebswirtschaftslehre zu ihrem Forschungsgegenstand gemacht hat.

Dafür, dass viele Menschen sich auf dieses Vorhaben eingelassen haben, sind wir überaus dankbar. Eine große Zahl dieser ehemaligen Studierenden ist heute als Geschäftsführer oder Vorstand in verantwortlichen Führungspositionen von Unternehmen tätig, sind Unternehmenssanierer, Projektleiter großer, für die Unternehmen existenziell bedeutsamer Projekte, international tätige Verhandlungsführer, innovative Unternehmensgründer und Unternehmer, oder haben das elterliche Unternehmen übernommen und dieses neu gegründet. Dass sie in den Unternehmen die Dinge persönlich unternehmen, macht für unser Empfinden den Erfolg aus und setzt den Zauber fort, der vor 35 Jahren seinen Anfang nahm.

Für die Zukunft der Wittener Didaktik lassen sich zwei Anmerkungen machen:

Zum einen hat sich das Problem des z.T. übermächtigen staatlichen Einflusses auf die Qualität der Bildung an vielen staatlichen Hochschulen erhalten. Dies zeigt beispielhaft der Protest, den sieben Wissenschaftler unter der Überschrift »Wir können das nicht verantworten« in der Zeitschrift „Die Zeit" vom 18. Juni 2015 formuliert haben.[188] Sie beklagen die Umstände an ihren Universitäten, die sie hindern, die Verantwortung für Forschung und Lehre wahrzunehmen. Aber an wen richten sie ihren Protest? Und welche Konsequenz ziehen sie aus ihren Erkenntnissen? Ohne selbst Verantwortung zu übernehmen, kann es keine Freiheit von Forschung und Lehre geben. Der ohnmächtige Protest dieser Professoren zeigt, das Problem ist auf der Ebene der Lehrenden angekommen, und dass diese es ihrerseits reproduzieren. Die Ökonomisierung und politischen Reformen der letzten Jahre haben dieses Problem nicht hervorgebracht, aber verfestigt. Und es wird

187 Vgl. Walger (2010)

188 Vgl. Walger/ Neise (2015), S. 471ff.

sich durch die Digitalisierung, die das objektive Wissen, das in den wissenschaftlichen Studiengängen gelehrt und abgefragt wird, automatisch und ohne menschliches Zutun verarbeiten kann, weiter verschärfen. Die Digitalisierung, die wissenschaftliches Wissen, Methoden und Verfahren und die Bedingungen, unter denen sie gelten, in Algorithmen übersetzt, reproduziert den totalen Meinungszwang im leeren Raum, dem jeder Mensch bei dem Erlernen wissenschaftlicher Ergebnisse wie der Studierende beim multiple choice test ausgeliefert ist. Mit dieser Entwicklung kann allerdings die Chance ergriffen werden, ergänzende Angebote gemäß der Wittener Didaktik zu machen, die auf die Objekte objektiver Wissenschaft fragend und nicht reproduzierend Bezug nehmen und die die besondere Qualität einer am Menschen und seiner Entwicklung orientierten Bildung vermitteln und zum Tragen bringen.

Zweitens ist die Universität Witten/Herdecke zwischenzeitlich eine Kapitalgesellschaft geworden, die heute neben anderen privaten Hochschulen besteht. Bei ihrer Gründung war die Universität Witten/Herdecke die einzige private Universität in Deutschland. In der Zwischenzeit ist eine Reihe von privaten Hochschulen gegründet worden, die sich insbesondere auf die betriebswirtschaftliche Ausbildung von Studierenden konzentrieren. Durch diese zusätzlichen privaten Angebote ist mittlerweile ein Markt für private betriebswirtschaftliche Hochschulbildung entstanden mit oligopolistischen Marktstrukturen, denen sich auch die Universität Witten/Herdecke stellen muss. D.h. die anfängliche Vorstellung des „small is beautiful" weicht immer mehr der Erkenntnis, dass in einem oligopolistischen Markt für private betriebswirtschaftliche Hochschulbildung eine gewisse Größe notwendig ist, um konkurrieren zu können. Die Universität konkurriert heute auf diesem Markt mit den anderen Anbietern für private betriebswirtschaftliche Hochschulbildung. Hochschulbildung ist auf und mit diesem Markt zur Ware geworden. Bildung zur Ware zu machen war in keiner Weise Absicht der Gründer – immerhin hat die Universität über zwölf Jahre hinweg keine Studiengebühren erhoben –, trotzdem haben sie mit der Gründung der Universität Witten/Herdecke sicherlich langfristig dazu beigetragen.

Die Wittener Didaktik ist systematisch gegen den Warencharakter universitärer Bildung gestellt in der Weise, dass sie sich der schnellen Konsumierbarkeit entzieht und die Studierenden selbst zu Produzenten ihrer Bildung macht. Die Wittener Didaktik lässt sich nicht als feste Form, als eine Methode oder als ein Verfahren veranstalten. Die Herausforderung bleibt, immer wieder lebendige Momente hervorzubringen, in denen das direkte und persönliche Gespräch zwischen Lehrenden und Lernenden stattfindet, in dem sich beide auf einen Prozess des Sich-Bildens, der für die Wittener Didaktik wesentlich ist, einlassen.

Literatur

Aggteleky, B. (1990): Fabrikplanung: Werksentwicklung und Betriebsrationalisierung, Bd. 3, Ausführungsplanung und Projektmanagement: Planungstechnik in der Realisierungsphase. München und Wien

Albach, H. (1993): Betriebswirtschaftslehre als Wissenschaft. Entwicklungstendenzen in der modernen Betriebswirtschaftslehre, in: Zeitschrift für Betriebswirtschaft, Sonderheft 3/1993: "Die Zukunft der Betriebswirtschaftslehre in Deutschland", S. 7 - 26

Albach, H., Mertens, P. (Hrsg., 1994), Neue Konzepte und Erfahrungen. Wiesbaden: Gabler, ZfB-Ergänzungsheft 2/94

Albert, H. (1972): Wertfreiheit als methodisches Prinzip. Zur Frage der Notwendigkeit einer normativen Sozialwissenschaft, in: Topitsch (1972) S. 181 ff.

Aristoteles (1999): Rhetorik, hrsg. von G. Krapinger, Reclam

Baecker, D., Hrsg. (1997): Wittener Jahrbuch für ökonomische Literatur, Marburg

Becker, A. (1995): Der Boom der Cards und Clubs, in: impulse, Nr. 6/95, S. 92-98

Benner, D. (1990): Wilhelm von Humboldts Bildungstheorie. Eine problemgeschichtliche Studie zum Begründungszusammenhang neuzeitlicher Bildungsreform, Weinheim, München

Bion, W.R. (1992): Lernen durch Erfahrung, Frankfurt/M.

Böhme, G. (1993): Alternativen der Wissenschaft. 2. Aufl., Frankfurt a. M.

Bokranz, R./ Stein, S. (1989): Strategische Personalbeschaffung bei Hochschulabsolventen, in: Personal 5/89, S. 176-180

Boy, J./Dudek, C./Kuschel, S. (1996): Projektmanagement. Grundlagen, Methoden und Techniken, Zusammenhänge. 3. Aufl. Offenbach

Brinckmann, H. (1998): Die neue Freiheit der Universität. Operative Autonomie für Lehre und Forschung an Hochschulen. Berlin

Budäus, D./Gerum, E./Zimmermann, G. (Hrsg., 1988): Betriebswirtschaftslehre und Theorie der Verfügungsrechte, Wiesbaden

Bundesministerium für Bildung und Wissenschaft (Hrsg., 1994): Personaltransfer zwischen Hochschule und Wirtschaft: Modelle und Programme in Deutschland und im Ausland, Bad Honnef

Busch, F.W./Rüther, B./Straube, P.-P. (Hrsg., 1992): Universitäten im Umbruch. Oldenburg

Butscher, St. (1997): Kundenclubs als modernes Marketinginstrument, Ettlingen

Cram, T. (1994): The power of relationship marketing: how to keep customers for life, Pitman

Daxner, M. (1996): Ist die Uni noch zu retten? Zehn Vorschläge und eine Vision. Reinbek bei Hamburg

Daxner, M. (1999): Die blockierte Universität. Warum die Wissensgesellschaft eine andere Hochschule braucht. Frankfurt a. M./New York

De Woot, P. (1996): Managing Change at University. In: CREation Nr. 109

Dietel, B. (1976): Überlegungen zur Wertfreiheit der Betriebswirtschaftslehre, in: Journal für Betriebswirtschaft, Jg. 26, Heft 1/1976, S. 6 - 28

Diller, H. (1997): Was leisten Kundenclubs?, in: Marketing ZFP, Heft 1, S. 33-41

Dlugos, G./Eberlein, G./Steinmann, H. (Hrsg., 1972): Wissenschaftstheorie und Betriebswirtschaftslehre, Düsseldorf

Dorn, V. (1924): Anne Robert Jaques Turgot. Betrachtungen über die Bildung und die Verteilung des Reichtums, 3. Aufl., Jena

Drucker, P. (1992): The New Society of Organizations. In: Harvard Business Review, Nr. 5/92, S. 95-104

Dürr, S. (1998): Zur Wechselwirkung zwischen Wissenschaft und Gesellschaft. In: Hermann, M./Leuthold, H./Sablonier, P. (Hrsg.,1998), S. 15 – 26

Ebertzeder, A.J. (1994): Projektmanagement für die betriebliche Praxis. Aktuelles Grundwissen, Einführungskonzept. Hattenhofen

Edelhäuser, F./ Quentin, S. (1993): Die Universität Witten/Herdecke feiert ihren zehnjährigen Geburtstag. Womit und auf welchen Wegen sie entstand. Schriften und Aufsätze der Gründerpersönlichkeiten, Herdecke

Eh, Ulla (1996): Ergebnisse der Ehemaligenbefragung vom Dezember 1996, unveröffentlichtes Manuskript

Eigen, M. et al. (1988): Die Idee der Universität. Versuch einer Standortbestimmung, Berlin u.a.

Ende, M. (1979): Die unendliche Geschichte. Stuttgart

Esser, A. (2003): Interesse, in Krings, H. u.a. (Hrsg., 1973), S: 62ff.

Fischer-Winkelmann, W.F.(Hrsg., 1983): Paradigmawechsel in der Betriebswirtschaftslehre, Spardorf

Fischer-Winkelmann, W. F.(Hrsg., 1994), Das Theorie-Praxis-Problem der Betriebswirtschaftslehre: Tagung der Kommission Wissenschaftstheorie. Wiesbaden: Gabler

Franck, K. u.a. (1989): Studenten starten Studienfonds, Witten, unveröff.

Freimuth, J. (1987): Personalakquisition an Hochschulen, in: Personal, Heft 4/87, S. 144-147

Freire, P. (1973): Pädagogik der Unterdrückten, Bildung als Praxis der Freiheit, Rowohlt

Frühwald, W. (1991): Geisteswissenschaften heute: eine Denkschrift. Frankfurt a.M.

Gaugler, E. / Weber, W. (Hrsg., 1992), Handwörterbuch des Personalwesens, 2. neubearbeitete und ergänzte Auflage. Stuttgart: Poeschel

Geist, M./Köhler, R. (Hrsg., 1981): Die Führung des Betriebes, Stuttgart

Gerum, E. (1988): Unternehmensverfassung und Theorie der Verfügungsrechte, in: Budäus/ Gerum/Zimmermann (1988) S. 21-44

Gibbons, M. et al. (1994): The new production of Knowledge. The dynamics of science and research in contemporary societies. London

Glotz, P. (1996): Im Kern verrottet? Fünf vor zwölf an Deutschlands Universitäten. Stuttgart

Gordon, I. (1998): Relationship marketing: new strategies, techniques and technologies to win the customers you want and keep them forever

Grözinger, G./Hödl, E., Hrsg. (1994): Hochschulen im Niedergang? Zur Politischen Ökonomie von Lehre und Forschung, Marburg

Grupp, B. (1996): Qualifizierung zum Projektleiter. DV-Management im Wandel. 2. Aufl. München

Gutenberg, E. (1922): Thünen's isolierter Staat als Fiktion, München

Gutenberg, E. (1929): Die Unternehmung als Gegenstand betriebswirtschaftlicher Theorie, Berlin

Gutenberg, E. (1957): Betriebswirtschaftslehre als Wissenschaft, Krefeld

Gutenberg, E. (1960): Die gegenwärtige Situation der Betriebswirtschaftslehre, in: Zeitschrift für handelswissenschaftliche Forschung, 12. Jg. 1960, S. 118 ff.

Gutenberg, E. (1962): Unternehmensführung. Organisation und Entscheidung, Wiesbaden

Gutenberg, E. (1976): Grundlagen der Betriebswirtschaftslehre Bd. 1: Die Produktion, 22. Aufl., Berlin u.a.

Gutenberg, E. (1989): Zur Theorie der Unternehmung, Schriften und Reden von Erich Gutenberg, hrsg. von Horst Albach, Berlin u.a.

Habermas, J. (1969a): Erkenntnis und Interesse, in: Habermas (1969b) S. 146 ff.

Habermas, J. (1969b): Technik und Wissenschaft als "Ideologie", Frankfurt/M.

Habermas, J. (1973): Wahrheitstheorien, in: Fahrenbach (Hrsg., 1973), S. 211-265

Habermas, J. (1988): Die Idee der Universität – Lernprozesse. In: Eigen et al.(1988), S. 139 – 173

Hansel, J./Lomnitz, G. (1993): Projektleiter-Praxis. Erfolgreiche Projektabwicklung durch verbesserte Kommunikation und Kooperation. 2. Aufl. Berlin, Heidelberg und New York

Heeg, F.-J. (1993): Projektmanagement. Grundlagen der Planung und Steuerung von betrieblichen Problemlöseprozessen. 2. Aufl. München

Hegel, G.W.F. (1977): Phänomenologie des Geistes, Frankfurt a. M. 1977

Heidegger, M. (1954a): Wissenschaft und Besinnung, in: Heidegger (1954b), S. 45 – 70

Heidegger, M. (1954b): Vorträge und Aufsätze, Tübingen

Heidegger, M. (1983): Die Selbstbehauptung der Deutschen Universität. Rede, gehalten bei der feierlichen Übernahme des Rektorats der Universität Freiburg i.Br. am 27.5.1933, Frankfurt

Heidegger, M. (1984): Was heißt Denken? 4. durchges. Aufl., Tübingen

Heinen, E. (1976): Grundfragen der entscheidungsorientierten Betriebswirtschaftslehre, München

Heinen, E. (1981): Zum betriebswirtschaftlichen Politikbegriff. Das Begriffsverständnis der entscheidungsorientierten Betriebswirtschaftslehre, in: Geist/Köhler (1981) S. 43 ff.

Heinen, E. (1984a): Führung als Gegenstand der Betriebswirtschaftslehre, in: Heinen (1984b) S. 21 ff.

Heinen, E. (1984b): Betriebswirtschaftliche Führungslehre. Grundlagen, Strategien, Modelle, 2. Aufl., Wiesbaden 1984

Heintel, P./Krainz, E.E. (1990): Projektmanagement. Eine Antwort auf die Hierarchiekrise. 2. Aufl. Wiesbaden

Heise, J. (2015): Kommen Sie ganz einfach persönlich! 30 Jahre lust- und leidvolles Lernen mit Gerd Walger, in Neise (Hrsg., 2015), S. 45-54

Hermann, M./Leuthold, H./Sablonier, P. (Hrsg., 1998): Elfenbeinturm oder Denkfabrik. Zürich

Hesse, H. (1986): Jedem Anfang wohnt ein Zauber inne. Lebensstufen, Suhrkamp

Hinte, W. (1990): Non-direktive Pädagogik. Eine Einführung in Grundlagen und Praxis des selbstbestimmten Lernens, Wiesbaden

Hinterhuber, H. H. (1992): Strategische Unternehmensführung, I. Strategisches Denken, 5. Aufl., Berlin/New York

Hirzel, M. (1985): Projektmanagement mit Standard-Struktur-Plänen. In: Zeitschrift Führung + Organisation 54 (3), S. 394-400

Hoebink, H. (1997): Perspektiven für die Universität 2000. Reformbestrebungen der Hochschulen um mehr Effizienz. Neuwied u.a.

Hödl, G. (1994): Um den Zustand der Universität zum Besseren zu reformieren. Aus acht Jahrhunderten Universitätsgeschichte. Wien

Holz, St./Tomczak, T. (1996): Kundenclubs - Marktuntersuchung der deutschen Clubs. Ettlingen

Holz, S./Tomczak, T.(1996): Kundenclubs als Kundenbindungsinstrument - Hinweise zur Entwicklung erfolgreicher Clubkonzepte, St. Gallen

Humboldt, W.v. (1960): Werke I, Darmstadt

Humboldt, W. von (1981a): Bruchstück einer Selbstbiographie. In: ders. (1981b), S. 1 – 10

Humboldt, W. von (1981b): Werke in fünf Bänden. Band 5. Kleine Schriften. Autobiographisches, Dichtungen, Briefe. Stuttgart

Humboldt, W. von (1995a): Theorie der Bildung. In: ders. (1995c), S. 234 – 240

Humboldt, W. von (1995b): Ideen zu einem Versuch, die Grenzen der Wirksamkeit des Staats zu bestimmen. In: ders. (1995c), S. 56 – 233

Humboldt, W. von (1995c): Werke in fünf Bänden. Band 1. Schriften zur Anthropologie und Geschichte. 3. Aufl., Stuttgart

Humboldt, W. von (1995d): Über die Bedingungen, unter denen Wissenschaft und Kunst in einem Volke gedeihen. In: ders. (1995c), S. 553 – 562

Humboldt, W. von (1995e): Plan einer vergleichenden Anthropologie. In: ders. (1995c), S. 337 – 376

Humboldt, W. von (1996a): Über die innere und äußere Organisation der höheren wissenschaftlichen Anstalten in Berlin. In: ders. (1996b), S. 255 – 266

Humboldt, W. von (1996b): Werke in fünf Bänden. Band 4. Schriften zur Politik und zum Bildungswesen. 4. Aufl., Stuttgart

Hurrelmann, K. (Hrsg., 1976): Sozialisation und Lebenslauf, Reinbek: Rowohlt

Hutter, M. (Hrsg., 1996): Wittener Jahrbuch für ökonomische Literatur. Marburg

Jung, T./ Müller-Dohm, S. (Hrsg., 1993): „Wirklichkeit" im Deutungsprozess: Verstehen und Methoden in den Kultur- und Sozialwissenschaften, Frankfurt am Main

Kamitz, R. (1985): Dieter Schneider und das Problem einer werturteilfreien Betriebswirtschaftslehre. Eine kritische Analyse, in: Die Betriebswirtschaft, Jg. 45, Heft 3/1985, S. 308-321

Kant, I. (1784): Beantwortung der Frage: Was ist Aufklärung? In: Berlinische Monatsschrift 4, S. 481–494

Kant, I. (1952): Kritik der praktischen Vernunft, hrsg. von K. Vogtländern, Hamburg

Kant, I. (1957): Grundlegung der Metaphysik der Sitten, hrsg. von K. Vorländer, Hamburg

Kappler, E. (1976): Zum Theorie-Praxis-Verhältnis einer noch zu entwickelnden kritischen Theorie der Betriebswirtschaftspolitik. In: Ulrich (1976), S. 135 – 152

Kappler, E. (1980): Brauchen wir eine neue Betriebswirtschaftslehre?, in: Koubek/ Küller/ Scheibe-Lange (Hrsg., 1980), S. 177ff.

Kappler, E. (1983): Praktische Folgen einer Rekonstruktion der Betriebswirtschaftslehre, in: Kappler, E. (Hrsg., 1983), S. 379ff.

Kappler, E. (Hrsg., 1983): Rekonstruktion der Betriebswirtschaftslehre als ökonomische Theorie, Spardorf

Kappler, E. (1984): Die Wiedergewinnung der Möglichkeit – Rekonstruktion als wissenschaftlicher Beitrag zur Überwindung von Stagnation, in: Pack/ Börner (1984), S. 303ff.

Kappler, E. (1987): Konferenzstudium, in: Symposion AG (1987): Anbruch des Pazifischen Zeitalters, S. 5-6

Kappler, E. (1988): Betriebswirtschaftslehre als Zukunftswissenschaft: Die Freiheit zur Möglichkeit, in: WISU - Das Wirtschaftsstudium 8-9/88, S. 463 – 466

Kappler, E. (1989a): Von der Notwendigkeit einer gewissen Erregung des Gemüts - einige Bemerkungen über die Perspektiven einer privaten Universität. In: Freiburger Universitätsblätter Heft 106, Dezember 1989. Herausgegeben im

Auftrag des Rektors der Albert-Ludwigs-Universität Freiburg. Rombach Verlag, Freiburg, S. 77 - 88

Kappler, E. (1989b): Komplexität verlangt Öffnung, in: Kirsch/ Picot (Hrsg., 1989), S. 59ff.

Kappler, E. (1991) Das "Mentoren-Konzept" der Universität Witten/Herdecke, in: Wossidlo (Hrsg.), S. 87 ff.

Kappler, E. (1992a): Menschenbilder. In: Gaugler/ Weber (Hrsg., 1992), Sp. 1324 - 1342

Kappler, E. (1992b): Praxistheorie - Institutsportrait des Takeda-Instituts für Organisationstheorie und Organisationsentwicklung der Universität Witten/Herdecke. In: zfo - Zeitschrift Führung und Organisation, 5/1992 (September/Oktober), S. 317 - 322

Kappler, E. (1992c): Management by Sokrates. In: Zeitschrift für Personalforschung, 6. Jg., Heft 3, 1992, S. 312 – 326

Kappler, E. (1993): Sokrates lässt grüßen. In: Handelsblatt, Karriere, 12.2.1993, S. K2

Kappler, E. (1994a): Theorie aus der Praxis - Rekonstruktion als wissenschaftlicher Praxisvollzug der Betriebswirtschaftslehre, in: Fischer-Winkelmann (Hrsg.), S. 41 - 54

Kappler, E. (1994b): Die Organisation des Praxisbezuges – Das Mentorenfirmenkonzept der Universität Witten/Herdecke, in: Konegen-Grenier/ Schlaffke (1994), S. 77-87

Kappler, E. (1994c): Vorteile und Nachteile kleiner Eliteuniversitäten im Bildungssystem der Bundesrepublik Deutschland, in: Albach/ Mertens (Hrsg., 1994), Neue Konzepte und Erfahrungen. S. 265-280

Kappler, E. (1995): Welche Universität braucht die Gesellschaft? In: Kappler Scheytt (1995a), S. 205 – 229

Kappler, E. (Hrsg., 1995): Das Auslandsstudium an der Universität Witten/Herdecke, Haupt

Kappler, E. (2000): Unbeantwortbare Fragen – Begeisterung als Bedingung universitärer Entwicklung. In: Laske et al. (Hrsg., 2000), S. 491-509

Kappler, E. (2016): Studieren als Praxis der Freiheit, Vortragsmanuskript zum Vortrag vom 14.05.2016 auf der Free Witten Academy, Witten

Kappler, E./ Laske, S. (Hrsg., 1990): Blickwechsel - Zur Dramatik und Dramaturgie von Nachfolgeprozessen im Familienbetrieb, Freiburg: Rombach Verlag

Kappler, E./ Scheytt, T. (1995a): Unternehmensführung – Wirtschaftsethik – Gesellschaftliche Evolution. Gütersloh

Kappler, E./ Scheytt, T. (1995b): Sensible Beschreibung des Fremden – Anmerkungen zu Konzeption und Praxis von Auslandsstudium, in: Kappler (1995), S. 9ff.

Kappler, E. /Scheytt, T. (1997): Praxisorientierung in der betriebswirtschaftlichen Ausbildung, in: Zeitschrift für Personalforschung, Sonderband 1/97: Personalwirtschaftliche Ausbildung an Hochschulen, S. 11-26

Kellner, H. (1994): Die Kunst, DV-Projekte zum Erfolg zu führen. Budgets - Termine - Qualität. München und Wien

Kern, W. (Hrsg. 1979): Handwörterbuch der Produktionswirtschaft. Stuttgart

Kienle, G. (1982a): Neue Wege in der Ausbildung zum Arzt von morgen – „Das Modell Herdecke", abgedruckt in: Selg (2003), S. 347ff

Kienle, G. (1982b): Warum neue Wege in der Ausbildung zum Arzt?, abgedruckt in: Edelhäuser/ Quentin (1993), S. 45ff.

Kirsch, W. (1972): Die entscheidungs- und systemorientierte Betriebswirtschaftslehre. Wissenschaftsprogramm, Grundkonzeption, Wertfreiheit und Parteilichkeit, in: Dlugos/Eberlein/Steinmann, S. 154 ff.

Kirsch, W. (1982): Die Betriebswirtschaftslehre als Führungslehre. Erkenntnisperspektiven, Aussagensysteme, wissenschaftlicher Standort, München 1977

Kirsch, W. (1983): Betriebswirtschaftslehre als Führungslehre - neu betrachtet, in: Fischer-Winkelmann (1983), S.204-237

Kirsch, W. (1990): Unternehmenspolitik und strategische Unternehmensführung, München

Kirsch, W. (1992): Kommunikatives Handeln, Autopoiese, Rationalität - Sondierungen zu einer evolutionären Führungslehre, München

Kirsch/ Picot (Hrsg., 1989): Die Betriebswirtschaftslehre im Spannungsfeld zwischen Generalisierung und Spezialisierung, Wiesbaden

Kirsch, W. u.a. (Hrsg.): Die Grenzen der Strategieberatung, Eine Gegenüberstellung der Perspektiven von Wissenschaft, Beratung und Klienten, Haupt Verlag; Bern, Stuttgart, Wien

Konegen-Grenier, C. /Schlaffke, W., Hrsg. (1994), Praxisbezug und soziale Kompetenz – Hochschule und Wirtschaft im Dialog, Köln

Kollmorgen, J. (2015): Mein erstes Produkt, in: Neise (Hrsg., 2015), S. 139-142

Koubek/ Küller/ Scheibe-Lange (Hrsg., 1980): Betriebswirtschaftliche Probleme der Mitbestimmung, Köln

Krings, H./ Baumgartner, H.M./ Wild, C. u.a. (Hrsg., 1973): Handwörterbuch philosophischer Grundbegriffe, Kösel-Verlag/ XENOMOMOS Verlag 2004, Berlin

Kuczynski, M. (Hrsg., 1981): Betrachtungen über die Bildung und Verteilung der Reichtümer, Berlin

Kupper, H. (1993): Zur Kunst der Projektsteuerung. Qualifikationen und Aufgaben eines Projektleiters - aufgezeigt am Beispiel von DV-Projekten. 7., verb. Aufl. München

Laermann, K.-H. (1997): Die Universität als Wirtschaftsunternehmen – Veränderungen in den Strukturen des Bildungssystems: Müssen die Universitäten die Fachhochschulen fürchten? In: Hoebink (1997), S. 77 – 83

Laske, S./ Meister-Scheytt, C./ Scheytt, T./ Scharmer, C. O. (Hrsg., 2000): Universität im 21. Jahrhundert. Zur Interdependenz von Begriff und Organisation der Wissenschaft. Schriftenreihe Universität und Gesellschaft, Band 1, R. Hampp Verlag, München/ Mering

Lewin, K. (1963): Feldtheorie in den Sozialwissenschaften, Bern/ Stuttgart

Litke, H.-D. (1993): Projektmanagement. Methoden, Techniken, Verhaltensweisen, 2., überarb. u. erw. Aufl. München und Wien

Lübcke, D./ Petersen, R. (1996): Business-to-Business-Marketing : Relationship in der Praxis ; Fallbeispiele, Gebrauchsanleitungen, Erfahrungsberichte. Stuttgart

Luhmann, N. (1994): Die Wissenschaft der Gesellschaft. 2. Aufl., Frankfurt a.M.

Madauss, B.-J. (1991): Projektmanagement: ein Handbuch für Industriebetriebe, Unternehmensberater und Behörden. 4. Aufl. Stuttgart

March, J.G./Simon, H.A. (1958): Organizations, New York und London

Mees, J./Oefner-Py, S./Sünnemann, K.-O. (1995): Projektmanagement in neuen Dimensionen. Das Helogramm zum Erfolg. 2. Aufl. Wiesbaden

Meinert, K. (1994): Kunden-Clubs – eine erfolgreiche Kommunikationsstrategie zur Kundenbindung?, in: Werbeforschung & Praxis, 3/1994, S. 114-116

Merz, M. (2015): Erkenne Dich selbst, oder: Der Steinbock im Porzellanladen, Neise (Hrsg., 2015), S. 121-128

Miethe, C. (2000): Leistung und Vermarktung unterschiedlicher Formen der Unternehmensberatung, Gutachterliche Beratungstätigkeit, Expertenberatung und Organisationsentwicklung, Gabler

Miethe, C. (2015): Praktische Anleitung zur Vermeidung von Selbsttötung, in: Neise (Hrsg., 2015), S. 101 - 104

Mintzberg, H. (1983): Power in and around Organizations, Englewood Cliffs

Mintzberg, H. (1984): Power and Organization Life Cycles, in: Academy of Management Review 9, S. 207-224

Mittelstraß, J. (1989): Der Flug der Eule. Frankfurt a.M.

Mittelstraß, J. (1994): Die unzeitgemäße Universität. Frankfurt a.M.

Morkel, A. (1995): Erinnerung an die Universität. Ein Bericht. Vierow bei Greifswald

Müller, W./ Riesenbeck, H.-J. (1991): Wie aus zufriedenen Kunden auch anhängliche Kunden werden, in: HARVARDmanager, 3/1991, S. 67-79

Neise, R. (1995): World Politics of Peace and Conflict: Peace with Peaceful Means – Academic Year of International Experience and Research, in: Kappler (1995), S. 139 - 153

Neise, R. (2015, Hrsg.): Tu was Du willst, Festschrift zum Wirken von Gerd Walger an der Universität Witten/Herdecke, Bocholt

Neise, R. (2017): Die Kompetenz des Unternehmers, Berlin/ Boston

Nietzsche, F. (1966): Werke in sechs Bänden. Vierter Band. München und Wien

Oevermann, U. (1976): Programmatische Überlegungen zu einer Theorie der Bildungsprozesse und zur Strategie der Sozialisationsforschung. Sozialisation und Lebenslauf, in: Hurrelmann (Hrsg., 1976), S. 34-52

Oevermann, U. (1990): Klinische Soziologie. Konzeptualisierung, Begründung, Berufspraxis und Ausbildung, unveröffentlichtes Manuskript

Oevermann, U. (1993): Die Objektive Hermeneutik als unverzichtbare methodologische Grundlage für die Analyse von Subjektivität. Zugleich eine Kritik der Tiefenhermeneutik, in: Jung/ Müller-Dohm (Hrsg., 1993), S. 106 – 189

Ordelheide, D./Rudolph, B./Büsselmann, E. (Hrsg., 1991): Betriebswirtschaftslehre und ökonomische Theorie, Stuttgart

Pack/ Börner (1984): Betriebswirtschaftliche Entscheidungen bei Stagnation, Wiesbaden

Payne, A. Hrsg. (1999): Handbuch Relationship-Marketing: Konzeption und erfolgreiche Umsetzung, München

Phillips, J.J. (1987): Recruiting, Training and Retaining New Employees, San Francisco, London

Pinkenburg, H.F.W. (1980): Projektmanagement als Führungskonzeption in Prozessen tiefgreifenden organisatorischen Wandels. München

Platon (1982): Der Staat. Stuttgart

Priddat, B.P. (1994): Lob des Kleinen: Essay zur Hochschulreformdiskussion, mit besonderer Berücksichtigung privater Universitäten, in: Grözinger/Hödl (1994), S. 173-184

Priddat, B.P./ Sauerland, D. (Hrsg., 2010): Freiheit aushalten, Marburg

Reumann, K. (1986): Verdunkelte Wahrheit. FAZ vom 24. März 1986

Rickert, D. (1995): Multi-Projektmanagement in der industriellen Forschung und Entwicklung. Wiesbaden

Rinza, P. (1994): Projektmanagement. Planung, Überwachung und Steuerung von technischen und nichttechnischen Vorhaben. 3., neubearb. Aufl. Düsseldorf

Rippe, K.P. (1998): Schlag nach bei Humboldt! In: Hermann (1998), 45 – 54

RKW/GPM Rationalisierungskuratorium der Deutschen Wirtschaft e.V./Gesellschaft für Projektmanagement/ INTERNET Deutschland e.V. (Hrsg., 1994): Projektmanagement-Fachmann. Ein Fach- und Lehrbuch sowie Nachschlagewerk aus der Praxis für die Praxis in zwei Bänden. 2., überarb. Aufl. Eschborn

Röhrs, H. (Hrsg., 1987): Tradition und Reform der Universität unter internationalem Aspekt. Frankfurt a.M.

Rogers, C. (1974): Lernen in Freiheit. Zur Bildungsreform an Schule und Universität. München

Rogers, C. (1985): Die nicht-direktive Beratung, Frankfurt/M.

Rogers, C. (1988): Entwicklung der Persönlichkeit, Stuttgart

Rombach, H. (1952): Über Ursprung und Wesen der Frage, 2. unveränderte Auflage 1988, Freiburg/ München

Rombach, H. (1973): Entscheidung, in: Krings, H./ Baumgartner, H.M./ Wild, C. (Hrsg., 1973), S. 361-373

Rombach, H. (1993): Strukturanthropologie. Der menschliche Mensch, Freiburg/ München

Rüegg, W. (1996): Geschichte der Universität in Europa. Band II. Von der Reformation zur Französischen Revolution (1500 – 1800). München

Rusterholz, P./ Liechti, A. (Hrsg.,1998): Universität am Scheideweg. Herausforderungen – Probleme – Strategien. Zürich

Sandig, K. (1953): Die Führung des Betriebes - Betriebswirtschaftspolitik, Stuttgart

Schanz, G. (1972): Zum Prinzip der Wertfreiheit in der Betriebswirtschaftslehre: Wissenschaftstheoretische Anmerkungen zu Loitsbergers Plädoyer für eine normative Wissenschaft, in: Zeitschrift für betriebswirtschaftliche Forschung, Jg. 24, Heft 6/1972, S. 379 - 392

Scharmer, C.O./Reimers, K./Difliff, M./Tymister, D. (1984): Die erste Etappe – Impressionen der Studenten, Zeitschrift Witten/Herdecke, Dez. 84, S. 50 ff.

Schauenberg, B. (Hrsg., 1991): Wirtschaftsethik: Schnittstelle von Ökonomie und Wissenschaftstheorie, Wiesbaden 1991

Schelle, H. (1996): Projektmethoden und -techniken im Überblick. In: Streich/ Marquardt/ Sanden (Hrsg., 1996), S. 15-30

Scheller, C. (2015): Wenn Theorie praktisch wird, dann kannst Du was erleben, in: Neise (Hrsg., 2015), S. 129 - 138

Scheytt, T. (2015): Betriebswirtschaftslehre und die Unbedingtheit des Denkens, in: Neise (Hrsg., 2015), S. 23-44

Schily, K. (1993): Der staatlich bewirtschaftete Geist. Wege aus der Bildungskrise. Düsseldorf u.a.

Schreyögg, G. (Hrsg., 2001): Wissen in Unternehmen. Konzepte, Maßnahmen, Methoden, Erich-Schmidt-Verlag: Berlin

Schröder, H. (1970): Projekt-Management. Eine Führungskonzeption für außergewöhnliche Vorhaben. Wiesbaden

Schmalenbach, E. (1911/12): Die Privatwirtschaftslehre als Kunstlehre, in: Zeitschrift für handelswissenschaftliche Forschung, S. 304 ff.

Schwanitz, D. (1999): Bildung. Alles, was man wissen muss. Frankfurt/M.

Schwarze, J. (1994): Netzplantechnik. Eine Einführung in das Projektmanagement. 7. Aufl. Herne und Berlin

Selg, P. (2003): Gerhard Kienle, Leben und Werk, Band II, Dornach, 2003

Smith, A. (1789/ 1978): Der Wohlstrand der Nationen, dtv Klassik

Sonnenberg, F.K. (1988): Relationship Management is more than wining and dining, in: The Journal of Business Strategy, May/June 1988, S. 60-63

Steindorf, G. (1985): Lernen und Wissen. Theorie des Wissens und der Wissensvermittlung. Bad Heilbronn/Obb

Steinmann, H./Braun, W. (1976): Zum Prinzip der Wertfreiheit in der Betriebswirtschaftslehre, in: Wirtschaftswissenschaftliches Studium, Heft 10/1976, S. 463 – 468

Steinmann, H./Oppenrieder, B. (1985): Brauchen wir eine Unternehmensethik?, in: Die Betriebswirtschaft, Heft 2/1985, S. 170-183

Stichweh, R. (1994): Wissenschaft, Universität, Professionen. Soziologische Analy-sen. Frankfurt a.M.

Stichweh, R. (1998): Globalisierung der Wissenschaft und die Rolle der Universität. In: Rusterholz, P./Liechti, A. (Hrsg. 1998), S. 63-74

Streich, R.K. (1996): Projektleiteranforderungen. In: Streich/ Marquardt/ Sanden (Hrsg., 1996), S. 47-58

Streich, R.K./ Marquardt, M./ Sanden, H. (Hrsg., 1996): Projektmanagement. Prozesse und Praxisfelder. Stuttgart

Studienfonds (1989): Satzung, Witten, unveröff.

Symposion AG (1987): Anbruch des Pazifischen Zeitalters – Chance für Europa?, Symposion am 12.-14. Februar 1987, Heft 7/ 1987, Witten/Herdecker Wirtschaftsgespräche, Witten

Theisen, R. (2015): „Wie ist Freiheit zu finanzieren?“ – Meine Wegstrecke mit Gerd Walger, in: Neise (2015), S. 105 - 116

Tomczak, T. (1994): Relationship-Marketing – Grundzüge eines Modells zum Management von Kundenbeziehungen, in: Tomczak/ Belz (1994), S. 193-215

Tomzcak, T./ Belz, C., Hrsg. (1994): Kundennähe realisieren, St. Gallen

Topitsch, E. (Hrsg., 1972): Logik der Sozialwissenschaften, 8. Aufl., Köln

Turgot, A.R.J. (1769): Réflexions sur la formation et la distribution des richesses, in: Ephémérides du citoyen, 1769 T 11+12 und 1770 T 1

Weyermann, M./ Schönitz, H. (1912): Grundlegung und Systematik einer wissenschaftlichen Privatwirtschaftslehre und ihre Pflege an Universitäten und Fach-Hochschulen, Karlsruhe

Ulrich, H. (1976): Zum Praxisbezug der Betriebswirtschaftslehre. Bern und Stuttgart

Universitätsverein Witten/Herdecke (Hrsg., o.J.): Universität in freier Trägerschaft, Grundsätze der Universität Witten/Herdecke, Witten

Wächter, H. (1995): Selbstverständnis betriebswirtschaftlicher Forschung und Lehre. Tagung der Kommission Wissenschaftstheorie. Wiesbaden

Walger, G. (1985): Die Fortsetzung entstehender Kultur: Das Studium der Wirtschaftswissenschaft an der Universität Witten/Herdecke, in: Organisationsentwicklung, 4. Jg., Heft 4, S. 65 – 76

Walger, G. (1992): Festvortrag zur feierlichen Übergabe des Werner-Jackstädt-Stiftungslehrstuhls für Betriebswirtschaftslehre - Grundlagenforschung und Unternehmensberatung, gehalten am 26. 5. 1992 in Witten

Walger, G. (1993a): Produktive Produktion. Ein Beitrag zur Rekonstruktion der Betriebswirtschaftslehre als ökonomische Theorie, Bern u.a.

Walger, G. (1993b): Praxis im Studium der Wirtschaftswissenschaft. Das Mentorenfirmenkonzept. In: ders. (1993b), S. 11 ff.

Walger, G. (1993c): Das Mentorenfirmenkonzept. Unternehmenspraxis im Universitätsstudium – Konzeption und Erfahrungen. Bern/Stuttgart/Wien

Walger, G. (1994a): Personaltransfer - eine persönliche Geschichte. Das Mentorenfirmenkonzept, in: Bundesministerium für Bildung und Wissenschaft (Hrsg., 1994), S. 123 - 130

Walger, G. (1994b): Betriebswirtschaftslehre zwischen Kunstlehre und Wissenschaft, Diskussionspapier der Fakultät für Wirtschaftswissenschaft der Universität Witten/Herdecke, Heft 2, neue Folge Juni 1994

Walger, G. (1995): Unternehmensführung und Unternehmensberatung als Aufgabe der Betriebswirtschaftslehre. In: Wächter (1995), S. 125 – 146

Walger, G. (1997): Projektmanagement – eine Herausforderung für die Personalentwicklung. In: Personalwirtschaftliche Ausbildung an Hochschulen. Sonderband der Zeitschrift für Personalforschung (ZfP). S. 303 - 325

Walger, G. (1998a): Die Universität als Bildungsunternehmen. In: ders. (Hrsg., 1998c), S. 13-28

Walger, G. (1998b): Zur Entwicklung einer Betriebswirtschaftslehre, die theoretisch und praktisch zugleich ist, in: ders. (Hrsg. 1998c), S. 101–114

Walger, G. (1998c): Wittener Jahrbuch für ökonomische Literatur. Marburg

Walger, G. (1999a): Idealtypen der Unternehmensberatung. In: ders. (Hrsg.; 1999b), S. 1-18

Walger, G. (Hrsg.; 1999b): Formen der Unternehmensberatung. Systemische Unternehmensberatung, Organisationsentwicklung, Expertenberatung und gutachterliche Beratungstätigkeit in Theorie und Praxis. Köln

Walger, G. (2000): Die Universität in der Wissensgesellschaft, in: Laske/ Meister-Scheytt/ Scheytt/ Scharmer (Hrsg.), S.186-206

Walger, G. (2010): Jedem Anfang wohn ein Zauber inne, in: Priddat/ Sauerland (Hrsg., 2010), S. 33ff.

Walger, G. (2013): Unternehmer werden. Tradition und Innovation im Nachfolgeprozess, in: Die News, 07-08/2013, S. 12f.

Walger, G. (2012): Werden und Ent-werden im Nachfolgeprozess, in: Familienunternehmer-News, http://www.familienunternehmer-news.de/news/2012/09/nachfolge-in-familienunternehmen

Walger, G./ Miethe, C. (1996): Studium der Unternehmenspraxis und Praxis des Universitätsstudiums, in: Hutter (1996), S. 263-274

Walger, G./ Neise, R. (1997): Praxisreflexion – Weiterbildung für Manager, in: Baecker (1997), S. 295-306

Walger, G./ Neise, R. (2000): Klub der Partnerunternehmen der Universität - Relationship-Marketing für die Hochschule, Diskussionspapier der Fakultät für

Wirtschaftswissenschaft der Universität Witten/Herdecke, Heft 51, Februar 2000

Walger, G./ Neise, R. (2005): Die Grenzen der Strategieberatung liegen innen, in: Kirsch u.a. (Hrsg.), S. 87-116

Walger, G.; Neise, R. (2012): Existenzgründung – der persönliche Weg in die unternehmerische Selbstständigkeit, Kohlhammer

Walger. G./ Neise, R. (2015): Wir sind verantwortlich, in: Neise (Hrsg., 2015), S. 471-473

Walger, G./ Schencking, F. (2001): Wissensmanagement, das Wissen schafft, in: Schreyögg (Hrsg., 2001), S. 21 – 40

Weddigen, W. (1950): Anne Robert Jaques Turgot. Leben und Bedeutung des Finanzministers Ludwig XVI, Bamberg

Wildt, J. (1992): Praxisorientierung in Lehre und Studium. Ansichten aus dem Blickwinkel der Hochschuldidaktik. In: Busch/ Rüther / Straube (1992), S. 204 – 226

Wischnewski, E. (1996): Modernes Projektmanagement. PC-gestützte Planung, Durchführung und Steuerung von Projekten. 5., überarb. und erw. Aufl. Braunschweig und Wiesbaden

Wiencke, W./Koke, D. (1994): Cards & Clubs, Der Kundenclub als Dialogmarketing-Instrument, ECON, S.19

Wöhe, G. (1990): Entwicklungstendenzen der Allgemeinen Betriebswirtschaftslehre im letzten Drittel unseres Jahrhunderts - Rückblick und Ausblick, in: Die Betriebswirtschaft, Heft 2/1990, S. 223-235

Wucknitz, U.D. (1995): Unternehmenskooperation mit ausgewählten Hochschulen – Ein Praxisbeispiel, in: Personal, Heft 10/95, S. 540-545

Wunderer, R. (Hrsg., 1988): Betriebswirtschaftslehre als Management- und Führungslehre, 2. Aufl., Stuttgart 1988

Zimmerli, W. Ch. (1997a): Hochschulausbildung und gesellschaftliche Verantwortung. In: ders. (1997c), S. 309 – 327

Zimmerli, W. Ch. (1997b): Technologie; Ethik und die Idee der Universität. In: ders. (1997c), S. 341 – 357

Zimmerli, W. Ch. (1997c): Technologie als ‚Kultur'. Braunschweiger Texte. Braunschweig

Zimmerli, W. Ch. (1998a): „Nicht nur für die Wissenschaft, sondern auch für das Leben…" Alte Aufgaben der Universität im Licht eines neuen Europa. In: Rusterholz/ Liechti (Hrsg.,1998), S. 113 – 137

Zimmerli, W. Ch. (1998b): Beyond the two cultures. Internationale Erfahrungen in Sachen Transdisziplinarität. In: Rusterholz/ Liechti (Hrsg.,1998), S. 177 – 200

Zeitfracht Medien GmbH
Ferdinand-Jühlke-Straße 7
99095 Erfurt, Deutschland
produktsicherheit@kolibri360.de